KB048950

행복을
인터뷰하다

쉽게 불행해지는 당신을 위한 긍정 처방전 15

샘터

사랑하는 성태, 성준 그리고 아내,

부모님과 형제들,

서른여섯 분의 인터뷰이들,

그리고 나에게 행복을 준 모든 분들에게.

'늘 건강하고 행복하기를'

오늘, 행복하신가요?

인간은 본능적으로 행복을 추구하게 되어 있습니다. 불행해지기 위해 산다면, 심리적으로 정상이 아닙니다. 어제보다는 오늘이, 오늘보다는 내일이 더 행복해졌으면 하고 바랍니다. 알게 모르게, 행복을 위해 애쓰며 삽니다. 그런데 현실적으로는 행복해지기가 참 쉽지 않습니다. 왜 그럴까요?

우선 진정한 행복이 무엇인지 모르기 때문입니다. 행복이란 '즐거움과 의미가 공존하는 포괄적 감정 상태'라고 했습니다. 그런데 흔히 쾌락, 소유 또는 성취와 헷갈립니다.

맛있는 음식을 먹으면 기분이 좋아집니다. 하지만 그곳에 나를 가치 있게 만드는 의미는 없습니다. 좋은 가방과 구두를 새로 산다면 당연히 기쁘겠지요. 하지만 며칠 지나지 않아 다른 '신상'이 사고 싶어집니다. 좋은 직장에 취직한다면 한동안 뿌듯하겠지만, 나보다 능력 있는 동료, 선후배와 비교하다 보면 자신이 한없이 작아집니다. 진정한 행복은 즐거움은 물론이고, 의미를 찾아야만 합니다.

오늘 우리가 불행하다고 느끼는 또 다른 이유는 행복을 향해 가는 길을 모르기 때문입니다. 흔히 우리는 자신의 약점(weakness)에는 예민합니다. 하지만 강점(strength)에는 둔감하지요.

남의 눈치를 너무 보는 사람은 대범해지려고 애를 쓰며 삽니다. 외로움을 많이 타는 사람은 여러 사람들과 잘 지내보려고 집중하고요. 하지만 오히려 대범해지려는 노력 때문에 더 눈치를 보게 되고, 대인관계에 지나치게 집중하다 보면 정작 자신은 내팽개쳐 두기 쉽습니다.

못하는 것을 찾기는 쉽지만, 잘하는 것을 발견하기란 어렵습니다. 또 약점을 내버려 두고 강점에 집중하기도 수월하지 않습니다. 하지만 행복해지려면 바뀌어야 합니다.

결국 행복해지려면 진정한 행복을 지향하면서, 내 안의 강점을 발전시켜야 합니다. 그런데 또 벽에 부딪힙니다. 이론적으로 그런데, 실제로는 어떻게 해야 할까요?

이 책《행복을 인터뷰하다》가 그 해답을 제시해 줄 것이라고 믿습니다. 이 책은 사회에서 성공했다고, 행복하다고 인정받는 사람들의 이야기입니다. 2009년부터 6년간 매달 한 분씩 만나 물었습니다.

"행복하세요? 어떻게 하면 그럴 수 있지요?"

지금 여러분이 보시는 이 책은 그중 앞쪽 3년간의 인터뷰를 기초로 한 것입니다. 행복에 관한 이야기 중 가장 중요한 '긍정'에 관한 이야기이지요.

행복에 대한 이론이 아니라 누구나 살며 경험할 수 있는 리얼 스토리를 담았습니다. 이 책에 등장하는 인터뷰이들은 어느 하나 고난 없이 행복을 이룬 사람이 없습니다.

그리고 우리의 이야기와도 같습니다. 이름 석 자만 보면 나와 비교도 안 되는 사람이지만, 그들의 삶은 우리와 다름이 없습니다. 결핍을 겪고, 상처를 받고, 불안과 두려움에 휩싸이기도 합니다.

불행한 사람들과 차이가 있다면, 이들은 자신의 부정적인 상황을 긍정적으로 바꾸는 지혜를 갖고 있다는 것입니다. 이 지혜가 바로 '긍정의 힘'인 셈이지요.

자신 안의 강점을 성장시키고, 결핍을 채우되 과하게 넘치지 않고, 주위 사람들과 함께 나누면서 그들은 행복을 향해 한 걸음씩 나가고 있습니다.

이제 한 권의 책으로 세상에 나오게 되니 생각이 많아집니다. 우선 여러 가지 에피소드가 있습니다. 초반에는 정신과 의사가 인터뷰를 한다고 하니 인터뷰이들이 그렇게 좋아하지 않았습니다. 하지만 회를 거듭할수록 인터뷰에 공감하고 오히려 적극적으로 참여해 주셨지요.

강주은 씨와는 이틀에 걸쳐 인터뷰를 하고는 '인터뷰 테라피'를 받았다고 칭찬을 들었습니다. 이외수 선생님과는 아침부터 저녁 늦게까지 많은 이야기를 나누고, 사모님께 저녁식사 대접까지 받았습니다. 베르나르 베르베르의 젓가락질과 태극권도 잊지 못할 추억입니다.

끝으로 감사드릴 분이 있습니다. 이 책은 제가 만난 서른여섯 분의 인터뷰이 중에 엄선한 열다섯 분의 '행복'에 관한 이야기입니다. 지면 사정으로 부득이하게 일부만 선택하게 되었습니다. 다양한 이야기 중에 시대가 바뀌고 사람이 바뀌어도 꼭 행복에 필요한 이야기를 모아 보려 했습니다. 출간을 허락해 주신 분들과 그렇지 못한 분들에게는 감사의 마음과 함께 안타까움을 전합니다.

세 분의 출판국장님과 두 분의 편집장님께도 감사드립니다. 그리고 6년 내내 한결같이 진행을 도와준 장회정 기자에게 진심으로 감사합니다. 그녀가 없었다면 이렇게 오랜 기간 동안 편안히 인터뷰를 진행하는 것은 불가능했을 것입니다.

마지막으로 전문가다운 피드백과 조언을 아끼지 않은 이미현 편집자를 비롯한 샘터 식구들에게 감사를 전합니다.

2015년 7월 김진세

일러두기

이 책은 월간지에 연재된 인터뷰를 근간으로 재구성하였기에, 인터뷰이의 근황과 관련된 내용이 당시 시점으로 기술되어 있으며, 현재 달라진 사실이 있을 수 있습니다.

STEP 2
결핍은 채워지기 위해 존재한다

STEP 3
행복은 혼자 오지 않는다

Interview with Happiness

STEP 1

내 안에 반짝이는 '그것'을 찾아서

이소은 • 김여진 • 강주은 • 윤영미 • 최정원

1996년 〈EBS 청소년 창작 음악의 밤〉 참가를 계기로 가수가 되었다. 1998년 1집 〈소녀〉로 데뷔 후 4장의 음반을 발표했고, 이승환, 윤상, 김동률, 토이, 패닉 등의 앨범에 참여했으며, 〈작별〉, 〈서방님〉, 〈키친〉, 〈닮았잖아〉 등의 노래로 많은 사람들의 사랑을 받았다. 가수 활동과 병행하며 대입을 준비해 2001년 고려대 영문학과에 입학해 또 한 번 화제가 되었다. 직접 곡을 쓰고, 뮤지컬에 출연하고, 친언니인 피아니스트 이소연과 동반 콘서트를 하는 등 다양한 시도를 보여 주던 그녀는 2009년 미국 노스웨스턴 로스쿨로 유학을 떠났다. 현재는 로스쿨 3년 과정을 마치고 뉴욕에서 변호사로 활동 중이다. 최근에는 이승환의 신곡 〈너에게만 반응해〉 피처링에 참여하기 위해 깜짝 귀국하기도 했다.

설렘의 힘

가수 **이소은**

삶의 불공평함을 인정해야 행복해진다고는 하지만, 좀 억울할 때도 있다. 가수 이소은을 보면 그렇다. 고등학교 시절 가수로 데뷔해 대중의 인기를 얻었고, 명문대 영문학과에 진학했다. 대한민국에서 음악깨나 한다는 뮤지션들과 작업하는 실력파 가수인 줄만 알았는데, 어느 날 소식을 들으니 미국에서도 톱 10에 꼽히는 명문 로스쿨을 다닌단다. 최근에는 결국 그 어렵다는 변호사 시험에 합격하여 세계적인 로펌에서 근무하고 있다. 누구는 그중에 하나도 흉내 내기 힘든데, 그녀는 다양한 방면에서 성공적인 삶을 살고 있는 것이다. 내가 만난 인터뷰이 중 가장 나이 어린, 삼십 대 초반의 이 젊은이에게는 어떤 긍정의 힘이 있을까? 호기심이 발동하였다.

이 모든 게,
나니까요

김진세 소은 씨, 정말 오랜만이에요. 최근에는 로펌 근무를 했다는 보도가 많더라고요.

이소은 로펌 근무는 11주간 했어요. 고등학교 때부터 나름 사회생활을 했지만, 출근이라는 걸 해보니 기분이 참 이상했어요. 한번은 사무실에서 소송 문서를 작성하면서 음악을 듣고 있었는데, 갑자기 제 노래가 나오니까 '내가 지금 여기서 뭐 하고 있지?'라는 생각이 들더라고요. 저는 살면서 그런 느낌을 많이 받았어요.

김진세 어떤 느낌이요? 구체적으로 설명해 주신다면.

이소은 대학에 진학할 때 실용음악과나 연극영화과가 아니라 영문학과에 간 건, 가수 생활과 일반 생활을 완전히 분리하고 싶었기 때문이에요. 평범한 대학생들이 경험하는 모든 것을 해보고 싶었거든요. 그렇게 노력하면서 살아도 가끔은 제 위치에 대한 혼란이 왔어요. 특히 20대 초반에요.

무대에서는 가수였다가, 뮤지컬에서는 배우로, 학교에서는 대학생으로,

집에서는 막내딸로…. 그런 역할들이 좋으면서도 정말 내가 누구인지 모르겠더라고요. 그런데 시간이 지나면서 굳이 이걸 정의 내리지 않아도 된다는 걸 알게 됐어요. 이 모든 게 나니까요. 어떻게 보면 로스쿨에 진학한 게 저한테는 여러 면에서 굉장히 도움이 된 것 같아요.

김진세 그러게요. 로스쿨은 어떻게 가게 됐어요?

이소은 가수 활동 하면서 홍보대사로 일하거나 모금 활동에 참여할 기회가 있었어요. 사회 여러 분야의 어른들과 함께하고 대화를 나눌 기회가 늘어나면서 단순히 사람들을 끌어모으는 홍보대사로서가 아니라 어떤 정책이나 제도적인 결정을 할 수 있는 자리에서 진짜 영향력을 발휘하고 싶다는 마음이 들었어요. 제 속에 다른 걸 채우고 싶었어요. 예전부터 공부를 더 하고 싶다는 마음도 있었기 때문에 로스쿨 진학을 계획했어요.

김진세 소은 씨를 보면 작곡도 하고, 글도 쓰고 소위 말하는 우뇌 중심의 감성적인 두뇌를 갖고 있는데, 법 공부를 하는 게 힘들지는 않아요?

이소은 힘든 점 무척 많았어요. 미국 사람들도 '리걸 니즈(Legal Needs)'라고 표현할 정도로 법적인 용어는 '새로운 언어'예요. 평소 대화나 발음에는 문제가 없는데도 초반에는 법조문 세 페이지 읽는 데 세 시간이 걸리기도 했어요.

김진세 졸업 후 다음 코스는 어떻게 돼요?

이소은 일단 과 시험을 봐야 하고요. 그다음이 고민이에요. 요즘은 경기가 안 좋아서 로펌으로 나가는 것이 굉장히 힘든데, 저는 운 좋게 이번에 로펌에서 실습을 할 수 있었어요. 하지만 (함께 일하자는) 제안이 오면 받아들여야 할지, 말지를 확실하게 결정하진 못했어요. 로스쿨 재학생의 95%는 로펌에 가길 원하지만, 저는 꼭 변호사가 되겠다는 결심을 하고 온 건 아니거든요. 정말 공부를 하고 싶었고, 또 새로운 분야로 나아가고 싶은 생각도 있었어요. 외교 분야에 대한 관심도 있고요. 사실 요즘 고민이 많아요.

김진세 그럼 한국에 돌아와서 음악을 할 확률은 적어지는 건가요?

이소은 사실 음악을 할 수 있는 여건이 더 좋아지긴 했어요. 예전처럼 곡을 꽉 채운 앨범을 내지 않아도 싱글로 활동하거나 온라인 발매를 하는 게 가능해졌잖아요. 여유가 조금이라도 생기면 음악을 할 생각이 있어요. 왜냐면 음악으로 소통하는 건 무척 소중한 일이거든요. 곡은 많이 써놨어요. 힘드니까 그쪽으로 풀게 되더라고요(웃음). 한국 집에 있던 기타와 키보드도 제가 혼자 사는 작은 원룸으로 옮겨 놨어요.

김진세 좋은 예술 작품들은 작가가 힘들 때 나왔잖아요(웃음). 원래 욕심이 많은 편이에요?

이소은 네, 그런 편이에요. 사실 완벽주의자예요. 일단 뭔가 하면 잘해야 해요. 로스쿨 1학년 때는 굉장히 힘들었어요. 스스로를 들들 볶았거든요. 그런데 그 시기를 지나고 나니까 '내가 못할 수도 있구나' 싶더라고요. 바닥을 쳐보니 오히려 여유가 생겼어요.
예전에는 쉽게 쉽게 잘되는 사람을 보면서 '역시 삶은 불공평해'라고 생각했는데, 그건 불공평한 게 아니라 그냥 다른 거더라고요. 각자 사는 방식도, 운대도 다른 거니까요. 그래서 지금은 편해졌어요. 남이 잘되는 것을 기뻐할 수 있게 됐고요. 그래서 저 지금은 굉장히 좋아요(웃음).

겁이 없는 것처럼 행동하는 사람

김진세 로스쿨 공부가 정말 힘들다고 들었는데, 대단해요. 소은 씨의 어린 시절이 더 궁금해지는데요. 소은 씨가 어떤 사람인지 설명할 수 있는 에피소드가 있을까요?

이소은 겁이 없는 편은 아닌데 겁이 없는 것처럼 행동하는 사람이에요. 정의하자면 그래요. 어려서부터 이런저런 시도를 많이 했어요. 어렸을 때 아빠를 따라서 가족이 5년 반 정도 미국에서 살았거든요. 당시 그 도시에서 열리는 공모전이라는 공모전에는 다 응모해 봤어요. 한번은 '베이비시터스 클럽'이란 걸 만들어서 제법 크게 한 적도 있어요. 한인 타운에 사는 아이들을 많이 돌봤죠.

김진세 사업이 된 거네요?

이소은 나름 돈도 잘 벌었어요(웃음). 또 제가 어려서는 배우가 되고 싶었거든요. 스티븐 스필버그 감독에게 '당신은 이곳으로 와서 발견해야 하는 의무가 있다'라는 내용의 편지를 쓰기도 했어요(웃음). 굉장히 당돌하게, 하고 싶은 거 있으면 그냥 했던 것 같아요.

김진세 그런 대담함과 용기는 어디서 나오는 거예요?

이소은 글쎄요. 부모님 영향을 많이 받은 것 같아요. 친구들에게 제 어린 시절 얘기를 하면 "우리 부모님 같으면 '쓸데없는 소리 하지 말고 공부나 해' 하셨을 텐데, 부모님이 많이 봐주셨구나" 하더라고요. 저는 지금껏 단 한 번도 부모님께 '하지 마라. 너는 그거 하면 안 된다. 그거 안

했으면 좋겠다. 넌 안 될 거다' 이런 얘기를 들어 본 적이 없어요. 아무리 어이없는 일을 해도요.

솔직히 초등학교 5학년짜리가 베이비시터스 클럽 전단지 뿌리고 다닌다고 하면, "쓸데없는 짓 하지 말고 네 할 일이나 해"라고 얘기할 수 있잖아요? 그런데 저희 부모님은 "그래? 그럼 엄마가 어떻게 도와줄까?"라고 물으시고 전단지 붙일 때 필요한 테이프를 사다 주셨어요. 제게 부모님은 무한 서포터였어요. 그만큼 저를 믿어 주셨어요. 지금 생각해 보니 자식을 믿어 주는 게 그렇게 쉬운 일은 아니었을 것 같아요….

김진세 (갑자기 눈가에 맺힌 눈물을 보고) 지금 무슨 생각을 했기에 눈에 눈물이 그렁그렁해요?

이소은 엄마와 관련된 얘기예요. 제가 중학생 때 굉장히 힘들었어요. 그때만 해도 외국에서 살다 왔다고 하면 구경 오곤 했거든요. 강압적인 학교 분위기도 그렇고 모든 게 다 어색했죠. 또 영어 시간이면 선생님이 저한테 발음을 많이 시키셨는데, 여학생들의 질투가 심했어요. 그런 것 때문에 상처를 많이 받았어요.

어느 날 그냥 교실에 들어갔을 뿐인데, '싫은 애 또 왔어'라는 눈초리로 저를 쳐다보는 아이를 보았어요. '내가 왜 행복했던 미국 생활을 뒤로하고 친구도 없는 이곳에 와서 이렇게 지내나' 싶어 우울하고 힘이 들었어요.

1교시를 마치고 공중전화 박스로 달려가서 "엄마, 나 지금 마음이 너무 힘들어" 했더니 "그래 소은아, 알았어. 그냥 교실에 들어가 있어"라고 하시더라고요. 2교시 수업이 끝나자마자 담임선생님이 저한테 책가방을 싸서 교무실로 오라는 거예요. 선생님은 엄마한테 "그럼 잘 다녀오세요"라고 하셨고, 엄마는 제게 윙크를 하시더라고요.

그렇게 엄마 손을 잡고 강촌 가는 기차를 탔어요. 옥수수와 고구마도 사 먹고, 도시락도 같이 먹으면서 도란도란 얘기를 나눴어요. 그 와중에 엄

쉽게 쉽게 잘되는 사람을 보면서
'역시 삶은 불공평해'라고 생각했는데,
그건 불공평한 게 아니라 그냥 다른 거더라고요.
각자 사는 방식도, 운대도 다른 거니까요.
남과 비교하지 않으면 행복해지는 것 같아요.

마는 단 한마디도 학교에 대해 묻지 않으셨어요. 왜 조퇴를 시켰는지에 대한 얘기도 않으시고요. 그냥 정말 편한 친구처럼 얘기를 나눴어요. 그날의 여행 덕분에 저는 1년을 버틸 힘을 얻은 듯했어요. '나에게는 이렇게 든든한 버팀목이 있구나'라는 생각이 들어서요. 저는 사랑을 많이 받은 아이임은 분명해요.

김진세 어머니께서는 어떤 분이세요?

이소은 능력자세요! 영어 유치원 원장도 오래 하셨고, 그전에 신문사에서 글도 쓰셨고, 정말 닥치는 대로 일을 찾아서 하는 스타일이에요. 그런 점은 제가 엄마를 닮았나 봐요. 저와 언니는 "우리 엄마만큼 스페셜한 분은 없다"라고 말해요. 그렇다고 마냥 희생만 하는 분은 아니고, 재미도 있으세요. 제 인생의 롤모델이기도 하고요.

김진세 아버지는 어떤 분이세요?

이소은 아, 저희 아빠는(웃음), 같이 나가면 사람들이 제 남자 친구로 착각할 정도로 굉장히 다정다감하세요. 우리 가족에 대한 사랑이 무척이나 지극하셔서 지금도 엄마를 바라볼 때면 눈에서 하트가 뿅뿅(웃음). 정말 사랑이 넘치는 멋진 남자예요.

김진세 아버지께서는 어떤 일을 하세요?

이소은 원래 정치학을 전공하셨어요. 교수 생활 하시다가, 유학 다녀온 뒤에 연구원으로 활동하고 계세요.

김진세 자라면서 혼나지는 않았어요?

이소은 그런 기억은 정말 없어요. 언니 혼나는 거 본 적은 있는데(웃음). 부모님께서 같은 자식이라도 교육 방식을 달리해야 한다는 걸 아셨대요. 언니는 하지 말라고 말을 해야 듣는 스타일이고, 저는 그렇게 말하면 오히려 거부 반응을 일으키는 아이라는 걸요.

김진세 본인이 뭔가 필요하거나 어필을 해야 할 때는 어떻게 해요?

이소은 저는 바로 얘기를 해요. 단순한 면이 있어서 느끼면 바로 표가 나고, 또 바로 얘기해요. 반면 제가 되게 예민하거든요. 내가 이런 얘기를 해도 될까, 하고 주변을 살핀다고나 할까요. '내가 이렇게 얘기를 하면 저 사람이 슬퍼할까?' 이런 우려 있잖아요. 제가 다섯 살 때 친구 집에 놀러 가면서 "엄마 서운하지?" 하더래요. 그런 식으로 나로 인해서 주변 사람들이 가슴 아파할 것 같으면 제 욕구를 억누르곤 했어요. 그래서 가슴 아픈 것도 많았어요.

김진세 경제적으로 어려웠던 건 언제였어요?

이소은 저희 가족이 미국에 갈 때도 어려웠어요. 나중에 알게 된 건데, 아버지가 몸담고 계시던 대학교 재단의 비리 문제가 불거졌고, 그 재단에 동참하지 않겠다고 하셨다가 불이익을 당하셨대요. 그렇게 학교를 나오신 뒤에 집안 형편이 급격히 어려워진 걸로 알아요. 아버지가 다니는 학교가 있는 피츠버그 인근에 살았는데, 엄마가 돈을 벌기 위해 친구가 있는 시카고로 가시는 바람에 3개월 동안 떨어져 살았던 기억도 나요.

김진세 베이비시터스 클럽 만든 것도 다 이유가 있었던 거군요.

이소은 (웃음) 그런 생각으로 한 건 아니었지만 제 용돈은 제가 벌었어요. 또 항상 '내가 뭘 사달라고 떼쓰면 안 되겠다'라는 건 인식하고 있었던 것 같아요.

김진세 그것도 배려에서 나오는 거니까요. 혹시 소은 씨가 가수 활동 시작할 때도 다소 어려울 때였나요?

이소은 아주 편할 때는 아니죠. 제가 가수 활동 하는 게 도움이 됐던 것 같아요.

나의 어두움을 봐주는 사람, 가족

김진세 워낙 사람을 좋아하죠? 소은 씨를 보면 누구에게나 사랑받는 스타일이에요. 무엇이 그렇게 소은 씨를 '사랑스러운 아이'라고 느끼게 할까요?

이소은 저의 에너지? 제 별명이 에너자이저(Energizer)거든요. 심지어 한 라디오 PD 분은 제 에너지가 너무 강해서 제가 스튜디오에 들어서면 그 공간이 터질 것 같다고 하셨어요. 기가 세다는 느낌이 아니라 언제나 즐거워 보인다는 의미로요.
누구나 밝은 면만큼 어두운 그림자가 있잖아요. 저도 그렇지만, 제가 좀 단순한 면이 있어서 그 어두움에서 빨리 빠져나오는 힘이 있어요. 화가 나는 일이 있어도 얘기하면 다 풀리고, 쉽게 상대를 이해하죠. 어떻게 보면 기복이 심하다고 얘기할 수 있지만(웃음), 저는 좋은 기복인 것 같아요.

김진세 가족은 소은 씨의 그 어두운 면을 볼 수 있기 때문에 더 정이 가는 것 아닐까요?

이소은 책을 낼 때 출판사에서 (김)동률 오빠에게 저에 대한 글을 부탁했어요. 그 글을 보면 '소은이를 보면 늘 즐겁다. 항상 할 얘기가 많고 항상 도전하고 항상 에너지가 넘친다'고 쓰여 있는데, 그게 제 모습이 맞아요. 언니는 그 글을 읽고 우리 가족 생각을 했대요. 왜냐면 제가 이렇게 밝아질 수 있도록 저의 어두운 부분을 엄마, 아빠가 치유해 준 덕분인 것 같다고요. 저도 사실 그 글을 읽으면서 같은 생각을 했거든요.

김진세 혹시 어두운 면의 일면을 얘기해 줄 수 있어요?

이소은 음… 어렸을 때부터 연예 활동을 한 게 쉽지만은 않았던 것 같아요. 자아를 형성해 가는 시기가 고등학교부터 대학 갈 즈음이잖아요? 저 나름은 잘해 왔다고 생각하는데, 한편으로는 나 스스로를 알기도 전에 연예인으로서의 '이미지'라는 게 생겨 버렸잖아요. 그래서 어린 마음에 그 이미지를 따라가야 하나, 혼란도 겪었어요.
요즘 아이돌들은 어떻게 하는지 모르겠어요. 제가 한창 활동할 때는 다행히 인터넷이 그렇게 발달되지 않아서 악성 댓글이 줄줄이 달리거나 하진 않았거든요. 음악에 대해서 비판하는 건 받아들일 수 있었는데, 그냥 너무 어이없는 걸로 날아드는 비난은 굉장히 상처가 됐어요.

김진세 표현해 보세요. 어떤 비난이었어요?

이소은 재수 없는 게 부모 잘 만나서 영어만 잘하고, 노래도 못하는데 괜히 이승환과 윤상의 백을 업고…. 그런 소리가 들렸어요. 어린 나이에 상처가 됐죠. 또 너무 일찍 사회를 경험하다 보니 보기 싫은 면도 보게 됐어요. 이를테면 '왜 우리 매니저한테 저 나이도 어린 PD가 예의 없이 굴지? 왜 서로 존중하지 않지?' 그런 느낌을 받았어요. 제가 음악 하는 선배들과는 잘 지냈는데, 또래 연예인들하고는 잘 어울리지 않았어요. 공통의 관심사가 별로 없고 그 속에서 외롭다는 생각을 많이 했거든요. 무대에 오르는 건 좋아하지만, 연예계라는 그 물에 완전히 어울리는 사람이 되는 것과는 차이가 있는 것 같아요. 스트레스 많이 받았어요.

김진세 그럴 만해요.

이소은 3집 앨범을 내고는 소속사도 옮기고, 음악에도 나름 변신을 시도하면서 예능 프로그램에도 출연했어요. 댄스 신고식을 해야 하는 프로그램도 있었고, 편집되지 않으려고 카메라 앞에서 엄청 오버하기도 했죠. 그런 방송을 앞둔 날이면 너무 스트레스를 받아서 밥도 못 먹고 잠도 못 잤어요. 가수 이소은, 뮤지션 이소은은 좋은데, 연예인 이소은에게 요구되는 것이 많았죠. 한창 예민할 때 그런 문제로 힘들었던 것 같아요.

평범함을 사랑할 줄 알고,
특별함을 내세울 줄 안다

김진세 그렇게 치열하게 10대와 20대를 보내면서 이성 교제는 할 수 있었어요?

이소은 연애, 했죠(웃음). 저 CC(캠퍼스 커플)였어요. 그래서 학교 홈페이지 자유게시판에 오르기도 했고요(웃음). 제가 '무한애교심'이 있거든요. 고려대라는 소속 집단 안에서 해볼 수 있는 건 다 해봤어요. 그래서 정말 행복했어요. 지금 생각하면 그때 왜 CC가 됐을까, 싶기도 하지만(웃음).

김진세 한창 연예인으로 날리던 때잖아요. 기사는 안 났어요?

이소은 다행히 안 났어요(웃음). 인복이 많은 게, 주변 친구들이 다 저를 가수 이소은으로 보지 않았어요. 지금도 대학 선후배들과 무척 잘 지내거든요. 친한 선배가 자신의 미니홈피에 '소은이는 자기 자신의 평범함을 사랑할 줄 알고 특별함을 내세울 줄 안다'라는 글을 써서 감동받은 적이 있어요. 저는 무대에 오르거나 내가 특별해야 하는 자리에서는 특별해질 수 있어요. 하지만 평범해도 되는 장소에서는 평범할 수 있거든요. 그래서 과 선배와 CC도 되고(웃음), MT도 다 갔고요. 평범함을 사랑할 줄 알아야 하니까요. 저는 가수 활동이 제 삶에서 뭔가를 빼앗아 가는 느낌은 싫었어요.

김진세 소은 씨, 음악과 공부 모두에 충실할 수 있는 비법이 있어요?

이소은 비법이요? 에너자이저 말고 다른 별명이 '설렘쟁이'예요. 옛날부터 잘 설레요. 지금껏 수천 번 무대에 올랐지만, 매번 설레고 좋아요. 제 첫 무대가 고등학교 1학년 때 자우림 콘서트 게스트로 나선 자리였는데, 그때의 기분과 달라진 게 전혀 없어요. 정말 행복해요. 설레거든요. 공부도 마찬가지예요. 이런 얘기 하면 웃으실 수 있지만, 법이라는 게 저한테는 낯선 영역이잖아요. 그 낯섦에 대한 설렘이 있었어요. 그런 마음을 가지고 있는 게 공부하는 데 가장 큰 도움이 되는 것 같아요. 로펌 실습 중에도 그런 느낌을 많이 받았어요.

김진세 설렘을 갖고 해라?

이소은 네. 뭘 하든지 거기서 내가 즐길 수 있는 걸 찾으면 되잖아요. 전부가 아니더라도, 설렘을 주는 한 부분만 있어도 '내가 이것 때문에 한다'라고 마음먹고 계속해 왔던 것 같아요.

김진세 어떻게 하면 행복해져요?

이소은 질문에 대한 답은 여러 가지로 나올 수 있어요. 제가 요즘 《마더 테레사의 삶 그리고 신념》을 읽고 있어요. 전 그런 감동적인 얘기를 들으면 행복을 느끼는 것 같아요. 또 지금 나를 힘들게 하는 여러 가지 요인이 아무것도 아닌 게 돼요. 가장 의미 있고 가치 있는 일을 하는 데 있어 지금의 힘듦은 단지 과정일 뿐이거든요. 그것으로 인해 힘들어하지 말자는 생각이 절로 들죠.

김진세 이해할 수 있을 것 같아요.

이소은 또 남들과 비교하지 않으면 행복해지는 것 같아요. 연예인이 더 힘든 이유가 끊임없는 비교에서 오는 열등감과 피해의식 때문 아닐까요. 저도 그런 시기를 겪었는데, 그걸 딱 끊는 순간 행복해졌어요. 남들과 비교하지 않고 나를 사랑하는 것, 이게 다 연결되어 있는 것 같아요.

• • •

스스로를 에너자이저라고 부르듯, 그녀는 정열적이다. 쉼 없이 주변 일들에 관심을 갖고 주어진 역할에 최선을 다하려 애쓴다. 처음 무대에 오를 때 느꼈던 설렘 또한 원하는 목표에 몰입하게 하는 긍정의 힘이었다.

거침없음, 배려, 친밀함, 용기, 정열, 몰입 등 그녀에게서 찾은 긍정의 힘은 한두 가지가 아니다. 그렇다고 어느 하나가 유난히 두드러지지도 않는다. 아직은 미완성인 듯했다. 그 미완의 에너지는 무르익지 않아서 오히려 신선함을 느끼게 했고, 앞으로의 무한한 가능성을 예감할 수 있었다.

이러한 '긍정의 힘'의 배경에는 많은 경우 부모가 있다. 이소은의 다양한 힘의 원천을 한마디로 정의하기는 어렵지만 '자존감'이라 할 수 있고, 자존감은 부모의 무한한 사랑과 신뢰에서 온다.

부모의 사랑에서 자식은 친밀함을 배운다. 다른 사람에게 관심을 갖고 배려하면 상처가 아닌 애정으로 돌아온다는 사실을 체득했기에 거침없이 대할 수 있다. 도전 끝에 비록 실패하더라도 비난받지 않는다는 것을 알고 있으니 당당하게 도전할 수 있다. 어렵고 힘든 환경에서도 서로 믿고 의지하며 일어선 경험 속에서 절망 끝에서 희망을 찾을 수 있는 힘은 용기라는 것을 배웠다.

그녀를 만나 새삼 알게 된 것은 나이가 많고 적음은 긍정의 힘이 많고 적음과 상관이 없다는 진리다. 그리고 긍정의 힘의 근원에는 언제나 우리의 부모님이 계시다는 사실이다.

불공평한 삶에서 행복해지는 법

이소은의 '성공 신화'(?)를 접한 사람이라면 누구나 기가 죽을 것이다. 그리고 성공의 이면에 있을 노력이나 고생보다는 그녀의 배경에 집착하기 쉽다. '좋은 부모를 만나, 머리가 좋게 태어나서, 노래 실력도 출중하고, 미모도 되니까' 하고 말이다. 좀 더 비딱하게 보자면, '실력도 없는데 운이 좋아서' 또는 '누구의 후광을 업었으니까' 하고 수근거릴 수도 있을 것이다.

그런데, 가만히 생각해 보자. 그녀와 만나서 직접 이야기를 들어 본 적이 있는가? 가수가 되려면, 또 미국에서 변호사가 되려면 어떻게 해야 하는지 생각해 본 적이 있는가? 흔히 사실을 따지기에 앞서 일단 나쁜 쪽을 보고자 한다. 부러워서다. 비교가 되고 질투가 생겨서이다.

행복학자들은 '비교하지 말아야 행복하다'고 한다. 그런데 우리끼리 이야기지만, 말이나 되는 소리인가? 어떻게 비교가 안 되느냔 말이다. 취업이 안 돼서 죽을 맛일 때는 회사 다니는 사람만 봐도 부럽다. 취업이 되고 나면 비정규직은 정규직이, 평사원은 간부사원이 부럽다. 연봉이 얼마든 간에 자기보다 고액 연봉자라면 무조건 비교하기 마련이다.

어디 그뿐이랴. SNS를 보면 모든 사람들이 럭셔리한 여행에, 맛집만 돌아다니고, 시도 때도 없이 신상을 사 모은다. 남자 친구가 사준 핸드백은 왜 모두 명품이며, 여자 친구들은 어찌 그리 하나같이 케이크 만들기의 달인인지…. 그걸 보다 보면, 세상에서 나만 제일 못난 사람 같다. 비교를 안 해야 행복하다면, 현실은 결코 행복해질 수 없다.

어떻게 하면 이놈의 비교와 질투에서 해방될 수 있을까? 현존하는 몇몇 도인들께서는 '잊으라' 하기도 하고 '자신을 돌아보라' 하기도 한다. 맞는 이야기이긴 한데, 쉽지 않다. 잊으려고 하면 할수록 더 생각나고, 자신을 돌아보니 더 초라해진다. 도인이 아닌 사람은 어찌해 볼 도리가 없는 것이다. 어떻게 하면 비교가 넘쳐 나는 세상에서 행복해질 수 있을까?

차라리 받아들여야 한다. 비교하고 질투하고 초라해지고 불쾌해지는 나쁜 감정을 있는 그대로 받아들이자. 기분이 더럽다고 당장 불행해진다거나 죽는 것은 아니다. 잠시 그럴 뿐이다. 하지만 받아들이는 것으로 끝이라면 발전이 없다. 또 일시적인 열등감을 그대로 방치한 채로 더 많은 비교와 질투가 연속된다면 정말로 불행해질 수 있다.

한 발자국 더 나아가려면 일단 받아들이고서, 과연 비교의 대상은 어떻게 성공을 이루었을까를 분석해 봐야 한다. 이소은에게는 많은 힘이 있다. 낙천성, 친밀함, 용기, 정열 등 많은 강점(strength)이 있다. 그리고 설렘이 있다. 그중에서 나는 어떤 것을 갖고 있는지 보아야 한다.

중요한 것은 내게 없는 강점을 만들려고 노력하기보다는, 내게 있는 강점을 더 발전시키는 것이 훨씬 효과적이고 성공할 확률이 높다는 사실이다. 인간은 잘 변하지 않는다. 정신과 전문의조차 사람을 바꾸는 것은 쉽지 않다. 따라서 없는 강점을 새롭게 만들기란 쉽지 않다. 차라리 갖고 있는 강점 중에서 하나를 키워 나가는 것이 유리하다.

이소은에게는 설렘이라는 강점이 있다. 설렘은 좋은 결과를 기대할 때 생긴다. 부정적인 결말을 염려한다면 두려움이 자리 잡을 것이다. 또한 설렘은 에너지이기도 하다. 긍정의 결과를 기대하므로 더 힘을 낼 수 있게 된다. 설렘과 같은 강점의 성질을 알았다면, 이제는 발전시켜야 한다.

그녀가 무대에 오를 때, 새로운 공부를 시작할 때, 사람들과 만나 이야기를 나눌 때 설렘을 느끼고 또 기대하듯이, 우리도 그러려고 노력해야 한다. 사람마다 설렘을 느끼는 대상은 다르다. 당신은 무엇에 설렘을 느끼는가? 새로운 지식을 익히는 것? 여행을 떠나는 것? 당장 그것을 시작해 보자. 설렘으로 마음이 충만해지면, 삶도 활력으로 넘치게 될 것이다.

정리하자면, 비교와 질투에서 비롯된 나의 불행은 끝낼 수 있다. 부정적인 감정을 받아들이는 것으로 시작하여, 닮고자 하는 사람을 분석하고, 그의 강점을 알아내야 한다.

만약 내게 그 강점이 없다면 과감히 포기하자. 계속 붙들고 있으면 정말로 불행해진다. 자신에게서 같은 강점을 발견했다면, 비슷한 과정으로 노력해 보자. 모든 성공과 창조는 모방으로부터 시작한다고 했다.

물론 내가 애를 쓴다고 해도 이소은과 같이 될 수는 없다. 노래도 못하고 생김새도 다르다. 관심사도 일치하지 않는다. 그러므로 그녀의 외적인 성장을 그대로 따라 하다간 큰코다칠 수 있다. 나의 한계와 가능성을 명확히 인식해야 한다.

가장 현명한 태도는 그녀와 똑같이 되는 것은 불가능하지만, '설렘'과 같은 강점들을 의식 수준에 놓고 발전시킬 수 있음을 명심하는 것이다. 성공과 만족의 가능성이 더 많은, 나를 설레게 하는 일에 최선을 다한다면, 분명 지금보다 더 행복해질 수 있을 것이다.

대표적인 소셜테이너이자 소신 있는 개념 배우. 1972년 마산에서 태어났다. 이화여대 독문학과를 졸업했으며 대학 시절 내내 철거촌 빈민, 노동자들과 함께했다. 우연히 본 연극에 매혹되어 1995년 극단 봉원패에 들어갔고 〈여자는 무엇으로 사는가〉로 무대에 첫 발을 내디뎠다. 이후 연우무대에서 〈마담 민여옥〉, 〈위험한 가게〉, 〈칠수와 만수〉, 〈날 보러와요〉 등 다수의 연극에 출연하며 연기력을 쌓았다.

1998년 〈처녀들의 저녁 식사〉로 스크린에 데뷔했고, 그해 이 영화로 청룡영화제 신인여우상을 수상했다. 이어 1999년 이창동 감독의 〈박하사탕〉에 출연, 대종상 여우조연상을 받았다. 이후 영화 〈취화선〉, 〈아이들〉, 드라마 〈대장금〉, 〈토지〉, 〈이산〉에서 활약하며 연기 참 잘하는 배우로 자리 잡았다. 2004년 MBC 김진민 PD와 결혼했으며, 최근 드라마 〈화정〉에서 연출자와 연기자로 호흡을 맞추고 있다.

의미와 재미, 행복의 두 바퀴

배우 **김여진**

도대체 '김여진과 날라리 외부 세력'은 뭘까? 배우 김여진에게 생긴 의문의 시작이었다. 대학교 청소용역 아주머니의 투쟁에 왜 잘나가는 여배우가 나설까? 정의를 위한 싸움에 나서는 데 직업이나 신분의 구분이 없는 게 당연하기는 하지만 흔치 않은 일 아닌가. 듣자 하니 여기저기 사회 문제에 적극적으로 참여하고 있다고 했다. 독문학을 전공한 이대 나온 여자가 연기를 공부한 적도 없이 연기파 배우가 되었다는 것도 신기했다. 아주 강하고 드센 여자는 아닐까?

매사에 적극적인 호기심 소녀

김진세 요즘 여진 씨를 만날 수 있는 곳이 참 다양하잖아요. 홍대 청소 노동자들과도 함께하셨고, 해군기지 건설로 몸살을 앓고 있는 제주도 강정마을에도 가시고, 국보법 위반으로 연행된 대학생들 만나러 경찰서로 달려가시고요.

김여진 사람들은 힘들지 않느냐, 부담되지 않느냐고 하는데 저는 평안할 때보다 요즘이 다이내믹하면서도 즐겁고 행복해요. 조건이 나쁘고 상황이 어렵다고 해서 행복하지 않은 건 아닌 것 같아요. 전 오히려 지루한 걸 못 견뎌요(웃음).

김진세 여진 씨에게는 어떤 게 행복이에요?

김여진 어떤 게 행복일까…. 사실은 그냥 아는 것 같아요. 그냥 제가 행복하다고 느끼는 순간이 분명히 있고요. 그것들을 굳이 이름 붙여서 분류해 보자면 의미가 있고, 재미가 있는 거죠. 즐겁기만 해서는 행복까지는 안 가는 것 같고. 뭔가 가슴 벅차는 감동이 있고 또 의미가 있을 때, 가장 크게 행복감을 느껴요.

김진세 정답이네요. 긍정심리학의 권위자 마틴 셀리그먼도 똑같은 이야기를 하거든요. 단순한 재미만 누린다면 언제고 그 만족감은 없어지는 법이죠. 의미가 있는 일을 지속적으로 해나가는 게 행복이거든요.

김여진 사실 이건 홍대 청소 노동자 일을 겪으면서 확실히 느꼈어요. 그전에 JTS(법륜 스님이 세운 국제 기아·질병·문맹 퇴치를 목적으로 활동하는 NGO)와 평화재단 활동을 하면서 그런 느낌들을 약간씩 맛봤어요. '사람들이 이래서 돈이 안 되어도 남을 돕고 사회 개혁을 위한 일을 하는구나'라고 느꼈죠. 물론 성과가 있다면 좋겠지만 그 일을 하고 있는 것 자체로도 뿌듯한 마음이 드니까요.

김진세 어릴 때 어떤 아이였는지 궁금한데요.

김여진 저는 일단 호기심이 많아서 뭐든 직접 해보고 싶어 하는 성향이 강했어요. 책 읽는 거 좋아했는데, 읽고 나면 항상 그 내용을 따라 하면서 놀았던 기억이 나요.

김진세 그중에 생각나는 책이 있다면요?

김여진 펄 벅의 《대지》를 좋아해서 어릴 때 청소년 문고판을 백 번도 넘게 읽었어요. 읽고 또 읽고, 틈만 나면 읽고, 하루 종일 《대지》 속에 파묻혀서 산 날도 있었어요. 동생들한테 "나는 오란을 할 테니, 너는 왕룽을 해라" 시키고(웃음). 지금 생각하면 '아, 내가 연기를 하면서 놀았구나' 싶어요. 한편으로는 엄마나 선생님으로부터 꼭 칭찬을 들어야 직성이 풀리는 아이였어요. 그래서 공부도 항상 1등을 해야 했고, (수업 시간에는) 항상 손을 들어야 했죠. 엄마가 이런 얘기도 하셨어요. "1등 하는 건 좋은데, 손들지 마라(웃음)."

김진세 왜요?

김여진 다른 아이들에게 미움 산다고요(웃음). 그런데 그걸 못 참고 늘 먼저 손을 들었던 것 같아요. 반장도 하고, 잘 부르지도 못하면서 앞에 나가서 노래도 하고(웃음).

김진세 굉장히 적극적이었네요. 그 점은 누구를 닮으신 거예요. 아버지, 어머니?

김여진 두 분 다 안 닮았어요.

김진세 아, 그러세요? 의외인데요. 그러면 아버지는 어떤 분이셨는데요?

김여진 엄마한테는 무뚝뚝하신 것 같은데, 저한테는 참 자상하셨어요. 정말 많은 얘기를 나눴고, 존중해 주셨어요. 아들처럼 생각하신 것 같아요. 딸 셋의 맏이라 그러셨나 봐요. 아버지가 우시는 걸 본 적도 있어요.

김진세 진짜요?

김여진 "오늘 이런 일로 속상하다"며 제 손을 잡고 우신 적이 있어요. 그럼 저는 "아빠, 괜찮아"라고 해드리기도 했고요. 경상도 남자에, 정치적으로는 꽤 보수적인 분이셨는데 제 의견을 잘 들어주셨어요. 논쟁이 붙을 때도 있었는데 그걸 즐기셨어요. 저는 어리니까 말도 잘 못하겠고, 아빠랑 말싸움하면 질 것 같고, 눈물도 나고 그러잖아요? 그러면 아버지는 "자, 눈물 닦고 물 한잔 마시고 진정하고 처음부터 다시 얘기해 봐" 하셨던 기억이 나요.

김진세 〈100분 토론〉에 출연했을 때 정말 논리적이셨어요. 꼭 트레이닝 받은 사람처럼 자기 논리를 끌어가는 힘이 강하더군요.

김여진 저는 싸움이라는 걸 할 때 적대적이지 않아요. 보수적인 어른들의 생각이나, 왜 그렇게 말씀하는지를 이해하기 때문에 어떻게 얘기해 가야 하는지도 알아요. 그건 아버지로부터 배운 게 크죠. 저는 아버지한테 사랑받는 딸이었어요. 엄마한테는 반항하는 딸이었고요(웃음).

김진세 부모님은 지금 고향 마산에 계세요?

김여진 네, 두 분 다 젊으세요.

김진세 젊다고 하시면 얼마나?

김여진 이제 환갑 갓 넘기셨어요. 스물둘에 저를 낳으셨거든요. 아버지는 군대도 안 가셨을 때고요(웃음). 초등학교 때까지도 아버지랑 다니면 "오빠냐, 막내 삼촌이냐" 소리를 들었어요. 제가 굉장히 감사한 부분이, 두 분 다 어린 나이에 자식을 낳았는데도 최상의 환경을 제공해 주신 점이에요. 저를 정말 존중해 주셨죠. 소위 여성 차별이라는 걸 저는 자라는 동안 한 번도 겪지 않았어요.

치열한 투쟁과 사랑의 계절

김진세 청소년기에는 어떠셨어요?

행복하다고 느끼는 순간을
굳이 이름 붙여서 분류해 보자면
의미가 있고, 재미가 있는 거죠.
즐겁기만 해서는 행복까지는 안 가는 것 같고,
뭔가 가슴 벅차는 감동이 있고 또 의미가 있을 때,
가장 크게 행복감을 느껴요.

김여진 중학교 때까지는 정말 시험의 지배를 받았어요. 중1 때부터 밤 11시면 잠들고 새벽 5시면 일어나서 공부했어요. TV도 하루에 한 프로그램만 봤어요. 애니메이션 〈모래요정 바람돌이〉요. 그걸 되게 좋아했어요. '오늘은 무슨 일이 일어날까?' 하고(웃음). 그거 한 편 보는 게 낙이었고, 나머지 시간은 다 공부했어요. 또래 친구들하고도 잘 안 어울렸어요. 시간 낭비라고 생각했거든요.

김진세 친구가 참 소중할 때인데요.

김여진 그랬다가 고등학교 때 참 소중한 친구를 만났어요. 당시 저는 혼자 공부하고 혼자 음악 듣는 걸로 충분했는데, 어느 날 갑자기 그 친구가 제 이어폰을 빼서 듣더니 "산울림이네!" 하는 거예요. 여느 아이들은 그 음악을 잘 몰랐거든요. 그 친구와 같이 음악 듣고, 얘기 나누면서 제가 가지고 있던 가치관이 다 뒤집어졌죠.

김진세 여진 씨와는 좀 다른 친구였나요?

김여진 제가 제도권에서 1등을 하는 아이였다면, 그 친구는 눈에 잘 띄지 않는 아이였어요. 굉장히 영민하고 감수성도 예민했고요. 그때 전혜린의 책을 같이 읽으면서 독문학과에 가기로 결심한 거예요. 원래 이과였는데. 제가 의대에 진학하지 않겠다고 하자, 부모님이 굉장히 큰 충격을 받으셨어요. 두 분 다 식음을 전폐하실 정도로.

김진세 그래서 정말 독문학과를 가셨군요! 원래 고집이 센가요?

김여진 웬만하면 순하게 하는 편인데, 꼭 해야겠다고 마음을 먹으면 아무도 못 꺾어요. 한 번도 꺾인 적이 없어요. 사실 독문학과 간 게 처음이었고요. 대학 가서 운동했던 거, 연극 시작했던 게 그랬고요. 이번에 홍대 건도 아버지는 전혀 놀라지 않으시더라고요(웃음).

김진세 그렇게 간 대학 생활이 궁금한데요. 혹시 연애는 안 하셨어요?

김여진 했어요(웃음). 같이 운동하는 사람이었어요. 저를 굉장히 좋아하고 예뻐하고 옆에 있으면 어쩔 줄 몰라 하는 사람이라 제가 하자는 대로 했어요. 공학도였는데도 저랑 책도 같이 읽고요. 무뚝뚝하고 별말 없이 궂은일 하는 사람이었는데 그게 멋져 보였어요. 학생운동을 하긴 했지만 두 사람 다 첫사랑이었고 연애하는 그 순간은 여느 대학생과 똑같았어요.

김진세 그럼 연극은 언제부터 시작하셨어요?

김여진 그 사람이 집행유예 2년형을 받는 바람에 군대를 안 가게 됐어요. 마음 놓고 연애를 하다가 학생운동은 4학년 2학기 때 그만뒀어요. 대학은 졸업해야겠더라고요. 그동안 부모님을 속여 왔잖아요.

김진세 운동을 그만둔 가장 큰 이유가 졸업 때문이었어요?

김여진 그렇진 않고요. 아주 솔직하게 얘기하면, 운동을 해나가는 게 일상이 되니까 재미가 없는 거예요. 그 안에서 숨이 막히고 '이렇게 하는 방법밖에 없을까' 하는 의문도 들었고요. 그러다 아예 철거촌으로 들어갔죠. 거기는 싸움을 하고 막아야 집을 못 부수니까요.

김진세 목적이 분명한 싸움을 해야겠다는 생각에?

김여진 청량리1동 철거촌에서 2년을 지냈어요. 결국 (주민들이) 영구 임대주택을 받아 냈어요. 당시로서는 거의 처음 있는 일이었어요. 그렇게 해야 할 일이 분명하고 성과가 보이면 괜찮은데, 정확히 의미가 뭔지 모르는 일에는 금세 지치더라고요. '당위'로는 못 하겠는 거예요. 학생 운동을 그만둘 때는 힘들고 지쳐서 정말 아무것도 하고 싶지 않은 상황이었어요.

김진세 많이 힘든 때였군요.

김여진 그땐 정말 '아, 죽을까' 이런 생각을 했었어요. 괴로워서가 아니라 왜 살아야 하는지 잘 모르겠어서요. 취직 같은 건 생각도 없었고 하기도 싫었어요. 그 와중에 남자 친구가 사면복권이 돼서 군대를 갔어요(웃음). 정말 철저하게 혼자가 된 거예요. 어디에도 속하지 않은 혼자가 처음 돼 봤어요. 왜 살아야 하는가에 대한 진지한 고민을 했죠. 그러다가 연극을 보러 갔는데, 그게 재밌었어요. 새로운 세상이 보인 거예요.

헷갈릴 때는 무조건 해보라

김진세 그때 연기를 업으로 삼아야겠다고 마음먹은 거예요?

김여진 연극이 어떻게 만들어지는지 보고 싶었어요. 새로운 세상을 접해 보고 싶은 마음에 대뜸 "포스터 붙여 드릴게요(웃음)"라고 말씀드렸죠.

김진세 무대 올라간 것도 재밌는 사연이 있던데요. 주연 배우가 그만두는 바람에?

김여진 네, 당시 주인공이던 박상아 씨가 슈퍼탤런트가 돼서 제가 대신 무대에 올라갔죠. 포스터를 붙이면서 하루 두 번 하는 공연을 한 번도 거르지 않고 매일 봤어요. 똑같은 연극을 100번 봐도, 100번이 다 재밌더라고요. 배우들과 관객의 호흡이 매번 다른 거예요. 거기에 희열이 있었어요. 그러니 자연스럽게 대사를 외웠죠.
단원들 중에 그렇게 매 공연을 다 보는 사람은 저밖에 없었는데, 그걸 대표님이 아셨던 거예요. "너 매일 보니까, 대사 외우지? 올라가 봐" 하신 거죠(웃음). 나중에 들어 보니까 다른 배우들이 훨씬 떨었대요. 제가 무슨 실수를 할지 모르니까(웃음).

김진세 진짜 드라마틱하네요.

김여진 그런데 직업이 될 거라고는 생각을 못 했어요. 1년간 같은 공연을 하면서 연기라는 걸 혼자 배웠어요. 그사이 다른 배우들은 다 바뀌었는데 저는 은혜를 갚아야 하기 때문에(웃음), 돈도 거의 안 받고 했거든요.

김진세 그런데 극단은 왜 나왔어요?

김여진 말도 안 되는 케이스로 무대에 올라갔으니까 얼마나 많은 질투를 받았겠어요? 또 1년 정도 하다 보니 이게 내 길인지도 잘 모르겠고, 돈도 벌어야겠다는 생각이 들었거든요. 그래서 출판사에 들어갔는데, 출판사를 다니다 보니 '아, 연극해야겠다!(웃음)'. 책을 좋아하긴 했는데, 만드는 작업은 소질에 안 맞았어요. 그래서 극단 연우무대에 오디션을 보고 들어간 거죠.

김진세 그때 결정을 잘하신 거네요.

김여진 해야 될지 말아야 될지 헷갈릴 때는 일단 해보는 게 좋은 것 같아요. 어떤 일이 내 일인가, 아닌가를 알기 위해서는 그만둬 보면 알고요. 또 내 일이 아닌 것도 해봐야 아는 것 같아요. 머리로 고민해서는 답이 안 나온다는 거죠.

김진세 저는 여진 씨를 영화 〈처녀들의 저녁 식사〉에서 처음 봤어요. 이후 TV에서도 볼 수 있었고. 그때부터는 승승장구했나요?

김여진 무난한 편이긴 한데, 굴곡은 있었죠. 이런 건 있어요. 제가 마음에서 느끼는 행복과 성공이 밖에서 보는 것과는 다르다는 거요. 제가 〈처녀들의 저녁 식사〉로 (청룡영화상) 신인상을 받았거든요. 그래서 금세 뜰 줄 알았죠(웃음). 그런데 그렇지는 않았어요. 그다음에는 〈박하사탕〉에 출연하고 (대종상) 여우조연상을 받았어요. 또 팍 뜨진 않고(웃음).
〈박하사탕〉을 문소리 씨랑 같이 했잖아요. 이후 문소리 씨는 〈오아시스〉로 베니스영화제 신인상 받고, 저는 〈취화선〉으로 부산영화평론가협회상을 받았어요. 그때 사실 생각이 많았어요. 〈박하사탕〉에서 연기를 꽤 잘한 것 같은데, 왜 내가 가장 좋아하는 이창동 감독님이 나를 캐스팅하지 않았을까? 왜 내가 안 됐을까? 그런 생각을 하니, 스스로에게 만족할 수가 없었어요.
그러다가 드라마를 꽤 여러 편 했는데 그다지 즐겁게 일하지 못한 것 같아요. 연기를 하는 몰입의 순간은 좋은데, 평소에는 약간 우울감이 있었죠.

김진세 어떻게 극복하셨어요?

김여진 〈대장금〉, 〈이산〉 등에 출연하면서 사람들이 많이 알아봐 줬는데, 저는 별로 성에 차지 않아서 뉴욕으로 연기 공부를 하러 가기도 했어요. 그러다가 2008년 JTS 활동을 하면서 다른 생각을 하게 된 거죠. 법륜 스님을 뵈었는데 굶어 죽는 아이들을 위해 48일을 굶고 계셨어요. 어떻게 다른 사람을 위해서 굶을 수 있을까, 궁금한 마음에 저도 따라서 굶어 봤어요.

김진세 얼마나요?

김여진 목표는 일주일이었는데 4일 굶었어요. 너무너무 괴로웠어요. 사람이 굶어 죽는다는 게 어떤 건지 알겠더라고요. 그러면서 제가 지금 가지고 있는 게 굉장히 사소한 문제라는 판단을 하게 됐죠. 또 그 와중에 연기자 동료들의 자살이 잇따랐어요(2008년은 최진실의 자살이 있던 해). 굉장히 마음이 아팠어요. 나는 지금 어디를 향해 가고 있나, 내가 진짜 원하는 게 뭔가. 더 이상 나를 속일 수 없다는 생각이 들었어요.

김진세 거대한 벽을 뛰어넘은 셈이네요.

김여진 그죠. 그때는 '무슨 일이 있어도 나는 행복하리라. 다른 거 안 하고 내가 행복한가, 안 한가에만 집중하겠다'고 다짐했어요. 결국은 나 혼자만 행복해서는 진짜로 행복하지가 않다는 결론에 이른 거죠. 그러니 내가 가진 문제를 제대로 볼 수 있게 되었죠. 물론 지금도 가끔 우울하고 힘들고 짜증 나는 일은 있어요. 오늘만 해도 오전 내내 제 마음이 송곳 같다는 생각을 했는데(웃음), 그렇다고 그걸로 괴로워하거나 아주 특별한 불행처럼 여기진 않죠.

김진세 남편 분이랑은 지금 행복하세요?

김여진 네, 무난해요(웃음). 확실히 말할 수 있는 건 서로 참 좋은 친구라는 거예요. 저희 집에 귀가 안 들리는 조그마한 똥개가 있는데(웃음), 녀석과 함께 산책을 하고 돌아와서 목욕시키고 밥 먹은 뒤에 남편은 기타를 튕기고 저는 책을 읽곤 하거든요. 지난 7년간 아무리 바빠도 주말이면 일부러라도 이런 시간을 가졌어요. 저는 우리 부부 하면, 이 시간이 먼저 떠올라요.

김진세 언젠가 바깥 분께서 자신의 드라마에 출연하게 된 여진 씨를 두고 "다른 드라마에 빼앗기기 싫었다"라는 말을 했는데, 저는 감동받았어요. 보통 그렇게 이야기하기 쉽지 않잖아요?

김여진 일할 때는 완전히 남남처럼 감독과 배우로 일해요. 일부러라도 안 부딪히려고 노력하죠. 다행히 배우와 감독으로서 서로 인정하는 부분이 있어요.

나는 무조건 행복하고 말겠다

김진세 요즘은 본인이 하는 일에서 행복감도 많이 느끼시나요?

김여진 네, 그래요. '난 행복해'라고 생각한다고 24시간, 매 순간이 행복하진 않잖아요. 주로 행복하고, 가끔 힘들 때가 있는 거죠. 다행인 건 예전처럼 남 탓을 하거나, 환경 탓을 하진 않아요.

김진세 어떻게 하면 더 행복해질 수 있을까요?

김여진 제 경험으로 보자면, '재미'와 '의미'잖아요. 그걸 한꺼번에 찾을 수 없으면 따로따로 한 가지씩이라도 해보세요. 일단 누구나 정말 재밌어 하는 일은 있을 거예요. 어떤 죄책감도 떨쳐 버리세요. 저는 만화책 보는 거 되게 좋아하거든요. 일주일 중 하루는 '만화책데이'로 정하고 아예 쌓아 놓고 봐요. 아무도 못 건드리게 하고(웃음).
그런데 좋아하는 일만 하다 보면 '내가 이래도 되나?' 싶잖아요. 그럴 때 자기 마음에 꽂히는 문제 한 가지에 집중해 보세요. 더 나은 세상을 만드는 데 기여할 수 있는 문제랄까요. 길고양이, 유기견 문제가 마음이 아프면 그쪽으로 나서는 거예요. 재미와 의미 모두 많이도 말고 일주일에 한 시간이라도 꾸준히 하셨으면 좋겠어요.

김진세 그렇게 하면?

김여진 그 두 가지를 함께 하면 마음이 풍족해지는 게 있어요. 그렇게 하다 보면 사람들을 만나잖아요. 같은 취미를 가진 사람을 만나도 좋고, 또 세상에 기여하는 일을 하면 반드시 좋은 사람을 만나게 돼요. 좋은 마음을 가진 사람을 만나니까 삶의 질이 올라가죠. 또 좋은 대화 나누고 좋은 방법 연구하고…. 사실 그러면서 노는 거예요.

김진세 앞으로의 계획을 들을 수 있을까요?

김여진 저는 정말 계획을 안 세우는 편이에요. 아까도 말씀드렸던 것처럼 무조건 행복하고 말겠다는 게 크죠. 질타를 들을 때도 있을 거고, 기대했던 것보다 좋은 일을 할 수도 있을 거예요. 그건 사람들이 보는 시선이고요. 저는 그때그때 하고 싶은 일을 할 거라는 거죠. 그것만 까먹지 않으면 될 것 같아요. 사람들이 뭐라고 하건, 어떤 기대가 있건, 저는 더 이상 행복하지 않다는 생각이 들면 바로 그만둘 거예요.

• • •

어릴 적 그녀는 말 그대로 '범생이'였다. 그러다 사춘기 시절, 한 친구 덕(?)에 타인의 삶에 관심을 갖기 시작하면서 모범생 생활을 청산한다. 그러고는 반항적인 청소년 시절을 보냈다. 대학에 진학해서는 학생운동과 연애를 동시에 해냈다. 당시 분위기로는 절대 공존할 수 없었던 '활동'을 그녀는 함께 한 것이다.

결혼 생활도 재미있다. 이상적인 결혼이라면 연인을 꿈꾸어야 하고, 현실적이라면 친구라야 한다. 그런데 그녀와 남편은 연인과 친구의 중간 정도라고나 할까. 사회 참여도 마찬가지이다. '소셜테이너'라고 불리는 그녀는 사회 문제에 대해 고민만 하는 것이 아니라 직접 뛰어들어 함께 한다. 하지만 본업을 팽개칠 정도로 지나치지는 않다. 여전히 연기자로서 최고가 되길 꿈꾸며 산다.

그녀에게는 '균형'이라는 긍정의 힘이 있다. 다른 어떤 긍정의 힘보다 이루기 힘든 것이 균형이다. 몰입, 열정, 배려 등 많은 긍정의 힘 중에 최고이다. 자신의 행복도 중요하지만 사회 전체의 행복을 걱정하는 것도, 그 걱정 끝에 실행에 옮겼지만 결코 자신의 일을 놓치지 않는 것도, 투사와 여배우가 함께 존재하는 것도, 결코 지치지 않고 두 가지 모두를 잘 해내는 것도, 균형의 힘이다.

꿈을 꾸어 본다. 개인과 사회가 공존할 수 있다는 것을 몸소 실천하는 여배우가, 아름다운 그 여배우가 무조건 행복해지는 날을.

균형 잡힌 바퀴는 쓰러지지 않는다

요즘 젊은 사람들은 생각이 많다. 미래에 대한 불확실성으로 걱정과 근심이 많을 수밖에 없다. 적잖은 친구들이 자신감이 없어 선뜻 도전하지 못한다고 한다. 실패를 허용하지 않는 사회 분위기도 한몫한다. '실수를 저지르면 손해이니 신중해야 한다'는 소리를 수없이 들으며 자랐다. 답안지를 한 칸만 밀려 써도 시험을 망치듯, 인생도 마찬가지라는 억측에 세뇌되었다. 그러니 무엇인가를 시작할 때면 늘 고민하고 또 고민할 수밖에 없다.

사실 생각을 많이 해봐도 뾰족한 수가 없는 경우가 부지기수 아니던가! 나지막한 물웅덩이에 빠진 것이라면 나름의 재주로 빠져나오면 된다. 다리가 긴 사람은 한 다리를 빼서 웅덩이 밖으로 나오면 되고, 팔이 긴 사람은 기어서라도 나오면 된다. 도와주는 것이 그리 힘들지 않을 터이니 지나가는 사람에게 도움을 청하는 것도 가능하다.

하지만 깊은 우물에 빠지면 그다지 방법이 많지 않다. 그저 하늘을 향해 올라가는 수밖에 없다. 마찬가지다. 세상이 힘들면 방법은 그리 많지 않다. 우물 밑바닥에 앉아 이리저리 생각해 봐도 막막하기는 마찬가지일 것이다. 사회적인 상황 때문이든 개인적인 처지 때문이든, 지금처럼 힘든 상황에서는 생각이 깊으면 오히려 힘만 더 빠진다.

영화 〈넘버 3〉에서 송강호가 더듬으며 강조하던 '무대뽀 정신'이 필요한 시기다. '무대뽀'라는 것은 앞뒤 가리지 않고 행동부터 하는 것을 의미한다. 생각을 해봤자 더 자신감이 떨어지고 자기 연민에 빠지기도 쉽다. 용기가 필요하다.

김여진을 보자. 원하는 일에 과감하게 달려들어 성공하든 실패하든 만족감을 얻어 낸다. 원하는 일을 하고 그 분야에서 성공해서 행복했다면, 이미 여배우로 자리매김한 그녀가 무엇 때문에 소셜테이너와 같은 수고를 마다하지 않을까? 과정의 즐거움 때문이다. 과정에서 얻는 행복이야말로 진정한 행복이기 때문이다.

그렇게 스스로 하고 싶은 일을 할 수 있는 밑바탕에는 바로 '용기'가 있다. 미래의 결과를 긍정적으로 바라보는 사고방식과 함께, 실패에 대한 두려움을 이기고 행동으로 옮길 수 있는 용기가 필요하다.

더구나 놀라운 것은 그녀의 균형 감각이다. 아무리 긍정적인 사람이라도, 균형을 잡지 못하면 독단적이 될 수 있다. 몰입하다 보면 남이 보이지 않는다. 열정은 주위 사람을 들뜨게 하여 분에 넘치는 과욕을 부리게 하고, 배려는 남 생각에 자신을 지워 버리는 함정에 빠뜨린다. 그렇게 되면 긍정의 힘은 제대로 발휘될 수 없다.

어찌 보면 지나치게 불안하고 두려우면 행동으로 옮기기 힘드니, 무대뽀 정신이 필요하다는 것 역시 균형에 관한 이야기다. 생각만 많으면 잔소리꾼이 될 수밖에 없고, 행동이 지나치면 극단주의로 보일 수 있으니 말이다. 그래서 균형이 필요하다.

균형 잡힌 바퀴는 쓰러지지 않는다. 아무리 바퀴가 크고 튼튼해도 하나로는 쓰러지기 쉽다. 하지만 작더라도 바퀴가 두 개라면 쓰러지지 않고 달릴 수 있다. 열심히 달리다 보면, 비록 느리기는 해도 원하는 곳 어디든지 도달할 수 있다.

균형이 반드시 동일 시간, 동일 장소에서만 일어나야 하는 건 아니다. 시공간을 변수로 균형을 잡아야 할 때도 있다. 예를 들어 지금 당장은 힘들고 어렵지만 꾹 참고 이겨 나가 1년 후에 행복할 수 있다면, 시간을 변수로 한 균형이라 할 수 있다. 30~40대까지는 자신과 가족을 위해 희생하고 노력했다면, 50~60대는 사회와 국가를 위해 봉사하는 것 또한 균형이다.

개인이 아닌 사회적인 차원에서의 균형도 필요하다. 자본주의적 경제부흥을 꿈꾸며 나아가는 사람들이 있다면, 국민 전체의 보편적 복지와 안녕을 추구하는 복리주의적인 행복론자도 있어야 건강한 사회다.

문제는 균형에도 함정은 있다는 사실이다. 한쪽에 치우치지 않으려 애쓰다 보니 자신의 색깔이 사라지는 것이다. 물에 물 탄 듯, 술에 술 탄 듯하다는 비아냥거림의 대상이 되기도 한다. 하지만 크게 걱정할 것은 없다. 진정한 균형을 잡게 되면 오히려 선명해진다.

균형을 잡으려면 중심점이 필요하듯, 균형 잡힌 삶을 살려면 선명한 목표 의식이 있어야 한다. 훗날 행복하기 위해 지금 열심히 공부한다면, 행복해지기 위한 목표 설정이 있는 셈이다. 기분 내키는 대로, 공부하다 놀다가 또 때려치우고 다른 일을 하는 무절제한 생활과는 분명 구분될 것이다.

김여진 역시 걱정하지 않아도 될 듯하다. 그녀는 선명하다. '무조건 행복해야 한다'는 삶의 뚜렷한 목표가 있으니 말이다.

배우 최민수의 아내이자 두 아들의 엄마, 서울외국인학교 대외협력 이사이다. 캐나다 온타리오(Ontario) 주 토론토에서 태어났다. 대학을 졸업하고 치과 대학 진학을 준비하던 중 우연한 기회에 미스코리아 대회에 출전했고, 1993년 미스 캐나다 자격으로 참가한 한국 본선대회에서 최민수를 만나 운명처럼 결혼했다.

결혼 후 10년간 주부로 살다 2003년 처음 이력서라는 걸 썼다. 경력사항에 한 줄도 쓸 게 없었던 그녀는 '1인 기업인 배우 최민수 관리기'를 담은 긴 편지를 썼고, 내로라하는 아이비리그 출신 지원자를 제치고 취업에 성공했다. 제주학교발전위원회 자문위원회 이사, 캐나다상공회의소 이사회 부의장, 미국상공회의소 교육위원회 공동의장 등을 역임했으며, 아리랑TV 〈디플로머시 라운지〉의 방송 진행자로도 활약했다.

끌어안을 줄 알아야 이긴다

서울외국인학교 대외협력 이사 강주은

강주은, 그러니까 최민수의 부인을 만나기로 했다. 그 개성 넘치는 남자 배우의 아내 말이다. 인터뷰 약속을 잡고 나서 며칠 동안 그를 머릿속에서 몰아내기 위해 애썼다. 내가 알고 싶은 것은 그녀만의 긍정의 힘이었다. 외국에서 태어나 외국에서 교육받은 그녀가, 결혼 10년 차에 처음으로 취직해 굵직한 일을 완성하고, 또 각국의 대사를 만나 인터뷰를 진행하는 등 이 사회에서 앞서는 사람으로 자리 잡기까지 그녀가 갖고 있었을 긍정의 힘을 찾고 싶었다. '잘나가는 남편을 둔 덕에 잘나가는 여인'과 같은 이미지는 좀 제쳐 두고 말이다.

이제 와 돌아보니 타고난 긍정의 힘

김진세 오늘 날씨 너무 덥죠?

강주은 안 그래도 어제 가족들과 캠핑을 갔었어요. 경기도 청평 근처인데 수영장도 있고 좋더라고요. 돌아오는 길에 박사님께서 어떤 질문을 하실지 떠올려 봤어요.

김진세 무슨 생각이 먼저 들던가요?

강주은 큰아들이 8학년(중2)이 돼요. 얘가 작년에 어떤 스포츠 팀에 들려고 했는데 떨어졌어요. 어떡하면 좋겠느냐고 묻는데, 문득 '난 7학년일 때 뭘 했었지?' 싶으면서 떠오른 기억이 있어요. 7학년 때 저도 여자 배구부에 들고 싶었는데, 떨어졌어요. 그런데 배구가 너무 하고 싶어서 코치님께 "혹 방해가 되지 않는다면 매일 아침 7시에 나와서 연습하겠습니다"라고 말씀드리고는 열심히 운동했어요. 결국은 팀 유니폼도 하나 얻었어요. 그러다 저희 팀이 대회에서 결승에 진출했는데, 그때쯤 되면 다치거나 아픈 선수들이 많거든요. 아주 묘하게 제가 들어갈 수밖에 없는 상황이 된 거예요. 그 결승전에서 제가 한 스파이크가 승부를 결정

짓는 점수(Winning Point)를 냈어요. 학기가 끝나면 원래 배구부 주장에게 MVP상을 주는데, 그해만 특별히 제가 공동수상을 했어요. 그 얘기를 아들한테 해줬더니 "엄마가 그랬어?"라며 놀라더라고요.

김진세 그 에피소드를 주은 씨 성격의 연장이라고 보면 될까요?

강주은 저도 '나에게 그런 면이 있었네' 하고 놀랐어요. 어떤 상황에 놓이든 그걸 긍정적으로 보는 성격은 타고난 것 같아요.

김진세 더 어렸을 때는 어땠어요?

강주은 여덟 살 때였어요. 저는 기억을 못 하고 어머니께 들은 얘기예요. 캐나다가 경치가 참 아름답거든요. "주은아, 저기 단풍으로 물든 산이 참 아름답지?" 하니까, 제가 "엄마, 멀리서는 굉장히 아름다운데, 숲 속에 들어가면 벌레도 있고 지저분한 게 많아요. 인생도 좀 그런 것 같아요"라고 말해서 굉장히 쇼크를 받으셨대요(웃음). 그때 '이 아이는 뭔가 생각하는 게 다르구나' 하셨다는….

김진세 혹시 어려서 별명이 있었어요?

강주은 '걸어 다니는 이마(Walking Forehead)'였어요(웃음).

김진세 이마 예쁜데요, 왜요?

강주은 어렸을 때는 이마만 보였거든요. 친구들이 놀려서 항상 가리고 다녔어요. 그런데 유성이 아빠가 저를 보고는 대뜸 이마가 예쁘니까 드러내 놓고 다니라는 거예요. 그동안 제 이마를 칭찬한 사람은 부모님밖에 없었거든요. 남편은 저희 부모님이 저를 사랑해 주는 포인트들을 집어서 똑같은 얘기를 했어요. 그런 점이 저희를 가깝게 이어 줬죠.

김진세 그게 운명인 거예요. 그런데 정말 남편을 만나기 전에 남자가 없었어요?

강주은 저한테 관심을 두는 남자는 막 대했어요. 좀 잔인하게 행동하기도 하고. 남자를 좀 우습게 알았거든요. 유성이 아빠 만나고 나서 '아, 내가 이제 빚을 갚는구나(웃음)'.

글래디에이터와 사는 21세기 여자

김진세 주은 씨의 남편은 어떤 분이세요? 제가 알고 있는 배우 최민수는 지웠거든요. 새로 알고 싶어서요.

강주은 제 남편은… 그는 200년 전에 태어났어야 하는 사람이에요. 왜냐하면 타고난 워리어(Warrior, 전사)예요. 굉장히 강하고 남자다운, 의리에 젖어 있는 완벽한 워리어죠. 저는 글래디에이터를 데리고 산다고 생각해요. 반면 저는 지극히 이 시대 사람이죠. 하지만 남편은 나도 몰랐던 나를 꽉 채워 주고 감싸 주는 진정한 남자고, 저는 그 진정한 남자를 붙잡을 수 있는 힘이 있는 여자라는 생각이 들어요. 우리는 서로 세계가 다른데도 뭔가 코드가 확실히 맞아요.

김진세 그걸 언제 아셨어요?

강주은 근래에 알게 된 것 같아요. 결혼하고 1년간 엄청 싸웠어요. 40년 싸울 양을 다 해치운 것 같아요. 그때는 매일 헤어지는 생각을 했어요. 떠나야겠다, 떠나야겠다…. 그런데 이게 깨지면 한 사람이라도 '그럴 줄 알았어'라고 할 텐데, 죽어도 그 얘기는 못 듣겠는 거죠. 어떻게 선택한 인생인데, 남들이 그렇게 쉽게 정의할 수 있다는 걸 용납할 수 없었어요.

무엇보다 헤어지지 못한 결정적인 이유는 저를 무척 사랑해 주는 유성이 아빠의 목마름, 그 순수한 마음이었어요. 그것이 누군가 우리를 흔들어도 흔들리지 않는 기둥이 되었죠. 과거에는 너무 힘든 일이 많았지만, 근래에 우리가 정말 완벽한 사이라는 것에 대해 감사하고 있어요.

김진세 캐나다에서 태어나 자랐고, 결혼하면서 한국에 오셨어요. 어떤 점이 가장 힘들었나요?

강주은 제가 자란 환경에서는 자신을 표현하는 걸 굉장히 중요하게 생각해요. 한국에서는 그게 아니더라고요. 한국에 오고 나서부터 눈치가 늘었어요. 말로 안 되면 눈치를 봐야 하잖아요? 눈치 덕분에 제가 살았어요(웃음).

김진세 익숙해지는 데 얼마나 걸렸어요?

강주은 그 상황이 1년 동안 유지됐어요. 그냥 지내다 보면 스트레스 받아서 우울증에 걸리겠더라고요. '그럼 한국에서 어떻게 하면 욕을 먹지 않을까' 고민하다가 말수를 줄이고, 인사를 열심히 하기 시작했어요. "안녕히 주무셨어요", "다녀오세요", "다녀오셨어요", "진지 잡수세요"…. 유성이 아빠는 그게 좋았나 봐요. 다른 사람들도 "어쩜 외국에서 태어났는데 우리나라 사람만큼 예의가 바르냐"고 하니까.

김진세 살아온 환경의 차이로 인해 배우자와의 갈등이 있게 마련인데, 외국에서 살다 오셨으니 분명 그 차이가 더 컸을 거예요. 두 분 사이가 계속 좋지 않으셨던 건 아니죠?

강주은 다만 완벽하지 않은(No Perfect) 생활이라는 거죠. 부부가 살다 보면 언쟁이 없을 수 없는데, 아이의 입장에서는 불안한 거죠. 항상 행복한 걸 원하니까요. 저는 긍정적인 사람이라 실망하는 게 싫었어요. 실망하지 않는 방법이 있어요. 어떤 나쁜 상황이 닥쳐도 그걸 끌어안을 줄 알면, 내가 이기는 거예요. 그럼 실망하지 않아도 돼요.

김진세 맞는 말씀이에요.

강주은 그렇죠? 어렸을 적 교회 사람들은 우리 가족을 두고 "어머니는 미인이고, 아버지는 멋있는 완벽한 패밀리"라고 불렀어요. 그 얘기를 들으면 저는 '그 안에 모자란 게 있는데, 사람들은 그런 걸 안 보는구나. 이게 진실이구나'라고 생각했어요. 그 덕에 일찍 깨우쳤어요. 현실이 완벽하지 않더라도 행복할 수 있다는 걸요. 유성이 아빠를 만났을 때, 그는 스타였잖아요? 결혼 생활이 얼마나 어려울지 알 수는 없었지만, 이미 마음의 준비는 되어 있었어요. 평범한 집안에서도 실감했는데, 연예인 가족이라면 겉과 속이 정말 많이 다를 거라고.

김진세 힘드셨겠어요!

강주은 오우, 대단히. 그런데 제가 항상 마음에 두고 있는 건 남편 없이 절대 이런 자리에 오지 못했을 거라는 거예요. 그냥 캐나다에서 평범한 삶을 살았겠죠. 유성이 아빠가 있어서 굉장히 좋은 기회들이 제게 올 수 있었고, 저 자신을 발전시킬 수 있었어요.

결혼이란 있는 그대로의 서로를 받아들이는 것

김진세 아까 남편을 '워리어'라고 하셨잖아요? 전사 뒤에는 항상 아름다운 여인이 있게 마련이에요. 그녀는 전사를 부드럽고 착한 사람으로 만들 수 있죠. 마치 동화와 같이.

강주은 〈미녀와 야수(Beauty and the Beast)〉가 우리를 잘 표현하는 것 같아요. 제가 미녀라는 게 아니고요(웃음). 이런 장면이 나와요. 미녀가 숟가락을 들고 수프를 떠먹으려다가 야수를 보니까 그릇째 들이켜는 거예요. 그 순간 미녀도 숟가락을 내려놓고 야수를 따라서 그릇째 마셔요. 그 장면이 정말 완벽하게 우리 부부의 관계를 보여 주는 것 같아요. 저는 유성이 아빠의 눈 안으로 들어갔거든요. 내 과거를 모두 버리고 남편의 입장이 돼서 그 상황에 들어가면, 정신적으로 그 사람이 돼요. 그럼 누가 누구를 가르치는 게 아니라, 같이 배우는 입장이 되는 거예요.

김진세 보통 남편과의 갈등을 어떻게 극복했느냐고 물으면 "사랑하니까요"라고 답하는 분들이 많죠. 현실은 그렇지 않은데도.

강주은 제 말이 이해가 되시죠?

김진세 전에 했던 '결혼이라는 건 서로를 편집하는 것이 아니고 있는 그대로 받아들이는 것이다'라는 말씀도 참 와 닿았어요. 다들 결혼 초기에는 상대를 바꾸려고 하잖아요?

강주은 그게 문제라고요. 바꿀 수 없어요. 유성이 아빠가 귀고리에 팔찌까지 주렁주렁 달고 다니잖아요? 저는 좀 보수적인 편이거든요. 하지만 그는 예술인이라 그런 거니까 존중해요. 유성이 아빠도 저를 바꾸려고 하지 않아요. 서로를 존중해야 해요. 우린 남매 같은 사이가 됐어요. 또 남편은 제가 존경하는 사람이고.

김진세 좋은 아내를 두신 거죠. 주은 씨는 남편을 믿으세요?

강주은 어떤 상황을 말씀하시는 건지?

김진세 내가 없더라도, 남편이 내 세계에 속해 있을 거라는 믿음이랄까요? 특히나 남편은 유명하고 잘생겼고 여성 팬도 많은 분이잖아요.

강주은 그건 상대적인 시선으로 볼 수 있어요. 유성이 아빠는 남성적인 사람이라 남자들끼리 오토바이 타는 그런 걸 즐겨요. 반면 저는 사교적인 성격이라 사람들과의 만남 자체를 즐기죠. 남편은 오히려 여자를 어떻게 해야 할지 모르는 사람이거든요. 자기 '가오'가 있어서(웃음). 따져 보면요, 제가 위험한 존재라는 생각이 들어요. 무슨 의미인지 아시겠지요!

김진세 남편을 너무 많이 아세요.

강주은 부부 사이에 건강한 '공간'이 있어야 해요. 그러려면 믿음이 뒷받침되어야죠.

김진세 어린 나이에 결혼을 해서 치과 의사의 꿈을 포기한 걸 후회하지 않으세요?

강주은 한편으로는 후회되죠. 하고 싶었던 일이니까요. 그런데 유성이

항상 행복할 수는 없지만
실망하지 않는 방법이 있어요.
어떤 나쁜 상황이 닥쳐도 그걸 끌어안을 줄 알면,
내가 이기는 거예요.
그럼 실망하지 않아도 돼요.

아빠는 그래요. "네가 치과 의사 됐으면 만날 사람들 입만 들여다보고 얼마나 지겨웠겠느냐"고. 이렇게 재미있는 인생을 살게 되었으니 자기한테 감사해야 한다고요(웃음).

기회는 작은 순간을 통해 온다

김진세 서울외국인학교 대외협력실 이사를 맡고 계시는데, 일은 어떠세요?

강주은 항상 무언가를 하고 싶었어요. 저랑 이야기 나눠 보셔서 아시잖아요? 뭐라도 해야 하는 사람이라는 걸요. 아이 키우느라 바빠서 기회가 없었는데, 아이들이 다니는 학교에서 자원봉사 활동을 하다가 대외협력실 이사 채용 공고를 봤어요. 자격요건을 보니까, 할 수 있을 것 같더라고요. 그런데 문제는 제가 이력서를 쓸 줄 모르는 거예요.

김진세 생애 첫 취직 도전인지라?

강주은 정말 이력이랄 게 없더라고요. 대학교 졸업하고, 미스코리아 대회에 나간 거, 피아노 10년 친 거 말고는 없어요(웃음). 그렇다고 그것만 쓸 수는 없잖아요. 고민하다가 일단 오프닝 편지를 길게 썼어요. 엔터테인먼트업계에 있는 남편과 결혼해 다양한 곳을 다녔고, 또 남편의 재무·인적관리 등의 업무를 담당한 걸 강조했어요. 빈약했지만, 나를 위한 시도라는 데 의의를 두고 지원했어요. 면접 인터뷰를 잘 해낸 것만으로도 뿌듯했는데 얼마 뒤 "함께 일해 보자"는 연락을 받았어요. 알고 보니 지원자 중에 이력이 대단한 사람이 많았더라고요. 하버드대 출신도 있었고 변호사, 회계사 등등. 그런데 그분들은 인터뷰가 빈약했대요. 그래서 제가 하게 된 거예요. 순수하게 인터뷰의 힘으로 된 거죠.

김진세 집에서는 알고 있었어요?

강주은 합격 통지 받은 후에 알렸어요. 유성이 아빠는 많이 신나 하면서도 신기해했어요. 한편으로는 불안해했죠. 제가 없이는 그의 삶이 안 되니까. 저 역시 월요일부터 금요일까지 학교에 매여 있으니, 자유가 없어진 게 무서웠어요. 제 시간의 주인이 생긴 거잖아요. 그 생활에 적응하는 데 3개월이 걸렸어요.

김진세 무엇이 제일 힘들던가요?

강주은 제 명함이 있다는 게 너무 낯설었어요. 마음은 아직 주부인데, 내가 무슨 자격으로 명함이 있나 싶어서 미안한 기분도 들고(웃음). 게다가 취직하자마자 주어진 임무가 용산외국인학교 추진 프로젝트였어요. 갑자기 떨어진 첫 업무가 산업자원부(현 지식경제부) 관계자를 만나는 거였고요. 제가 언제 산자부 사람들을 만나겠어요?

김진세 첫 임무가 무척 무거웠겠어요.

강주은 각국 상공회의소와 서울시, 산자부 등이 모여서 미니 UN과 같은 조직이 꾸려졌는데, 제가 사무총장 역할을 맡았어요. 두산그룹 박용성 회장님이 당시 재단의 회장을 맡으셨는데, 첫 만남이 기억나요. 어떻게 해야 하나 고민하다가 제가 물어봤어요. "회장님, 저랑 하실 자신이 있으신가요?"

김진세 거꾸로네요(웃음).

강주은 (웃음) 그때 회장님께서 "이 프로젝트가 죽이 되든 밥이 되든 우리가 해낼 겁니다"라고 하셨어요. 그분과 잘 맞았어요. 건축, 설계 등 모든 계획을 제가 조율하면서 거의 3년을 그 프로젝트와 숨 쉬고 살았어요.

김진세 학교 졸업하고 막 직장에 들어간 신입 사원보다 더 힘드셨겠죠. 어떠셨어요? 포기하고 싶은 생각은 들지 않던가요?

강주은 차라리 앞에 뭐가 있을지 기대할 줄 몰랐기 때문에 좋았던 것 같아요. 비어 있으면 뭐가 뭔지 모르게 돌아간다고요. 결혼도 마찬가지고요. 그래서 해냈어요. 계산이 없었기 때문에.

김진세 일을 시작하면서 집에서는 문제가 없었어요?

강주은 참 신기하게도 없었어요. 남편한테 무척 고마워요. 그동안 저한테 활동을 해야 한다고 했던 게 정말 말만이 아니었다는 걸 알게 됐죠. 제가 일하는 6년 동안 유성이 아빠가 한 번도, 저를 힘들게 한 적이 없어요.

김진세 올 초부터는 방송 진행을 맡으셨잖아요. 두 번째 큰 도전이죠?

강주은 아리랑TV 〈디플로머시 라운지〉 녹화는 일주일에 한 번이라 일로 생각하지는 않아요. 물론 처음 제안이 왔을 때는 부정적인 입장이었어요. 시간도 없고 방송진행 경험도 없었으니까요. 그때 제가 또 물어봤어요. "제가 아리랑TV에 도움이 될 수 있을까요?"라고.

김진세 남편이 프로그램 모니터링도 해주시나요?

강주은 가끔요. 신기한 건 제가 TV에 등장하면 둘째 아이가 저를 쳐다보는 눈빛이 달라져요(웃음). 캐나다에 계시는 부모님이 저를 볼 수 있어서 좋고, 작지만 우리나라와 외국을 연결하는 다리가 되는 것 같아서 만족하고 있어요.

김진세 10년간 주부로 살다가, 다시 일을 시작하셨잖아요. 취업 도전을 계획하고 있는 분들에게 조언해 주고 싶은 얘기가 있다면요?

강주은 음… 우리는 항상 계획을 많이 해요. 하지만 돌아보면 계획대로 되지 않았어요. 그런데도 여기까지 왔죠. 제 경험으로 미루어 보면, 우린 항상 커다란 뭔가를 바라면서 기회를 기다려요. 그런데 사실 기회는 우리가 무시할 정도의 자그마한 순간이나 관계들 속에서 이뤄지는 경우가 있거든요. 자기를 비우고 겸손한 마음으로 어느 순간에 시작해도 상관없을 만큼 마음의 준비를 해야 할 것 같아요. 어떠한 상황이 닥치더라도 최고를 보여 줄 수 있는 정신적인 스탠바이(Standby)가 되어 있는 게 중요해요.

• • •

처음 만난 인터뷰 장소는 강주은이 진행하는 프로그램 녹화 현장이었다. 보다 편안한 상황에서 넉넉하게 이야기하는 편이 더 좋겠다고 의기투합해 다음 날 그녀의 집 주변 카페에서 다시 만났다. 다짜고짜 질문을 던졌다.

"강주은 씨의 긍정의 힘은 뭐지요?"

그녀는 조금의 망설임도 없이 답했다.

"Out of the Box!"
이미 박스를 뜯고 준비를 다 해놓아서 곧바로 사용할 수 있다는 뜻에서 '준비가 잘된'이란 의미이다.
인생이라는 마라톤에서는 성공과 행복을 위해 치고 나가야 하는 순간이 있다. 그러려면 '잘 달릴 수 있다'는 확신과 자신이 처한 상황에 대한 판단이 있어야 한다. 그보다 더 중요한 것은 제대로 된 준비이다. 인생의 중요한 기회는 대부분 예고 없이 찾아온다. 그때를 놓치지 않으려면, 미리 준비하는 수밖에 없다.
'Out of the Box'를 말 그대로 해석해 보자. 상자 밖에 있다, 열려 있다, 갇혀 있지 않다!
그녀는 '열린 사고'를 갖고 있었다. 다인종이 함께 어울려 살아야 했던 이민 2세의 배경도 그러하겠지만, 타고난 성품이라고 했다. 열린 사고만이 편견과 아집에 빠지지 않게 한다. 열린 사고는 인간에게 있을 수 있는 다양성을 있는 그대로 받아들인다. 그래서 200년 전의 전사와도 함께 살 수 있는 것이다. 늦은 나이에 첫 사회생활에 도전할 수 있었던 것도 역시 열린 사고와 준비된 자세 덕분이다.

김진세의
긍정 처방전
03

Think Out of the Box!

경직되고, 편협하고, 배타적이며 닫힌 사고를 갖고 있었다면, 그녀의 삶은 어쩌면 불행했을지도 모른다. 사고방식이 남다른 남편과의 결혼 생활은 물론이고, 33세의 나이에 결혼 10년 차 주부로 첫 직장을 갖는 일은 꿈도 꾸지 못했을 것이다. 환경의 변화에 잘 적응해 나가는 재주는 그녀의 열린 사고 덕분에 가능했을 것이다.

인간은 환경의 변화에 적응하며 살아간다. 적응은 진화 과정에서 획득한 인류의 가장 우수한 강점이다. 급변하는 환경에서 살아남는 방법은 두 가지다. 내가 적응하거나, 아니면 환경을 바꾸거나. 알다시피 주어진 환경을 바꾸기란 힘들다. 불가능한 경우가 허다하다. 그렇다면 내가 변해야 하는데, 그러려면 그 중심에 '열린 사고'가 있어야 한다.

'열린 사고'는 긍정적인 삶의 원칙이다. 유연하고, 순수하고, 수용적인 열린 사고는 생존의 '우성 인자'이다. 열린 사고는 어디서 왔을까? 그 배경에는 자신의 바람대로 이끌려고 애쓰기보다는 있는 그대로의 아이를 인정하고 받아들여 주는 부모가 있다. 하지만 불행히도 그런 이상적인 부모를 가진 사람은 많지 않다.

이미 내가 닫힌 사고를 갖고 있다면 어떻게 열린 사고로 바꿀 수 있을까? 실은 닫힌 사고를 갖고 있는 사람 대부분이 스스로 유연하지 못하고 배타적이라는 사실을 인정하지 못한다. 인정 자체가 '수용'을 의미하기 때문이다. 하지만 통찰력이 있어서, 또는 주변의 애정 어린 관심과 질책으로 스스로의 사고가 '닫혀 있음'을 인정한다면, 사고를 개방적으로 만들 수 있다. 인정하는 순간부터 이미 변화가 시작되는 것이다.

인정했다면, 모험이 필요하다. 이전의 방식과 다른 생각을 하고 살아가려면, 매우 불안해질 수밖에 없다. 불안을 이기려면 어느 정도의 모험은 감수해야 한다. 적극성도 필요하다. 결국 행동이 바뀌어야 생각도 변할 수 있다. 생각을 바꾸어도 행동의 변화가 없으면, 다시 예전으로 돌아간다.

적극적으로 사고를 개방하려고 노력해야 한다. 그리고 아주 작은 일부터 시작해야 한다. 예를 들면, 매일 아침 출근하는 길을 전혀 다른 경로로 가본다든가, 점심 메뉴를 획기적으로 바꾸어 보는 등 일상 속의 작은 일부터 실천해 보는 것이다. 이런 작은 변화가 쌓여야, 큰 문제를 해결할 때도 열린 사고가 작동할 수 있다.

오해하지 말자. 열린 사고를 가졌다고 이래도 좋고 저래도 좋은 것은 아니다. 우리 삶에는 방향성이라는 것이 있다. 그 방향을 향해 걸어가면서 만나는 많은 일들에 대해 좀 더 마음을 열고 관찰하고 접촉하고 느끼라는 뜻이다. 사물도 마찬가지고, 관계도 마찬가지고, 자신의 감정도 마찬가지이다. 그렇게 열려 있어야, 성공과 행복의 기회를 만날 수 있다.

열린 사고를 가진 강주은이 이야기하는 '준비'는 무엇일까? 그녀의 준비란 스펙과는 다르다. 취직을 잘하기 위해 일종의 조건을 만들라는 말이 아니다. 내 앞에 성공과 행복의 기회를 나타났을 때 겁 없이 받아들이고 뛰어들 준비를 말하는 것이다.

열린 사고와 적극성 그리고 용기는 우리 앞에 나타난 행복을 놓치지 않으며, 혹시 닥칠지도 모를 불행을 잘 극복하게 하는 긍정의 힘이다.

성심여자대학교 국문과를 졸업하고 1985년 춘천 MBC 아나운서로 입사하였다. 1991년에 SBS 방송국이 개국하면서 SBS 아나운서로 이직하였고, 대한민국 최초의 프로야구 여성 캐스터라는 수식어를 스스로 이뤄 냈다.

〈생방송 출발 모닝와이드〉와 〈접속 무비월드〉 등 굵직한 프로그램의 진행을 맡으며 SBS 간판급 아나운서로 활약하던 그녀는 아나운서 생활 25년, 50세가 되는 2010년 말 사표를 던졌다. 프리랜서 선언 후 공중파와 종편, 케이블과 홈쇼핑을 넘나들며 시청자들에게 꾸준히 팔색조 같은 모습을 보여 주고 있다. 기업과 지자체 등에서 스피치 강사로도 맹활약 중이다.

성공보다 아름다운 성장

아나운서 **윤영미**

25년 경력의 아나운서. 밖에서는 부러움을 한 몸에 받는 선망의 위치지만, 방송국 관리직으로 밀려나는 직장인일 수도 있었다. 그러나 윤영미는 선입견을 산산이 부숴 버렸다. 여성 최초의 야구 캐스터로 당당히 중계를 했다. 마냥 점잔 뺄 것 같은 아나운서의 고정 관념을 깨고 충분히 망가지고 끼를 발산해 스타가 될 수 있음을 보여 주었다. 그리고 50대의 나이에 프리랜서를 선언했다. 무엇이 이렇듯 그녀를 끊임없이 도전하게 하는 것일까?

열 살 때부터 키운 아나운서의 꿈

김진세 올 초에 프리랜서 선언하고 요즘 정말 다양한 활동을 하고 계시더라고요. 어떻게 보면 이제 관리직으로 돌아설 연세잖아요? 그 위치를 버리고 SBS를 나오신 이유는 무엇인지요? 그리고 이렇게 활동하는 건 어떠신지?

윤영미 더 맞죠. 저는 관리직이 하기 싫어서 나왔는걸요. 사장 시켜 준대도 싫어요(웃음).

김진세 방송 일이 왜 좋으세요?

윤영미 타고난 끼의 발산인 것 같아요. 사실 아나운서 이전의 꿈은 영화배우였거든요. 유치원 다닐 나이에 뭘 알겠어요. 그런데도 영화를 보면 그렇게 몰입이 되면서 주인공이 되고 싶은 욕구가 생기더라고요. 동네 애들 모아 놓고 리사이틀을 하고 교회에서 연극하는 게 재밌었어요. 사람들이 저를 쳐다봐 주면 우쭐해지고 뭔가 희열이 느껴졌어요. 학창시절에도 장기자랑 하면 꼭 앞에 나가서 춤추고 노래하고 그랬어요.

김진세 식구들 중에 사람들 앞에 나서는 걸 좋아하는 분이 또 계셨어요?

윤영미 아버지가 그런 기질이 좀 있으셨어요. 제가 강원도 홍천에서 자랐는데, 그 시골에서도 아버지는 꼭 서울 명동에 가서 양복을 맞춰 입는 분이셨어요. 사냥도 즐기고 오토바이도 타시고, 남에게 뽐내는 걸 좋아하셨죠. 또 잘생기셨거든요. 연예인으로 빠지자면 충분히 그럴 수 있는 기질이셨는데, 그냥 평범하게 사업을 하셨어요. 제가 아버지의 기질을 물려받은 것 같아요.

김진세 형제가 언니 둘, 남동생 하나 있으시더라고요. 사실 참 안 좋은 순위잖아요(웃음).

윤영미 제가 다섯 살 때 남동생이 태어났어요. 그 소식을 들은 아버지가 인삼인가, 녹용인가를 사러 나가면서 그렇게 좋아하시던 기억이 나요. 그때 굉장한 소외감을 느꼈어요. 왜냐면 저는 아버지가 바라던 아이가 아니었거든요. 딸인 걸 알고는 아버지가 지우라고 하셨는데, 어머니가 결국 저를 낳으신 거예요. 어린 나이에 누구한테 들었는지 몰라도 제가 축복받지 못한 탄생이었다는 걸 알고 있었어요.
언니와 싸우면 "쪼끄만 게 왜 언니한테 대드느냐"고 혼나고, 남동생과 싸우면 "누나가 돼서 동생 하나 돌보지 못하고 싸우느냐"고 혼났죠. 저는 보살핌을 못 받고 자란 느낌이에요. 그래서 오히려 1등에 대한 강박관념이 컸어요.

김진세 인정받고 싶은 마음?

윤영미 뭐든지 잘해야 되고, 하다못해 운동회 때 달리기를 해도 1등을 해야 했어요. 중학교 1학년 때 서울로 유학 와서도 마찬가지였고요.

김진세 그런데 왜 영화배우에서 아나운서로 꿈이 바뀌었어요?

윤영미 초등학교 2, 3학년쯤 되면서 '아, 난 영화배우 얼굴은 아니구나' 하고 깨달은 것 같아요(웃음). 말을 잘한다고 하고 목소리도 좋다고 하니까, 그럼 아나운서가 되어야겠다고 생각하던 차에 초등학교 3학년 때 학교 방송 아나운서로 뽑혔어요. 그때부터 한 번도 변하지 않고 아나운서가 제 꿈이었죠.

김진세 아버님에 대한 기억은 어떠세요? 일찍 세상을 뜨셨던 걸로….

윤영미 네, 제가 초등학교 2학년 때요. 어떻게 보면 전 굉장히 불운하고 드라마틱한 어린 시절을 보냈어요. 그래서 그런 것들이 성장해서도 성격적인 면이나 행동 반경에 영향을 미치는 것 같아요.

김진세 드라마틱하다는 건 어떤 의미인가요?

윤영미 제 인생을 놓고 보면 열등감과 우월감의 혼돈 속에서 자란 것 같아요. 시골 출신에 아버지가 일찍 돌아가신 데 대한 열등감이 있었지만, 반면 시골에서는 나름 잘났다고 생각하고 살았거든요. 그런데 중학교 때 서울로 전학을 와보니 정말 아무것도 아니더라고요. 그런 데서 오는 정신적인 혼란을 겪었죠.

김진세 성장해서도 그런 혼란이 있었나요?

윤영미 제가 드라마틱한 과정을 거쳐서 아나운서가 됐잖아요. 남들 앞에서는 아나운서라는 우월감을 느끼다가, 또 아나운서의 세계에 들어가서는 열등감과 좌절감을 느끼는 거예요. 그 세계에서는 제가 비주류

였으니까요. 나이도 많고 스타라고 할 수 있는 아나운서는 아니었잖아요? 그런 혼란이 평생을 지배하는 것 같더라고요. 저는 긍정적인 면도 굉장히 강하고, 또 부정적인 면도 강했어요. 그것이 참 혼란스러웠어요.

사랑도 일도 열정이 없으면 무효!

김진세 청소년기는 어떠셨어요?

윤영미 저는 중·고등학교 때 그렇게 연애를 했어요(웃음). 방학이면 어머니 계시는 시골에 내려갔거든요. 거기서 초등학교 때 전교회장을 했던 동창 남자애를 만난 거예요. 학교 도서관에서 한마디로 눈이 맞은 거죠. 그렇게 고등학교 3학년 때까지 사귀었어요. 나중에는 걔가 저 때문에 서울로 전학까지 왔어요.

김진세 그러고는 어떻게 됐어요?

윤영미 제가 찼어요(웃음). 저는 대학에 들어가고, 그 친구는 재수를 하게 되면서 헤어졌죠. 제가 미팅도 하고 딴 남자도 사귀게 되면서(웃음).

김진세 지금은 어떻게 지내는지 혹시 아세요?

윤영미 약대 졸업하고 나서 고향에서 약국 하고 있어요.

김진세 이 얘기 써도 돼요?

윤영미 네, 상관없어요(웃음). 저는 연애를 하더라도 다른 사람들처럼 일주일에 한 번씩 만나고, '나 따로, 너 따로' 이런 걸 못 해요. 뜨거운 연애를 하는 스타일이거든요. 남편하고만 그걸 안 했네, 뜨거운 연애(웃음).

김진세 매사에 열정적이신 것 같아요. 그 열정 때문에 살면서 후회한 적은 없어요?

윤영미 후회는 없어요. 어떤 때는 '내가 되게 힘들게 사는구나' 하고 느끼지만 맘대로 안 되더라고요. 전 목표로 딱 찍으면 끝까지 해내야 돼요. 그걸 안 하면 견디질 못해요. 등산을 하다가 힘들면 중간에 내려갈 수도 있잖아요? 전 아무리 힘들어도 끝까지 올라가야 해요. 그게 고질병이죠.

김진세 본인 스스로를 너무 괴롭히니까요. 경우에 따라서는 멈추거나 쉬거나 할 때도 있어야 하는데….

윤영미 그게 안 되는 거예요. 그래서 진정한 쉼을 못 누리는 사람이죠. 이제까지 인생에서 목표로 삼은 것 중 이루어지지 않은 게 거의 없는 것 같아요. 왜냐면 안 이루어질 수가 없어요. 죽을 때까지 하니까(웃음).

김진세 그럼 여태까지 포기한 적은 없으세요?

윤영미 저 스스로 포기한 건 없고, 골프 중계처럼 타의에 의해서 포기한 건 있죠. 골프 캐스터가 되려고 끝까지 매달렸거든요. 오디션에서 합격이 안 돼서 못 한 거지, 제 의지로 포기한 건 아니에요. 야구 캐스터도 제가 연예오락 쪽으로 빠지면서 자연스럽게 그만두게 된 거지, 포기한 건 아니었어요.

김진세 참, 그 얘기 좀 해주세요. 한국 최초의 여성 야구 캐스터가 된 사연이요. 정말 대단한 일이잖아요.

윤영미 그 얘긴 정말 2박 3일 밤을 새우면서 해야 돼요(웃음). 제 첫 직장이 춘천 MBC였거든요. 그런데 5년 정도 있다 보니 뭔가 지역방송 아나운서의 한계가 느껴지더라고요. 그런데 나이는 이미 서른을 넘긴 상황이었죠. 그런데 때마침 SBS가 개국한 거예요. 제 인생의 행운이었죠. 이력서를 넣었는데, 제가 1착으로 됐어요. 소원을 다 이룬 것 같았죠.

김진세 이제 서울에 와서 방송을 하는구나!

윤영미 그런데 그것도 잠깐이었어요. 기라성 같은 아나운서들 사이에서 나름 소외감을 느꼈어요. TV 방송은 시켜 주지도 않는 상황이 2년이나 지속됐어요. 어떡하면 살아남을 수 있을까 고민하기 시작했죠. 아나운서만이 할 수 있는 프로그램이 뭔가 생각해 보니 라디오 뉴스와 스포츠 중계밖에 없더라고요. 라디오 뉴스는 아나운서라면 누구나 하는 거니까, 그럼 야구 중계를 하자! 그런데 그게 정말 얼토당토않은 생각이었던 게, 저는 야구에 완전 문외한이었거든요.
그날부터 스포츠 신문 야구 면을 펼쳐 들었는데, 도저히 읽을 수가 없는 거예요. 선배들한테 물어서 단어장을 쓰기도 하고, 만화로 된 야구 규칙집을 사서 나달나달해질 때까지 읽었어요. 그런데 글로 배워선 안 되겠더라고요. 그래서 세 가지 원칙을 세웠어요. 1번이 매일 야구장에 가자, 2번은 스포츠 신문과 야구 관련 책만 읽자, 3번은 야구 관련 테이프를 듣자!

김진세 죄송하지만 잠깐만요, 그렇게 하는 중에도 재미를 느끼셨어요?

윤영미 음… 재미보다는 이 지구상에 없던 여자 야구 캐스터가 된다는 생각에 설레었어요. 그런 목표가 있으니 1년간 스스로와의 약속을 지킬 수 있었죠. 당시 아침 뉴스를 진행하느라 새벽 5시 30분에 출근했는데, 저녁 6시면 잠실 야구장으로 달려갔어요. 틈틈이 차 안에서 야구 방송 테이프를 듣고, 집에 와서도 한두 시간씩 야구 관련 비디오를 봤고요. 그렇게 1년 정도 지났을 때 부장님이 제가 야구 공부하는 걸 아시고는, "시범경기가 열리는 대전 구장에 가서 야구 중계 녹음을 해오라"고 하셨어요. 커다란 녹음기와 마이크를 들고 외야에 앉아서 혼자서 녹음을 했어요. "왼쪽에 이종범 선수가 원볼 어쩌고저쩌고" 하니 사람들이 저를 미친 사람 보듯이 쳐다보고(웃음).

김진세 (웃음) 잘됐어요?

윤영미 서울로 돌아오는 기차 안에서 들어 보니 '개판'이더라고요. 막 울었어요. 1년 동안 야구에만 몰입해서 체중이 거의 10kg이나 빠졌거든요. "SBS가 어떤 방송국인데 여자를 야구 캐스터 시켜 주겠느냐"는 동료들의 비웃음을 들을 때면 흔들리긴 했지만, 한번 목표로 삼은 이상 그걸 이루지 못하면 제가 못 견딜 것 같았어요.

김진세 부장님께서는 뭐라시던가요?

윤영미 엉망진창이었는데, 그래도 가능성이 보인다고 하셨어요. 덕분에 회사 간부들 앞에서 오디션을 치렀고, 희소가치가 있다는 판단을 하셨는지 제가 그해 야구 중계를 하게 됐죠. 1994년 4월 7일 광주구장이었는데, 제가 중계석에 앉자마자 홈런이 터졌어요. 그래서 저의 일성이 "홈런~"이었어요. 한화의 강석천 선수가 홈런을 쳤는데, 그때 참 인생이 드라마틱하다는 걸 느꼈죠. '1년 동안 수고했다. 네 인생은 이제부터 홈런이다!' 이런 대가를 받는 듯한 기분이었어요.

김진세 그때 스포트라이트 많이 받으셨죠?

윤영미 당시 각종 매체에 나온 제 기사를 스크랩한 앨범이 네 권이나 있어요. '그렇게 노력하더니 결국은 성공하는구나'라는 인상을 확실하게 심어 준 거죠. 그랬는데… 인생은 하나의 산을 넘으면 또 다른 산이 나타나잖아요. 야구 캐스터가 되고 나니, 목표가 없어져서 상실감이 오는 거예요.

김진세 슬럼프에 빠지셨군요.

윤영미 네. 잘하느니, 못하느니 소리를 들으면서 6년간 야구 중계를 했어요. 그 와중에 결혼도 했고요.

나는 날마다 성장한다

김진세 남편 분은 어떻게 만나셨어요?

윤영미 30대 초반까지만 해도 소개팅이나 선 제안이 많이 들어왔어요. 조건 좋은 사람도 많았는데, 그야말로 '필'이 안 왔어요. 사람이 좋아진 다음에 결혼으로 가야지, 결혼을 목표로 누군가를 만난다는 건 순서가 뒤바뀐 것 같아서 못 하겠더라고요.

김진세 맞아요.

윤영미 그러다 보니 서른다섯 살이 됐는데, 교회에서 알게 된 언니가 남편을 소개해 줬어요. 크리스천 출판사에서 일하고 있다는 얘기를 듣고는 너무 평범한 사람인 것 같아 마음이 썩 내키지 않았거든요. 그런데 우연히 언니가 일하는 그 출판사에 갔다가 남편을 봤는데, 첫눈에 호감이 느껴지더라고요. 인상이 참 좋거든요.

김진세 '필'이 느껴지던가요?

윤영미 네. 몇 번 만나 보니까 굉장히 긍정적인 사람이었어요. 제가 그동안 사회에서 만난 남자들과는 '퀄리티'가 다른 거예요. 인간적인 퀄리티 말이에요. 그래서 결혼을 결심하게 됐고, 또 남편도 만난 지 2주 만에 프러포즈를 해왔어요.

김진세 오, 2주 만에요?

윤영미 네. 6개월 정도 연애하고 결혼했죠. 저는 지금까지도 남편으로 인한 스트레스는 거의 안 받아요.

김진세 두 아들에게는 어떤 엄마세요?

윤영미 아이들하고는 세대 차이가 없는 엄마인 것 같아요. "엄마한테 불만이 뭐니?"라고 물었더니 "공부하라고 안 하는 거요"라고 하는 거예요. 깜짝 놀랐어요. "그럼 공부하라고 할까?" 했더니 그건 또 아니래요. 다른 아이들은 시험 점수가 안 나오면 스트레스 받는데, 저는 뭐라고 하지 않는다고 친구들이 부러워한대요.

김진세 아이들이 자라서 어떤 사람이 되었으면 좋겠다는 건 있으세요?

윤영미 그런 거 없어요. 저는 정말 귀에 못이 박히도록 "너희들이 좋아하는 걸 하라"고 해요. 내 아이가 무엇이 되었으면 좋겠다는 생각이 아이에게는 굉장한 부담이 될 것 같아요. 행복이나 성공의 기준은, 상대적인 게 아니잖아요. 본인이 행복을 느끼면 행복한 거고, 본인이 성공했다고 느끼면 성공한 거 아닌가요?

김진세 맞습니다. 비교를 하게 되면 불행해지고, 실패하는 거죠.

윤영미 그리고 저는 성공이라는 것은 지속될 수가 없다는 걸 알아요. 정점을 찍었다고 계속 거기에 머무를 수는 없는 거잖아요. 반드시 내려가게 마련인데…. 그래서 저는 성공보다는 성장이라는 단어를 좋아해요.

김진세 '성장'이요?

윤영미 저는 날마다 성장하는 사람이 되고 싶어요. 어제보다 오늘이 더 행복하고 아름다운 이유는, 어제 모르던 것을 더 배우기 때문이에요. 그럼 더 깨닫는 게 있거든요. 문제는 성장의 방향성이죠. 전 어려서부터 굉장히 전투적이고 경쟁적인 사람이었어요. 그래서 마음의 적이 많았어요. 경쟁자보다 잘해야 하고, 이겨야 했으니까요. 그런데 마흔 살을 넘으면서부터 남을 미워하는 것이 나를 망치는 거라는 걸 알게 됐어요. 너무 평범한 말이지만 남을 사랑하고 축복하고 좋아할 때 내가 행복해진다는 걸 깨달은 거죠.

김진세 예를 들면?

윤영미 저는 초등학교 때부터 지각 한 번 한 적 없고, 방송 펑크란 없는 사람이었어요. 그래서 약속 시간에 늦는 사람을 용납하지 못했거든요. 그런데 '저 사람은 밤늦게 일하고 늦게 일어나는 라이프 사이클을 가진 사람이라 그럴 수도 있겠구나'라고 생각이 바뀌었어요. 그러면서 제 인생이 행복해졌어요.

김진세 상대를 인정하니까 행복해지더라는 말씀인가요?

윤영미 네. 어떤 책에서 봤는데, 물 한 잔을 놓고 '사랑해, 좋아해, 고마워' 등의 긍정적인 이야기를 하고 현미경으로 보면 물 입자가 정말 아름다운 눈꽃 송이처럼 바뀐대요. 반대로 욕을 하면 육각형 모양이 망가져 버린대요. 그다음부터는 부정적인 말을 하지 않아요.
내가 누군가를 사랑할 때 제 몸의 70%의 수분이 저를 건강하게 만들어 주는 거예요. 반대로 누군가를 미워하면 그 사람이 아니라 내가 잘못된다는 것을 알고 나니, 누구든 좋은 점만 보이는 거예요. 그렇게 제 얼굴이 밝아지고 긍정적으로 되니까 많은 사람들이 저를 만나고 싶어 하더라고요. 저를 만나면 긍정의 에너지가 느껴진대요. 여기저기서 저를 부르는 거예요. 그러면서 제 삶도 좋은 방향으로 흘러가는 게 느껴졌어요. 이게 인생의 비밀이구나, 깨달았죠.

김진세 아까 다 해주신 말씀인데, 독자들을 위해 정리 한번 해주시겠어요. 윤영미에게 있어 행복이란?

윤영미 날마다 성장하는 나를 보는 것!

김진세 그럼, 가장 큰 긍정의 힘은?

저는 날마다 성장하는 사람이 되고 싶어요.
어제보다 오늘이 더 행복하고 아름다운 이유는,
어제 모르던 것을 더 배우기 때문이에요.
그럼 더 깨닫는 게 있거든요.
저에게 행복은
날마다 성장하는 나를 보는 거예요.

윤영미 나와 타인을 사랑하는 데서 나오는 것 같아요.

가장 아름다운 때, 지금

김진세 제가 윤영미 씨와의 인터뷰를 추진한 데는 이유가 있어요. 그동안 걸어온 길을 보니 의지나 실력에 관계없이 직업 생활을 이어 나갈 수 없는 상황에 처한 여성들에게 힘이 될 수 있는 이야기를 해주실 수 있을 것 같았거든요.

윤영미 그런 의미라면 할 얘기가 많죠. 우리나라에서 여자의 나이는 무척이나 큰 족쇄예요. 나이가 들면 들수록 소외되죠. 여자 나이 50이라고 하면, 어디 여자로 봐주기나 해요? 하지만 저는 여자가 정말 아름다워지는 나이가 30대 중반부터라고 생각해요. 그러니 일찌감치 조로하지 말라는 얘기를 하고 싶어요.

김진세 그럴 수 있는 비결이 있을까요?

윤영미 저는 나 자신이 불행하거나 늙었다고 생각될 때 타임머신을 타고 20년, 30년 후로 가요. 거기서 제 모습을 봐요. 그럼 지금의 내가 정말 아름다운 거예요. 또 지금의 불행이 정말 웃기는 고민이 될 수도 있고요. 그런 생각을 하면 지금 이렇게 가족이 함께 있고, 내 일이 있고 건강하다는 것이 정말 감사하게 느껴지죠.

김진세 나이에 대한 강박 관념을 떨쳐 버리라는 말씀이시죠?

윤영미 나이 때문에 안 될 거라고 생각하지 말고 뭔가 잘하는 분야가 있으면 거기에 매진했으면 좋겠어요. 일단 반걸음만 더 행동하시라고 얘기하고 싶어요. 쉽게 예를 들자면, 저는 차를 한잔 마셔도 좋은 곳을 찾아가요. 아무 데서나 때우는 거, 안 하려고 해요. 제 미니홈피를 보고 "어쩜 그렇게 좋은 곳을 많이 다니느냐"고 하시는데, 큰 차이는 없어요. 그분들은 하지 않으시는 거고, 저는 하는 것뿐이거든요.

김진세 부러워만 하지 말고, 움직이라는 뜻인가요?

윤영미 아름다운 자연 속에 있거나 좋은 사람과 함께하면 엔도르핀보다 4천 배나 좋은 다이도르핀이라는 호르몬이 나온대요. 한 시간이 걸리더라도 외곽으로 나가서 다이도르핀을 얻는 게 낫지, 도심에 죽치고 앉아 있으면 뭐하겠어요? 저는 영화도 혼자 보러 다니고 밥도 혼자 잘 먹어요. 조조 영화 보러 가면 얼마나 여유롭고 좋은데요. 부럽다고 말만 하지 말고, 꼭 반걸음만 더 행동하세요. 그럼 행복해질 거예요.

• • •

'인정'의 욕구는 누구에게나 있다. 윤영미 또한 인정에 목말라 있었다. 어린 시절, 남동생의 등장과 함께 존재감이 떨어졌기 때문이다. 상대적으로 보살핌을 못 받고 자랐기에, 더더욱 1등에 목마른 이유도 결국 인정을 받기 위해서였다. 이러한 인정의 욕구는 장단점을 갖고 있다.
인정이라는 명확한 동기가 있으니, 부지런하고 목표 지향적인 사람이 된다. 하지만 지나치게 타인의 인정에 집착하면, 답답한 삶을 살게 된다. 남에게 잘 보이려고 자신을 파괴하는 사람들이 적지 않다. 행복한 삶을 살려면 타인의 인정이 필요하기는 하다. 중요한 것은 가장 인정받아야 할 대상은 타인이 아니고 자신이어야 한다는 것이다. 스스로 인정하는 삶이야말로 행복한 삶이다.

그녀는 어떤 인정을 욕망했을까? 다른 것은 몰라도, 결혼을 보면 그녀 스스로 인정의 대상이 되었음을 알 수 있다. 조건보다는 느낌이 중요한 남자를 원했다. 아나운서란 대중의 관심이 필요한 직종이기에, 더더욱 결혼과 같은 인생의 중대한 이벤트를 치르며 타인의 인정을 무시하기 어려웠을 것이다. 그런데 그녀는 느낌을 따랐다. 현명하고 용기 있는 행동이었다.

윤영미는 나를 알아주지 않는 상대를 원망하기보다 행동으로 실천했다. 성장하기 위한 노력을 멈추지 않았다. 일단 '꿈'을 품으면 바로 '행동'으로 옮겼다. 'Share My P!' 인터뷰를 마치고, 그녀가 자신의 책에 사인해 주며 쓴 문구다. P의 의미를 물으니 열정(Passion)이라고 했다. 자신의 열정을 나누어 준 것이다.

열정도 더할 나위없는 축복이지만, 그녀의 P는 내게 다른 의미로 다가왔다. '실행의 힘(Power of Practice)', 행복으로 이끄는 가장 강력한 힘 말이다.

김진세의
긍정 처방전
04

행복은 행동하는 사람에게만 온다

'자기 계발'이 붐이다. 어떻게 하면 성공할 수 있는지, 어떻게 하면 행복할 수 있는지에 대한 책들이 서점을 뒤덮고 있다. 심지어 '자기 계발 강사'라는 직업군도 생겼다. 그런 책과 강연을 듣고 나면 들뜨게 된다. 여태까지 헛살았고, 곧 성공과 행복을 얻을 것 같은 착각이 든다. 하지만 자고 일어나면 생각이 달라진다. 백만 가지도 넘는 이유로 자기 계발은 뒷전으로 밀려난다. 미루다 미루다 보면 하나도 계발되지 않은 자신을 발견하게 된다. 왜 나는 안 되는 것일까?

윤영미의 트레이드마크는 열정이다. 《윤영미 아나운서의 열정》이란 책을 펴내기도 했다. 그녀가 이룬 파격과 도전은 열정에 힘입은 것이었다. 하지만 그것만으로 모든 것을 이룰 수는 없다. 뜨겁게 달구어지지만 곧 식어서 아무것도 이루지 못하는, 그런 류의 사람들을 얼마나 흔히 볼 수 있는가. 하지만 그녀는 다르다. 이루고자 한 일을 거의 모두 이루어 냈다. 어떤 힘이 그녀를 그렇게 만들었을까? 어떤 힘이 열정의 에너지를 활활 타오르게 했을까?

그녀는 행동한다. 남보다 반걸음이라도 더 움직인다. 부지런해서기도 하지만, 생각을 실천에 옮기는 '실행력'이 남다르다. 사실 처음에는 첫사랑을 잊지 못해 그가 사는 춘천 MBC 입사를 갈망했다는 말을 곧이듣지 않았다. 하지만 그녀를 만나고는 생각이 달라졌다. 그녀는 소망하고, 열망하면 반드시 이루어진다는 '긍정의 사고'는 물론이고, 그 꿈을 이루기 위해서는 집념을 갖고 죽을힘을 다해 실행해야 한다는 '긍정의 행동'을 실천하는 사람이다.

얻고자 하는 것이 있으면 귀찮고 불편해도 참고 움직인다. 별것 아니라고 흘려 넘길지도 모르는 이야기지만, 맛집 탐방이 그렇다. 중년이 되면 익숙한 것에 더 익숙해지려 한다. 새로운 맛집에서 치를지 모를 실패가 두렵다. 음식 한 끼 먹자고 초행길을 나서기가 귀찮다. 그냥 단골집에서 대접이나 받고 싶어지는 나이다.

그럼에도, 그녀는 새로운 맛집을 찾아 나선다. 그리고 SNS에 사진과 함께 소소한 감상을 올려놓는다. 인터뷰 전 그녀의 글과 사진을 보면서 든 첫 생각은 '귀찮을 텐데'였다. 20~30대는 모른다. 요즘 유행하는 SNS가 중년에게는 '금주의 인기가요'나 '퓨전 음식'과도 같이 '낯설다'는 사실을. 그 낯섦과 귀찮음을 그녀는 행동으로 극복해 나간다.

맛집 탐방이 작은 예라면, 여성 최초의 야구 캐스터 도전과 50대의 프리랜서 선언은 그녀의 실행력이 얼마나 강력한지를 보여 주는 대표적인 예다. 투수가 뭐 하는지도 모르던 사람이 야구 경기를 중계할 정도가 되려면, 얼마나 많은 노력을 해야 했을까. 1년 동안 매일같이 야구장을 드나들었다. 집에서든, 차에서든 늘 야구와 함께했다.

그 실행의 힘으로, 이번에는 50대의 여자 아나운서로 또 다른 모범 사례를 보이기 위해 '행동'하고 있다. 최근의 성공도 그저 이름값 때문만은 아닐 것이다. TV홈쇼핑 굴비 판매 방송을 앞두고는 기꺼이 법성포까지 간다. 냄비 판매를 위해서는 누가 시키지 않아도 백화점 시장조사를 나간다. 이것이 성공의 중요 요소임은 말할 나위도 없다.

무엇보다 행동이 중요하다. 움직이고 실천해야 이루어진다. 백 마디 말보다 한 번의 행동이 인간을, 세상을 바꾼다. 게으른 사람에게 미래는 없다. 당장 하나라도 시작해 보자.

1969년 서울 출생으로 영파여자고등학교를 졸업했다. 고등학교 재학 시절 운명 같은 뮤지컬 영화 〈사랑은 비를 타고〉를 본 뒤 롯데월드 예술단 1기 오디션에 합격하며 뮤지컬과 인연을 맺었다. 1989년 데뷔작 〈아가씨와 건달들〉에서 처음이자 마지막으로 단역을 맡았다. 이후 바로 〈가스펠〉의 주인공으로 우뚝 섰으며, 27년간 한국 뮤지컬계 최고의 디바로 맹활약 중이다.
1998년 임영근 씨와 결혼, 이듬해 딸 수아를 수중분만으로 출산했고, 이 장면은 2000년 SBS TV 〈생명의 기적〉에 소개되며 화제를 모았다. 세계 171개국 〈맘마미아〉 배우 중에서 '세계 최고의 도나'로 선정되기도 했던 그녀의 인생 철학은 〈맘마미아〉의 주제곡 〈댄싱 퀸〉과 다르지 않다. '신나게 춤춰 봐, 인생은 멋진 거야!'

그녀의 미소가 아름다운 이유

뮤지컬 배우 **최정원**

뮤지컬이 우리 문화계의 성공 아이콘이 되었다. 수많은 무대에서 연일 뮤지컬 공연이 벌어지고 있다. 덕분에 탄생한 여러 스타 중에 최정원은 유독 남달라 보였다. 〈맘마미아〉, 〈시카고〉, 〈피아프〉 등 화려한 무대 위의 모습도 멋졌지만, 다큐멘터리를 통해 본 그녀의 출산 과정은 정말 감동적이었다. 늘 당당하고 행복해 보이는 그녀에게는 어떤 긍정의 힘이 있을까?

커다란 눈 밑에는 고운 까마귀 발자국

김진세 오늘 처음 뵙는데, 정원 씨 웃는 모습이 정말 밝으세요.

최정원 제가 워낙 잘 웃어요. 그게 다 이유가 있어요. 제가 어려서 "난 얼굴이 너무 까매", "내 앞니는 왜 이렇게 튀어나왔어?"라고 얘기할 때마다 엄마가 "정원아 너는 정말 예뻐. 그리고 웃으면 더 예뻐져"라고 말씀해 주셨거든요. 초등학교에 입학해서 저는 친구들이나 선생님을 보면 항상 먼저 인사하면서 웃었어요. 그랬더니 아이들도 저를 보면 웃어 줬어요. '애들이 다 나를 좋아하고 선생님도 나를 좋아하네' 이러면서 더 웃었죠. 웃을 때 잡히는 눈가의 주름이 저는 참 좋아요. 제 앞에 있는 사람이 행복해지는 것도 좋고요. 물론 제가 웃으니까 사람들도 저를 보면서 웃겠지만요. 가장 중요한 건, 제가 행복한 거예요.

김진세 재밌는 얘기 하나 해드릴게요. 프랑스의 심리학자 뒤센이 어느 학교의 졸업 앨범을 보고서 진실한 미소를 지은 사람과 그렇지 않은 사람을 가려냈대요. 기준이 뭐냐면, 진실한 미소를 지은 얼굴에는 까마귀 발 모양의 눈가 주름이 잡힌대요. 그게 일명 뒤센의 미소죠.

최정원 저도 그런 주름이 있어요.

김진세 졸업 앨범에 나온 사람들을 추적해서 살펴보니, 진실된 미소를 지은 사람이 거짓 웃음을 지은 사람보다 훨씬 건강하고 또 오래 살았다네요. 정원 씨 말씀을 듣고서 이 사실을 이미 알고 계신 건가 했어요.

최정원 모르고 한 거였어요(웃음).

김진세 정원 씨 어머니가 참 긍정적이셨던 것 같아요.

최정원 어렸을 때 엄마가 일주일에 한 번 저를 목욕탕에 데려가셨어요. 그런데 갑자기 엄마가 안 보여서 찾아보면 동네 할머니들 등을 밀어 주고 계시는 거예요. 어려서는 그게 참 싫었어요. "엄마가 목욕관리사야? 왜 할머니들 쫓아다니면서 때를 밀고 그래!"라고 하면 엄마는 제 입을 막으면서 바나나 우유를 사주셨죠. 목욕을 마치고 집으로 돌아오는 길이면 엄마가 항상 노래를 부르셨어요.
그런데 언제부터인가 제가 사우나에 가면 혼자 오신 할머니 등을 밀어드리게 되더라고요. 그때 뭘 느꼈는가 하면요, '엄마가 집에서 받는 스트레스를 누군가에게 선행을 하면서 푸셨구나' 하는 거예요. 저 역시 누군가의 등을 밀어 주고 "아유, 아가씨 복 받을 거야"라는 말 한마디 듣는 게 정말 행복했어요. 엄마가 왜 그리 콧노래를 부르셨는지 알게 됐어요.

김진세 어려서는 어떠셨어요?

최정원 굉장히 활달했어요. 모창을 잘해서 동네 어른들로부터 예쁨을 받았고요. 당시 심수봉, 장은숙, 윤시내 씨 모창을 정말 잘했어요. 지금도 그렇지만 노래하는 걸 무척 좋아했거든요. 노래 끝나면 어른들이

50원, 100원 동전을 쥐어 주시곤 했는데, 그거보다는 박수에 민감했던 것 같아요. 나중에는 사람들이 많이 모이고 나서야 노래를 했거든요(웃음).

김진세 학창 시절에도 남달랐겠어요?

최정원 장기자랑 나가면 항상 1등을 했죠. 아이들이 밖에서 술래잡기하며 놀 때, 저는 집에서 거울 보면서 역할극을 했어요. 그래서 어머니가 저를 충무로에 있는 연기학원에 넣어 주셨고 초등학교 5학년 때는 청소년 대표로 연극제에 나가서 상도 받았어요.

김진세 그게 첫 무대 경험인가요?

최정원 그랬죠. 중학교에 올라가면서 아버지가 그만하라고 해서 연기는 접었어요. 그러다가 고등학교 때 오디션을 치르고 뮤지컬을 시작하게 됐죠.

버려야 새로운 것을 채울 수 있다

김진세 대한민국 뮤지컬 1세대로 통하시잖아요. 정원 씨가 입문했을 무렵만 해도 뮤지컬계나 배우에 대한 인식이 지금과는 많이 달랐잖아요.

최정원 제가 나름 파이어니어(pioneer, 개척자)죠. 그때만 해도 뮤지컬

한다고 하면 반응이 그다지 신통찮았는데, 지금은 제가 좋아하던 연예인들이 뮤지컬 배우가 되고 싶다고 하니까요.

김진세 지명도 면에서도 변화가 크지만, 수입도 많이 달라졌죠?

최정원 변화됐겠죠. 딱 한 가지 변하지 않은 건, 공연에 임하는 마음은 그때나 지금이나 똑같다는 거예요. 제가 배우라는 이름으로 살면서 지금까지 스물일곱 명의 인생을 살았는데, 첫 공연은 다 똑같아요. 늘 새로 시작하는 기분이죠.

김진세 정원 씨는 그냥 뮤지컬 자체가 좋으신 거죠?

최정원 사실 그거 때문에 손해 본 적도 많아요. "정원이는 돈 안 줘도 할 애야", "재 뮤지컬에 미쳐 있어" 이런 얘기를 들어요. 저는 한 번도 돈 때문에 작품을 선택해 본 적이 없거든요. '이 작품을 통해서 얼마나 변신하고 발전할 수 있을까'에 유념해서 선택하죠. 또 '관객이 얼마나 큰 박수를 쳐줄까' 하는 것도 빼놓지 않고요. 만약 돈을 따라갔다면 영화나 드라마에도 출연하고 앨범도 냈겠죠. 제안받았던 영화 중에 이른바 '대박' 난 작품도 있어요. 하지만 제 심장을 뛰게 하고 카타르시스를 느끼게 하는 건 오직 무대밖에 없는 듯해요.

김진세 뮤지컬 배우의 조건은 뭐라고 생각하세요?

최정원 당연히 노래 잘하고 춤 잘 추고 연기 잘하고… 그리고 자기 관리를 잘해야겠죠. 요즘 제가 우선으로 꼽는 건 백지 상태를 만드는 거예요.

김진세 백지 상태요?

최정원 예를 들어 〈맘마미아〉에서 저는 파란색이 되어야 해요. 그런데 이전에 출연한 〈시카고〉의 빨간색이 마음속에 남아 있으면 온전히 파란색을 표현할 수가 없어요. 보라색이 되어서 이도 저도 아닌 게 되는 거죠.

김진세 아!

최정원 많은 배우들이 이전에 칭찬받았던 창법이나 자신이 잘한다고 생각하는 액션 등을 선뜻 털어 버리지 못해요. 우리는 가수가 아니라 배우이기 때문에 작품에 맞게 바뀌어야 한다고 저는 늘 얘기합니다. 버리지 못하면 새로운 걸 받아들이지 못해요. 이번에는 전혀 다른 역할인데 "지난번이랑 비슷해"라는 소리를 듣는 거죠.
제가 지금 프랑스의 샹송 가수 에디트 피아프의 일생을 다룬 〈피아프〉를 공연하고 있거든요. 처음에는 '피아프는 키가 147cm인데 169cm인 최정원이 연기한다고?'라는 반응이 있었어요. 그런데 공연이 끝나고 나서 관객 리뷰를 보니 '최정원이 저렇게 작았었나? 피아프가 살아 있는 것 같다'라고 하시더라고요.

김진세 대단하네요. 어떻게 그런 반응이 나올 수 있었을까요?

최정원 피아프가 되기 위해서 몸의 온 마디를 다 구부렸어요. 무대 위에서 저는 최정원이 아니라, 피아프예요.

김진세 이전의 역할을 과감히 버렸기 때문에 가능하다는 말씀이시군요.

웃을 때 잡히는 눈가의 주름이 저는 참 좋아요.
제 앞에 있는 사람이 행복해지는 것도 좋고요.
물론 제가 웃으니까 사람들도 저를 보면서 웃겠지만요.
가장 중요한 건, 제가 행복한 거예요.

최정원 아까 얘기한 백지화시키는 작업 중의 하나가 선행이에요. 전 배우들에게 "마음이 움직일 때 선행을 하는 게 아니라 무조건 (나누려고) 노력하라"고 얘기해요. 하물며 TV를 보다가 ARS로 2천 원 기부하는 것도 '다음에 하지'라고 넘기지 말고 마음먹었을 때 하라고 말하죠.

김진세 말씀하시는 거 들으니, 행복 전문가 같으세요! 사실은 행복해지는 가장 쉬운 방법은 선행하는 거예요. 기부하는 것, 감사하는 것, 웃는 것… 지금 다 하고 계시잖아요?

최정원 저는 무대 위에서 늘 행복을 느끼거든요. 그러다 보니 행복에 대해서 나름 터득하는 것 같아요. 누군가에게 좋은 일을 하고 나면 다음 날 연습이 더 잘되는 것 같기도 하고요. 그럼 내가 주기만 한 게 아니라 포기한 만큼 선물을 받는다는 걸 알게 되죠. 이걸 크게 느낀 적이 있어요.

김진세 무슨 일이었나요?

최정원 VJ 최할리 씨 아시죠? 그 친구가 분당에 살았어요. 그 친구 집에서 돌아오는 길에 톨게이트에서 요금을 내려고 섰는데, 얼핏 보니 뒤차가 교회 승합차더라고요. 순간적으로 '뒤차 것까지 계산해야지'라고 생각하고 900원의 톨게이트 비를 더 냈어요.

김진세 아무 생각 없이?

최정원 네, 그냥 기분도 좋은데 착한 일 한번 해보자 하는 마음이었죠. 그런데 잠시 후 뒤차에서 경적을 울리는 거예요. 창문을 열어 보니 차에 타고 있던 아이들이 "감사합니다"라며 손으로 하트 모양을 그려 보이더라고요. 와! 이건 정말 9천만 원의 가치보다 더 큰 거예요. 그때 이후로 저는 할리네 집 다녀올 때마다 항상 뒤차 톨게이트 비를 내는 게 습관이 됐어요. 지금이야 하이패스가 생겨서 할 수 없지만요(웃음). 아직도 제가 기대하는 건 어느 날 제가 톨게이트 비를 내려고 섰는데 "앞차에서 냈습니다"라는 소리를 듣는 거예요. 그럼 그건 내가 퍼뜨린 거야(웃음)!

김진세 오, 생각만 해도 멋진데요(웃음)!

최정원 혹 안 좋은 일이 있었던 사람도 그런 일을 겪는다면 미소를 짓지 않겠어요? 어느 날 딸 수아한테 그 얘기를 해줬더니 자기도 차가 생기면 꼭 그렇게 하겠다고 하더라고요.

내 인생의 가장 큰 축복, 출산

김진세 수아 얘기가 나와서 말인데요, 최정원 씨 하면 수중분만 하셨던 게 제 기억에 강하게 남아 있어요. 그건 어떻게 하신 거예요?

최정원 1998년에 〈도전 지구 탐험대〉라는 TV 프로그램에 출연해서, 뉴욕 브로드웨이 재즈댄스 스쿨 한 달 과정을 일주일 만에 마스터하는 도전을 한 적이 있어요. 거기서 〈캣츠〉에 나왔던 한 배우를 만났는데, 6개월 된 아이가 있음에도 전혀 아이 낳은 사람 같지가 않은 거예요. 어쩜 몸매가 그럴 수 있느냐고 했더니 수중분만을 했대요. 그때 막연히 '나도 아이를 가지면 수중분만을 하고 싶다' 생각했는데, 마침 제가 임신했을 때 SBS에서 출연 제의를 해왔어요.

김진세 쉬운 결정은 아니었을 것 같아요.

최정원 병원을 찾는 모든 사람들은 병에 걸렸기 때문에 가잖아요. 그렇지 않은 오직 한 사람이 바로 산모 아니겠어요? 그야말로 행복해지려고 병원에 가는 사람이죠. 사실 출산은 축제인데, 나는 이렇게 용감하게 수중분만 했다는 걸 가족과 아이에게 보여 주고 싶었어요.

김진세 남편 분이 외조를 잘하신다는 기사를 본 적이 있는데요. 저는 좀 거꾸로 생각해 봤어요. 배우 최정원도 좋지만 내 아내, 내 아이의 엄마로만 있어 주기를 원하지는 않을까 하는….

최정원 남편이 교수가 되면서 이런 얘기를 한 적은 있어요. "이제 내가 돈도 벌고 하니까 정원 씨가 좀 쉬면서 하는 건 어떨까"라고요. 그래서 쉬어 보려고도 했어요.

김진세 정말요?

최정원 공연 스케줄을 살짝 줄이는 정도로요. 물론 남편과 아이와 함께 있으면서 행복감을 느꼈지만, 제가 가장 큰 행복을 느꼈던 무대를 떠나 있어야 하니까 스트레스가 생기더라고요. 공연한 날보다 아무것도 안 하고 있을 때가 더 피곤했어요. 게다가 뭔가 가족에게 보상을 기대하게 되더라고요. 남편에게는 "일찍 들어와야 해!", 딸에게는 "수아야! 이거 해야지!"라는 말을 입에 달고 살았어요. 결국 남편도 '서로에게 좋은 일이 아니구나. 정원 씨는 돈 때문에 일을 하는 게 아니었구나'라고 느꼈대요. 제게 뮤지컬은 업이 아니라 삶이라는 걸 알았다고요.

김진세 수아는 어때요?

최정원 수아는 저보다 열 배 더 긍정적이에요. 넘어져도 '하하하' 웃었던 아이예요. 짜증이나 울음이 별로 없어요. 저는 수중분만의 덕이라고 생각해요. 수아는 일단 울지 않고 태어났어요. 낳자마자 탯줄이 달린 채로 양수 온도와 똑같은 물에서 수영을 하면서 저를 바라봤어요. 탯줄을 자르고서야 '응애' 하고 울음을 터뜨렸죠. 아이가 정말 온 힘을 다해서 젖을 물고 있는 모습을 보면서 처음으로 뜨거운 눈물을 흘렸어요.

김진세 감동적이라서요?

최정원 친정엄마 생각이 나서요. '아, 우리 엄마가 나를 이렇게 낳았구나. 나는 우리 엄마에게 이런 존재였구나.' 순간 큰 깨달음이 몰려왔어요. 당시 병원에 있던 모든 사람이 다 아이를 바라보고 있을 때, 엄마만 저를 바라보고 있었어요. "장하다 내 딸"이라며 저를 아이 다루듯이 어루만져 주셨죠. 아마 저도 나중에 그렇겠죠? '내 딸이 여자가 됐구나' 하고 안아 주겠죠?

김진세 딸을 가진 건 정말 큰 축복인 것 같아요.

최정원 자식을 낳아 본 엄마는 굉장히 특별하게 변해요. 저도 확 달라졌어요.

김진세 예를 들면 어떻게요?

최정원 쉽게 설명하자면, 출산 전에 이미 10여 년간 연기를 했지만 슬픈 장면에서는 항상 울었어요. 그럼 관객도 따라 울었고요. 그런데 아이를 낳고 나서 사랑에도 수만 가지가 있다는 걸 깨달았어요. 슬프기 때문에 웃을 수도 있다는 걸 알았죠. 그러고 나니 저는 웃고 있는데 관객들은 '꺽꺽' 울더라고요. 아이를 낳고 연기에 물이 올랐다는 평도 들었어요. 그 당시 제가 뮤지컬 관련 상을 다 휩쓸었어요. 아이에게서 느끼는 오감이 제 연기에 큰 영향을 미쳤다고 저는 감히 말할 수 있어요. 하지만 못된 엄마이기도 하죠(웃음).

김진세 수아와 많은 시간을 함께하지 못해서요?

최정원 어느 날 수아가 그러더라고요. 친구 집에 놀러 갔는데 그 아이 엄마가 간식을 챙겨 주기에 "너희 엄마는 왜 집에 계셔?"라고 물어봤대요.

김진세 모든 엄마가 다 정원 씨처럼 밖에서 일한다고 생각했군요. 잘하는 요리 있으세요?

최정원 김치찌개는 다 맛있다고들 하니, 그런 것 같고요(웃음). 아침형 인간이라 다른 건 잘 못해도 아침에 아이 밥 챙기고 학교 보내는 건 잘해요. 그러고 나서 습관처럼 제 훈련을 하죠.

배움의 열정,
또 다른 희망의 증거

김진세 한동안 유명인들의 학력 위조 문제로 우리 사회가 시끄러웠잖아요. 대학을 안 가고도 멋지게 사는 분으로 최정원 씨를 많이들 꼽습니다.

최정원 저는 한 번도 대학을 나오지 않은 것에 대해 후회해 본 적도, 대학 나온 사람을 부러워한 적도 없어요. 제가 일하는 분야가 학력에 의해 평가받는 곳이 아니기 때문에 그럴 거예요. 다만 제가 여러 분야에서 독학은 참 많이 했어요. 그리고 지금은 4년제 대학을 나왔고요.

김진세 아, 몰랐어요.

최정원 올해 졸업했어요. 서울예대 전문심화과정(학사학위 과정)을 거쳤죠. 공부는 자신이 원할 때 하는 게 가장 중요한 것 같아요. 그보다 먼저 학벌이 아닌 실력이 인정받는 사회가 되어야겠지만요. 제 매니저는 제가 서울예대 졸업한 것을 알리지 않길 바라요. "고등학교 졸업하고서도 자신의 분야에서 최고가 된 정원 씨를 바라보며 열심히 사는 분들을 위해 그랬으면 한다"라고요. 제가 학위를 딴 건 단지 공부가 하고 싶어서였기 때문에 굳이 각종 프로필의 최종 학력을 바꾸지 않았어요. 제 홈페이지에도 영파여고로 나와 있어요.

김진세 이미 뮤지컬 분야에서는 대표적인 아이콘이 되었는데, 굳이 고생을 사서 한다는 느낌은 들지 않던가요?

최정원 저는 새로운 역할을 맡을 때마다 그 분야 최고의 선생님을 찾아 레슨을 받곤 했어요. 〈키스 미 케이트〉를 앞두고는 성악 선생님한테 레슨을 받았어요. 그동안 진성으로 샤우팅 창법을 써왔는데, 두성 쓰는 법을 배우면서 몇 옥타브를 넘나드는 창법이 가능해졌죠. 덕분에 지난해 한국뮤지컬대상 여우주연상을 받았어요. 노력한 만큼 된다는 걸 잘 알기 때문에, 대학 공부도 기꺼이 할 수 있었죠.

김진세 오히려 굉장히 조심스러워하신 것 같은데요?

최정원 학위 따려고 다닌다는 괜한 오해를 살까 봐 오히려 몰래 다닌 면도 없지 않죠.

김진세 그러실 필요가 전혀 없으세요. 정원 씨는 대학 간판이 크게 중요치 않은 분야도 얼마든지 있고 또 노력하기에 따라 성공할 수 있다는 걸 보여 주셨잖아요. 또 이제는 나이가 들어서 공부를 할 수 없다고 생각하는 분들에게 희망이 될 수 있거든요. 정말 학벌이나 문패를 위해서가 아니라 의지만 있으면 얼마든지, 어떻게든 배울 수 있다는 걸 보여 주고 계시니 저는 이 내용을 알렸으면 좋겠네요. 정원 씨의 자기 관리는 정말이지 대단하신 것 같아요.

최정원 요즘 많이 쓰는 말이 '인내는 쓰다, 하지만 열매는 달다'예요. 박수도 없이 온전히 연습하는 시간은 굉장히 힘들어요. 하지만 그걸 인내하면 첫 공연에서 기립 박수를 받아요. 달콤해요. 그걸 절실히 느끼는 사람 중 하나이기 때문에 백 번, 천 번 연습해요. 천 번을 하면 옆에서 다른 사람이 말을 걸어도, 어떤 방해가 있어도 박자 하나 틀리지 않고 정확하게 부를 수 있거든요.

김진세 정원 씨만의 행복해질 수 있는 방법을 알려 주신다면요?

최정원 나를 사랑하는 거요.

김진세 구체적으로 어떻게 하면 좋을까요?

최정원 일단 자신에게 선물을 많이 하세요. 저는 저한테 선물을 많이 해요. '정원아, 너 오늘 진짜 열심히 했어. 너 진짜 맛있는 거 먹어야 해.' 제 돈 주고 사 먹지만 행복해요. 또 스스로에게 칭찬을 많이 해줘요. 약간 공주병이라고도 볼 수 있는데 저는 제가 예쁜 것 같아요(웃음).

김진세 예쁘세요!

최정원 저 사실 예쁘지 않았어요. 광대뼈도 많이 튀어나오고요. 그런데 스스로 예쁘다고 생각하면서부터 예뻐졌어요. 나 같은 사람은 없는 거예요! 전 다시 태어나도 저로 태어나고 싶어요.

• • •

무슨 이유에서인지, 그녀를 보면 행복해진다. 놀랍게도 그녀는 행복 전문가였다. 혹시 '행복학' 공부를 한 것은 아닐까 하고 의구심이 들 정도로 그녀는 '행복이 무엇인지, 어떻게 하면 행복해지는지'를 무척이나 잘 알고 있었다.
우선 일을 즐긴다. 직업적 행복의 첫 번째 조건은 바로 좋아하는 일을 하는 것이다. 게다가 그녀는 다른 사람을 돕는다. 남을 도우면 행복해진다는 것을 어머니로부터 배웠고, 지금껏 실천하고 있다. 그리고 감사할 줄 안다. 남편과 아이를 봐주시는 시댁 어른들에게는 물론이고, 늘 엄마를 최고로 알아주는 딸에게도 고마워한다. 최정원은 행복해지는 가장 쉬운 두 가지 방법, '감사'와 '봉사'를 실천하는 사람이다.
그리고 무엇보다도 그녀는 자신을 사랑한다. '가장 중요한 것은 내가 행복한 것'이라고 했다. '다시 태어나도 자신으로 태어나고 싶다'고도 했다. 세상의 중심이 자신인 사람은 행복해질 수밖에 없다. 지나치게 자기중심적이면 이기적으로 비칠 수 있겠지만, 감사와 봉사를 실천하는 사람이라면 결코 그렇지 않다. 그녀의 미소를 보는 것만으로 행복해지는 이유다.

김진세의
긍정 처방전
05

행복의 우선순위는 바로 '나'

볼 때마다 넘치는 에너지가 느껴졌다. 십수 년 전 한 다큐멘터리를 통해 접한 그녀의 수중분만 장면에서는 자식을 위해서라면 어떤 희생도 감수할 수 있는 모성의 에너지를 목격했다. 무대에서 배역에 흠뻑 빠져 있는 몰입의 순간에는 모두를 압도하는 카리스마를 뿜어냈다.

여자에게 출산은 많은 의미를 갖고 있다. 행복해지기 위해 병원을 찾는 유일한 존재가 산모이다. 분만은 인생의 가장 고통스러운 순간이기도 하지만 가장 행복한 장면이기도 하다. 그리고 출산을 통해 여자는 차원을 뛰어넘는 성숙을 이룬다. 딸이 엄마가 되는 것이다. 딸은 의존적 존재이지만 엄마는 희생적 존재이다. 삶의 역할이 바뀌는 순간이 바로 출산인 것이다.

그런데 요즘도 출산이 행복일까? 의문을 품는 사람이 적지 않다. 아이를 낳아서 키우기가 예전보다 너무 버거워졌기 때문이다. 엄마가 되면 얻어야 할 행복과 성숙은 고사하고, 직업 생활이 단절되며 육아로 인해 경제적, 심리적 고통이 가중된다. 더구나 많진 않지만, 외모 지상주의의 사회에서 임신과 출산은 경쟁력 하락으로 치부되는 경우도 있다.

엄마가 행복하지 않은 사회는 불행하지 않을 수 없다. 탄생이 축복받지 못하는 사회는 결국 자멸의 길을 걸을 수밖에 없다. 임신과 출산, 육아가 가임기 여성만의 고통이 되어서는 안 된다. 우리 사회 전체가 그 책임을 나누어 지고 가야 한다.

'아이가 있으면 행복한가요?' 흔하게 듣는 질문이다. 단언컨대, 자녀는 행복 이상의 그 무엇이다. 행복은 감정의 문제이지만, 자녀는 운명의 문제이기 때문이다. '절대 아이는 낳을 수 없어!'라고 결정한 것이 아니라면, 반드시 출산의 기쁨을 맛보길 바란다. 결코 후회하지 않을 것이다.

걱정하고 있다시피, 막상 현실로 부딪혔을 때 육아와 일을 병행하기란 그리 쉬운 일이 아니다. 많은 워킹맘들이 '좋은 엄마'와 '훌륭한 직장인'을 완벽하게 해내고자 애쓴다. 하지만 불가능한 일이다. 어차피 인간은 절대 완벽하기 불가능한 미완성품 아닌가! 하나를 잘하면 하나를 못하거나, 둘 다 어정쩡하게 할 수밖에 없는 것이 현실이다.

그러니 너무 당연한 일에 스트레스 받지 말자. 부장님이나 사장님이 해도, 시어머니나 친정엄마가 해도, 하느님이나 부처님이 해도, 누가 해도 마찬가지다. 그러니 최선을 다했으면 그것으로 만족해야 한다. 결과까지 미리 걱정할 필요는 없다. 어느 한쪽이 모자란다고 기죽거나 불행해할 필요도 없다.

어쩌면 최정원 또한 직업적 회의를 느낀 적이 있을지 모른다. 아이를 낳고 키우는 동안에 후회를 했을지도 모른다. 솔직히 말하면, 그녀도 아이 양육에선 한발 물러나 있지 않은가! 아이를 봐주시는 시부모님들께 감사드린다고 하지만, 마음은 늘 아이에게 미안해하고 있을 것이다.

그럼에도 불구하고 그녀는 직업적으로나 엄마로서 제 역할을 충분히 하고 또 행복했을 것이라고 확신한다. 왜냐하면 두 가지 역할을 완벽히 소화해 내지 못한다는 비현실적인 후회보다는, 세상 무엇보다도 자신을 사랑하는 삶의 태도를 지향하기 때문이다. 그녀에게 가장 중요한 것은 '내가 행복한 것'이다.

최정원처럼 생각해 보자. 그리고 행동해 보자. 마음처럼 행동이 쉽지 않다는 것은 안다. 하지만 생각대로 행동해 보려는 노력을 게을리해서는 안 된다. 실은 '내가 행복해지기 위해서 이렇게 행동해야지'라고 마음먹는 순간부터 한 걸음 더 행복에 다가서는 것이다.

진정한 행복에는 거스를 수 없는 원칙이 있다. 사랑하는 사람에게 행복을 주고 싶다면, 우선 나부터 행복해져야 한다는 것이다.

Interview with Happiness

STEP 2

결핍은 채워지기 위해 존재한다

김미화 · 엄홍길 · 베르나르 베르베르 · 박경철 · 서혜경

데뷔 34년차의 국가대표급 코미디언이자 방송인. 1983년 KBS 공채 2기로 개그콘테스트를 통해 데뷔했다. 20여 년을 몸담고 있던 정통 코미디 분야에서 벗어나 MBC의 〈세계는 그리고 우리는〉 진행을 맡으며 '시사하는 여자'로 변신했으며, 지금은 TBS 교통방송에서 〈김미화의 유쾌한 만남〉을 진행 중이다.

2007년 성균관대 윤승호 교수와 재혼 후 전원주택을 지어 용인으로 내려간 그녀는, '기쁠 때나 슬플 때나 눈보라 속 푸른 소나무처럼 변함없는 모습으로 함께하고 싶다'는 뜻을 담은 후조당(後凋堂)에서 평생의 벗 남편과 개 네 마리와 함께 살고 있다. 어릴 적부터 코미디언이 되고 싶었고 죽는 순간에도 코미디언이길 원하는 그녀가 자신의 묘비에 새기고 싶은 구절은 '김미화 웃기고 자빠졌네'다.

행복을 선택할 권리

개그맨 **김미화**

순악질 여사로 더 많이 알려진, 개그맨 김미화와는 인연이 많다. 주제는 달랐지만, 인터뷰어와 인터뷰이로 두 번 만났다(6년간의 인터뷰 중 두 번 만난 사람은 김미화와 엄홍길뿐이다). 그녀가 좋아서이다. 동갑내기라 통하는 것도 있고, 솔직하게 이야기하는 것이 즐거워서다. 색깔론에 피해를 입기도 하고 송사에 휘말리기도 했지만, 그녀에게는 남다른 힘이 느껴졌다. 사람 웃기는 줄만 알았던 그녀에게는 남다른 강인함이 숨어 있었다.

까불이의 탄생

김진세 긍정의 힘을 주제로 강연을 자주 하신다고 들었어요.

김미화 강의해 달라는 곳이 많아서요. 제가 전문 강사는 아니지만, '긍정적인 에너지를 만들라'는 메시지를 주고 싶어서 그런 얘기를 많이 해요. 실제로 저를 일으키는 힘이 긍정적인 에너지이기도 하고요. 스스로 자꾸 그걸 만들려고 마인드 컨트롤하는 편이죠.

김진세 그런 힘은 타고난 건가요, 후천적으로 만들어진 건가요?

김미화 잘은 모르겠지만, 심각한 문제는 깊이 생각한 뒤에 결론을 얻으면 곧장 털어 버려요. 성격 자체는 소심해요. 누가 나에 대해서 안 좋은 얘기를 한다는 걸 알면 속으로 깊이 열흘이고 스무 날이고 계속 생각해요. 제 성격이 좋은 건, 그러다가 결론은 좋게 내리는 거예요. '나한테 잘못이 있다. 그 사람을 미워할 수 없다. 화해해야 한다.' 그러곤 정말 미운 사람에게 책을 선물하죠. 그게 제 생활이 됐어요.
제가 일 욕심이 많아서 이 일 저 일 막 만들거든요. 그러다 보면 실패하는 것도 있어요. 그럼 굉장히 아프죠. 하지만 경험해 봤으니 오케이, 최선을 다했으니 오케이! 이렇게 생각하는 거예요. 그래서 빨리 벗어날 수 있는 것 같아요.

김진세 사실 그런 힘은 타고난 부분이 있을 거예요. 사람 성격이라는 게 대개는 6세 이전에 완성되고, 또 이후 경험하는 것에 따라서 조금 변하거든요. 지금 말씀을 들으니 '내가 처한 상황을 그대로 받아들이고, 여기서 내가 속상해하고 한탄해 봤자 나만 손해니까, 나를 바꿔 나가자'는 거잖아요. 예전에도 그러셨어요?

김미화 제가 초등학교 2학년 때 아버지가 돌아가셨어요. 학교에서 아이들이 나를 놀리면 '내가 아버지 없는 표시를 내서 그러는가 보다' 하고 생각했어요. 그래서 성격 개조를 한 거죠. 아이들 앞에서 많이 웃고 많이 까불고 가수 흉내를 내서 주목을 받고…. 그랬더니 아이들이나 선생님이 저를 굉장히 명랑하게 봤어요. 별명은 '까불이'였고요. 마음속 깊은 곳에는 '나는 아버지 없는 아이'라는 슬픔이 있었지만, 드러내지를 않은 거죠.

김진세 워낙 성격이 밝아서 그랬을 수도 있지 않을까요?

김미화 원래 성격이 밝지는 않아요. 무리지어 다니거나 앉아서 수다 떠는 걸 별로 좋아하지 않아요. 혼자 책 읽고, 노래 부르고, 극장도 혼자 다니고요. 그런 것들이 전혀 낯설지가 않죠.

김진세 지금도 시간 나면 혼자 다니세요?

김미화 네. 지금도 혼자 다녀요. 병인가요, 선생님(웃음)?

김진세 저도 혼자 놀기의 달인이에요(웃음). 까불이라는 별명을 얻기까지는 정말 힘든 시간이 있었을 것 같아요. 긍정적인 힘의 원천이 긍정적인 경우도 있지만, 오히려 부정적인 힘을 긍정적인 에너지로 삼는 사람들도 있거든요.
이야기를 좀 돌려 볼게요. 김미화 씨뿐만 아니라 대중 앞에 서는 사람들의 특징이 뭐냐면, 애정을 받고 싶은 욕구가 어릴 적부터 강하거든요. 그런 면에서 김미화 씨의 어린 시절이 궁금하네요.

김미화 이상하게, 어렸을 때 기억이 별로 없어요. 초등학교 2학년 무렵부터 생각이 나고. 스스로 안 좋은 기억을 지워 버리려고 하는 게 강한 것 같아요. 그걸 어떻게 느끼냐면요, 평소에는 대본을 엄청 잘 외워요. 밤새 외우면 다음 날 한 시간이고 두 시간이고 대본 그대로 하거든요. 그런데 녹화하기 싫을 때는 5분짜리, 3분짜리도 절대 안 외워져요. 그런 걸 보면서 내 심리 깊숙한 곳에는 정말 싫은 기억을 지워 버리는 힘이 있는 거 아닐까 하는 생각을 했죠(웃음).

김진세 그것도 스트레스를 없앨 수 있는 굉장히 좋은 방법이죠. 사람들이 힘이 들면 '방어'를 쓰거든요. 왜 기억을 여쭤 보느냐 하면, 있는 그대로 남을 수도 있지만 왜곡될 수도 있거든요. 누군가의 얘기에 의해 기억되는 경우도 있고요. 착각의 여지가 있긴 하지만, 기억은 사람이 사는 데 있어 성격을 형성하거나 삶의 방향을 정하는 등 중요한 역할을 하거든요.
인터뷰 앞두고 찾아보니까, 되게 일을 많이 하시네요? 김미화 씨 관련 자료를 찾아보면서 했던 첫 번째 메모가 '워커홀릭'이었어요.

김미화 요즘은 그리 많이 하지 않지만, 예전에는 워커홀릭이 맞아요. 일만이 저에게 위안을 줬어요. 일을 하고 있을 때는 모든 힘든 것들이 없어지는 거예요. 코미디 연기를 하거나 방송할 때는 무아지경에 빠져서 거기에만 몰입을 하니까요. 예전에는 일이 취미이자 인생의 전부였는데, 그게 아니라는 걸 나이 들면서 깨달았어요. 남편과 아이들과 함께 하는 소소한 일상도 굉장히 중요한 것이로구나, 하는 생각을 했어요. 남편은 "당신이 지금은 워커홀릭이 아닌데, 왜 자꾸 사람들이 워커홀릭이라고 하느냐"고 해요.

미리 쓰는 묘비명 '웃기고 자빠졌네'

김진세 무언가 하고 싶은 게 있으면 꼭 해야 직성이 풀리는 성격인가요?

김미화 저는 인생이, 내가 원하는 곳으로만 흘러가는 게 아니라는 걸 알고 있어요. 오히려 계획 없이 사는 편이에요. 오늘 하루 열심히 살고, 내일 좋은 일이 또 생기면 좋은 거고. 나쁜 일은 생기지 않았으면 좋겠다고 스스로 얘기하다 보니 그게 또 긍정적인 에너지가 되더라고요.

예전에 〈아침마당〉 패널로 출연하시던 김병후 박사님과 대기실에서 잠시 얘기를 나누었는데, 그분이 "남편이나 아이들에 대한 집착이 너무 강하면 자신이 괴로우니까 거기에서 벗어나라"는 말씀을 해주셨어요. 부인 입장에서는 남편을 아끼는 마음에서 소소하게 잔소리를 할 수 있지만, 그게 서로를 힘들게 할 수도 있으니까요.

그때부터 전 그런 집착을 버렸어요. 그 사람 인생은 그 사람 인생이고, 내 인생은 내 인생대로 소중한 거라고 생각했죠. 그 에너지를 오히려 저를 계발해야 하는 데 쏟아야겠다고 마음먹었는데, 그게 옳았던 것 같아요.

김진세 자기 계발이라는 건, 자신에 대한 투자를 말씀하시는 거죠?

김미화 끊임없이 자신을 계발한다고 생각해요. 저는 코미디언으로서의 자부심도 굉장히 커요. 요즘 코미디 프로그램에서 안 써줘서 못 하지만(웃음). 하지만 '언젠가는 내가 코미디계를 이끌고 빛낼 거다'라는 믿음을 오래전부터 품고 있어요. 어릴 때부터 제 꿈이 코미디언이었으니까. 시사 프로그램을 진행하고 있는 것도 더 좋은 코미디를 만들기 위한 발걸음이라고 여기기 때문이에요. 같은 의도에서 지난주부터 언론정보대학원에 나가기 시작했어요. 머리가 좋아서 박사를 하겠다는 게 아니라 항상 자기 계발을 위한 노력을 게을리하지 않는 거죠.

김진세 머리가 좋으신 것 같은데요?

김미화 아니에요, 진짜로. 그냥 시의성 같은 걸 놓치지 않으려고 하는 거예요.

김진세 사람들이 지능을 타고났다고 하는데, 저는 그걸 안 믿어요. 어느 한 분야에 포커스를 맞추고 노력하면 그쪽으로 발전하거든요. 어차피 아이큐라는 것도 인간이 측정하는 거니까요.

김미화 제가 잔머리가 좀 있는가 보죠(웃음).

김진세 나중에 묘비에 '웃기고 자빠졌네'라고 써달라고 했다는 얘기를 듣고 코미디에 대한 열정을 읽었어요. 대단하다 싶기도 했고요. 왜 그렇게 코미디가 하고 싶으셨어요?

김미화 어려서부터 아버지 없는 티를 내지 않으려고 까불었다고 했잖

저는 인생이 원하는 곳으로만
흘러가는 게 아니라는 걸 알고 있어요.
오히려 계획 없이 사는 편이에요.
오늘 하루 열심히 살고, 내일 좋은 일이 또 생기면 좋은 거고
나쁜 일은 생기지 않았으면 좋겠다고 스스로 얘기하다 보니
그게 긍정적인 에너지가 되더라고요.

아요. 그러다 보니 계발된 거예요. 친구들이 졸리다고 하면 선생님 흉내 내고, 그럼 아이들이 "꺄~" 하고 쓰러지고.
그래 이 맛이로구나. 어려서부터 대중의 이목을 끄는 게 어떤 건지 그 맛을 본 것 같아요. 엄마가 그러시는데, 애기 때도 라디오에서 나오는 노래를 다 따라 하곤 했대요. 엔터테이너적인 기질이 있었나 봐요. 그런 것들을 굉장히 잘 발전시킨 거죠.

김진세 이런 생각이 들었어요. 김미화 씨가 어렵고 힘든 현실에서 도망칠 수 있는 방법 중 하나가 사람들을 웃기는 것이었잖아요. 기억 속에는 남아 있지 않지만, 그 어려운 어린 시절 체득한 것들이 인생의 큰 줄기에 영향을 미쳤다고 생각하지 않으세요?

김미화 그렇죠. 결정적인 사건이 있어요. 제가 초등학교 4, 5학년 무렵 학교에 잘 가지 않았어요. 어떤 친구가 "아빠 없는 애"라고 놀렸는데, 제가 드라마에서 그런 장면을 보고 배웠는지 그 애 따귀를 때린 거예요. 그런데 선생님이 그 친구가 나를 어떻게 놀렸는지는 따지지 않고, 단지 그 애를 때렸다는 이유만으로 저만 벌을 세운 거예요. 그 이후 학교에 가지 않았어요.
몇 달을 안 나가다가 선생님이 엄마한테 얘기하는 바람에 들켰어요. 이후 엄마가 치부책 같은 걸 만들어서 학교 갈 때마다 선생님 사인을 받아 오게 했는데 몇 번 하다 보니 사인이 너무 쉬운 거예요. 그래서 제가 사인하고 몇 달을 또 안 나갔죠.
학교는 안 가고 매일 길음시장에 죽치고 있었어요. 약간의 '꼬장'을 부렸던 거예요(웃음). 그 애가 나를 놀리는 것도 싫었지만, 왜 선생님이 나한테만 벌을 줬을까 하는 섭섭함이 컸죠. 여자 선생님이었는데, 그 선생님이 너무 미워서 이름조차 기억 못 해요.

김진세 어머니께는 뭐라 하셨어요?

김미화 엄마한테 자초지종을 말하지는 않았는데, 보다 못해 5학년 초에 저를 우이초등학교로 전학시키시더라고요. 전학 가서 선생님을 잘 만났어요. 당시 미혼이셨는데 저를 굉장히 따뜻하게 대해 주셨어요. 그리고 '전학을 왔으니, 여기 아이들에게는 내가 아버지 없는 애라는 표가 안 나겠지' 하는 마음에 최선을 다해서 아이들을 웃겨 준 거죠(웃음).
선생님은 아셨겠죠. 제 생활기록부에 적혀 있을 테니까. 예전에 〈TV는 사랑을 싣고〉에서 그 선생님을 찾으면서 보니까 제 생활기록부에 '영양결핍' 이런 것도 쓰여 있더라고요.

김진세 그 선생님 성함은 기억하시는군요?

김미화 노병하 선생님이세요.

김진세 아, 좋은 거만 기억하시니까!

김미화 그렇죠! 선생님께서 들려주셔서 알게 된 얘긴데요, 하루는 제가 선생님을 찾아가서 맹랑하게도 "김밥 못 싸서 소풍 못 가요"라고 했대요. 그래서 선생님이 김밥을 싸주셔서 소풍을 갔대요. 보통 아이들은 그런 용기가 없잖아요? 집이 가난해서 김밥을 못 싸면 소풍을 안 가면 안 갔지, 그 얘기를 하는 게 더 자존심 상하는 일인데 말이에요. 전 가난한 것보다 아버지가 없다는 사실이 애들에게 알려지는 게 더 자존심이 상했었나 봐요.

강인한 나의 어머니, 정말 괜찮은 여자

김진세 지금껏 살아오면서 성격이나 인생에 가장 큰 영향을 미친 사람을 꼽으라면 누구를 들 수 있을까요?

김미화 엄마죠, 엄마. 강인한 분이셨어요. 스물여덟에 혼자 되신 뒤에 정말 가난했거든요. 그래도 우리를 버리지 않으셨죠. 전 젊은 시절의 엄마가 고생하는 모습을 곁에서 죽 지켜봤거든요. 제가 어려서부터 심성은 착했어요. 지금도 엄마는 "너는 엄마 속을 하나도 안 썩이고 컸다"고 하시는데, 제가 생각해도 그래요. 엄마의 감언이설에 속은 것 같기도 하고(웃음). 엄마의 지혜죠. 딸을 이용해서 좀 편안하게 살아 보겠다는(웃음).

김진세 첫째 딸들이 워낙 엄마한테 각별하잖아요.

김미화 네, 그렇죠. 살아 보려고 몸부림치는 엄마를 보면서 '도와야지. 괴롭히면 안 되겠다' 싶었어요. 전 강인한 여성 하면, 항상 엄마를 떠올렸어요. 중·고등학교 때 글짓기 대회만 있으면 '우리 엄마는 대단한 엄마'라고 써서 우리 엄마가 장한 어머니상을 두 번이나 탔어요. 해장국집 등등 안 해본 장사가 없을 정도로 엄청 고생하셨어요. 사춘기 때도 그런 게 전혀 창피하지 않았어요. 담임선생님을 모시고 엄마 장사하는 곳에 가서, "우리 엄마 이렇게 고생하니까 장한 어머니상 주셔야 됩니다"라고 했으니까.

김진세 어머니의 눈물을 본 적이 있으세요?

김미화 우리 어머니는 술을 잘 드세요. 그러곤 속상하면 두 딸을 붙잡고 우셨어요. 정말 엉엉 울어요. 그게 안된 거예요. 엄마라면 속으로 눈물을 삼키고 이런 면도 있어야 하는데…. 지금도 엄마한테 못마땅한 건, 이젠 손녀들을 데리고 울거든요. 어쩔 수 없이 수용은 하지만, 그런 모습은 안 보고 싶죠.

김진세 김미화 씨는 절대 울지 않는다면서요?

김미화 절대 안 울어요. 울더라도 혼자 밖에서 울고 들어가요. 그래서 아이들은 저를 강한 엄마라고 생각할 거예요. 아이들 가슴 아프게 하고 싶지 않거든요.

김진세 어머니로부터는 강인함을 물려받으신 것 같아요.

김미화 진짜 그래요. 우리 엄마가 아주 익살스럽고, 괜찮은 여자예요. 여장부죠. 난 우리 엄마를 좋아하면서도, 미워해요. 딸들이라면 다 그런 감정을 알 거예요. 미울 때는 밉다고 적나라하게 표현을 하는 딸이기도 하고요.

김진세 말씀 나누다 보니 긍정의 힘을 너무 많이 가지고 있으셔서 도리어 어려워요. 저는 한 가지를 콕 집어내서 써야 하거든요(웃음). 일단, 인생이 진지하고 솔직하세요. 또 알 수 없는 자신감이랄까? 좋은 기운이 흘러요. 엄마에 대한 것도, 어려서 그리 밝지 않은 기억도 좋은 에너지로 잘 소화해 내신 것 같아요.

김미화 그랬던 것 같아요. 저는 한 번도 나쁜 친구를 사귄 적이 없어요. 고등학교 때 선생님을 우연히 뵀는데 "너 학교 다닐 때 큰 아이들에게 둘러싸여 다녔던 기억밖에 안 난다"라고 하셨어요. 정말 '보스'마냥 큰 아이들을 이끌고 다녔거든요. 제가 그런 기질이 있어서 사실 나쁜 쪽으로 빠지려면 얼마든지 그럴 수 있었어요.

김진세 제가 근처에서 고등학교를 다녀서 알아요. 길음시장 그쪽으로 얼마나 험했는데…. 혹시 그랬던 기억을 지우신 거 아니에요(웃음)?

김미화 그랬을지도 모르죠(웃음). 진짜로 나쁜 길로는 한 번도 빠진 적이 없어요.

김진세 그게 어머니의 힘이죠?

김미화 네, 엄마의 힘들었던 삶이 저를 잡아 준 거죠. 인생이 참 웃긴 게, 지금도 제가 관련되어 있는 사회복지 단체가 80군데가 넘어요. 다 홍보대사예요. 안 하게 해달라고 해도 돈도 안 받고 열심히 일을 도우니까 '세상에 이런 연예인이 어디 있어' 하며 자꾸 불러요(웃음).

김진세 제가 알기로 2년 전에 80군데였으니, 지금은 더 늘었겠네요?

김미화 네, 마구 늘고 있어요(웃음). 그런 것들이, 또 저를 나쁜 길로 빠지지 못하게 잡아 주는 거예요. 사실은 코 꿰서 다니는 건데(웃음). 그게 이상한 거예요. '나쁜 짓을 하거나 나쁜 생각을 하지 못하게 하는 어떤 운명적인 힘이 나를 이끄는구나' 하는.

• • •

김미화는 사물의 밝은 쪽을 보려 하는 낙천주의자다. 싫은 사람과도 좋은 관계를 위해서라면 스스로를 굽힐 줄도 안다. 나쁘고 부정적인 기억은 망각되는 '선택적 기억상실증(?)'도 긍정적으로 작용한다. 〈개그콘서트〉를 기획했고 적지 않은 나이에도 공부를 다시 시작할 수 있을 정도로 명석한 두뇌도, 그녀의 긍정을 이끄는 또 다른 힘이다. 인터뷰 내내, 있는 그대로 거침없이 쏟아내는 솔직함도 큰 무기다. 게다가 자기 계발도 게을리하지 않으니, 그녀에게는 정말 긍정의 힘이 많다.

이 많은 긍정의 힘을 아우르며, 그녀를 가장 돋보이게 하는 것은 '강인함'이다. 그녀의 강인함은 타고난 것이라기보다는 키워진 것이다. 이혼의 아픔을 떨치고 훌륭하게 만끽하고 있는 행복한 결혼 생활, 세간의 우려와 편견을 깨고 개그맨에서 최고의 시사 프로그램 진행자로 훌륭하게 자리매김한 것, 재즈 가수 데뷔와 대학원 박사과정 진학 등등… 이 모든 것이 강인함이 없었다면 시작하기 힘든 일들이다.

그 많은 변화 중에서도 가장 극적인 변화는, 바로 '까불이' 탄생의 대목이다. 초등학교 시절 친구들의 따돌림은 누구라도 이겨 내기 힘든 아픔이다. 하지만 그녀는 달랐다. 아버지의 부재라는 뒤바꿀 수 없는 운명적인 비극을, 오히려 밝은 성격으로 바꾸는 계기로 삼았으니 말이다. 그리고 그 결과 위대한 희극인 한 사람이 탄생할 수 있었다.

불행에 대한 집착부터 놓아라

불행도 집착이 된다. 본능적인 힘이 작용하기 때문이다. 긍정적인 사건보다는 부정적인 사건이, 기쁨보다는 슬픔이, 즐거움보다는 고통이 더 쉽게 각인된다.

실연의 상처를 크게 입은 후에는 마음에 드는 이성이 나타나도 마냥 좋지 않다. 좋은 감정이 생기면 이별의 상처도 되살아난다. 다시는 좋은 사람을 못 만날 것 같고, 설혹 사랑을 하더라도 깊은 상처로 끝맺으리라는 예감이 든다. 그 고통을 겪느니 차라리 시작도 않는 게 낫지 않을까 하는 생각에 사로잡힌다.

그뿐 아니라 학업이든 취직이든, 쓰디쓴 패배를 맛보고 나면 재도전이 쉽지 않다. 반복된 실패의 두려움이 흔한 원인이다. 자신도 모르게 실패한 일에 대해 끊임없이 반추한다. 생각하면 생각할수록 괴롭지만, 불행에 대한 집착은 사라지지 않는다. 불행했던 기억은 도전 정신과 용기를 앗아 간다.

사실 불행에 대한 집착은 진화의 산물이다. 똑같은 위험에 처했을 때, 이전의 고통에 대한 선명한 기억은 앞으로 살아남을 확률을 높여 준다. 생존의 방어기제인 것이다. 문제는 역설적이게도, 불행에 대한 지나친 경계가 오히려 우리를 더 불행하게 만든다는 것이다.

실수는 인정하되 실패를 두려워해선 안 된다. 과거의 불행에서 얻어야 할 것은 반성과 교훈이지, 자책과 좌절이 아니다. 충분히 반성하고 보완점을 얻어 냈다면, 기억에서 지워야 한다.

김미화는 기억하고 싶은 것만 기억하는 재주를 지녔다. 과거의 불행했던, 자신에게 상처를 주었던 부정적인 사건과 인물은 참으로 쉽게 잊는다. 행복한 사람들의 특징이다. 부러운 일이다. 가능하면 좋은 일만 기억하려고 한다면, 누구나 좀 더 행복해질 수 있을 것이다.

노년이 되어 삶을 정리해 가는 과정에서 행복의 척도가 되는 것은 부와 명예, 권력이 아니라 즐거운 추억이다. 제주 올레길을 개척한 서명숙 이사장은 사는 동안 '얼마나 아름다운 일몰을 보았는가'가 행복의 조건이라고 했다. 행복한 추억은 삶을 따뜻하게 한다.

그렇다면 불행한 일들은 어떻게 잊을까? 누구나 불행에 빠져 허우적거릴 때는 잊으려고 무진 애를 쓰기 마련이다. 너무 괴로우니 지우고 싶은데, 잊으려고 노력하면 할수록 오히려 더 선명하게 떠오른다. 잊을 수 있는 방법은 있다. 이상하게 들릴지도 모르지만, 잊으려고 애쓰지 말아야 한다.

하얀 도화지에 검은 점이 박혀 있다고 치자. 아무리 작은 점이라도 일단 지각되기 시작하면 커다란 바윗돌과 마찬가지로 꿈쩍 않고 의식 밖으로 나가질 않는다. 흰 바탕에 파란 점을 찍어 보자. 빨간 색도 좋다. 흰 종이에 검은 색이 아닌 다른 색이 칠해지는 순간, 검은 점은 점차 의식에서 멀어져 간다.

불행을 잊고 싶다면 행복에 집중해야 한다. 나를 버리고 간 옛 애인과의 추억을 지우려 애쓰지 말고, 새로운 사랑과 만들어 갈 행복에 집중하면 될까? 합격자 명단에 없는 자신을 발견하고 고통스러워했던 기억을 잊으려면, 합격의 기쁨에 들뜬 자신을 떠올리면 될까? 물론 도움이 된다. 하지만 오히려 과거의 추억이 오버랩되면서 고통이 엄습할 수도 있다.

그러니 차라리 전혀 상관없는 즐거운 추억에 빠지는 것이 더 효과적이다. 이별의 상처를 씻으려면 감명 깊게 보았던 책이나 영화를 다시 보거나, 마음을 편안하게 해주던 허브티에 집중해 보는 것이 효과적이다. 낙방의 고통을 잊으려면 신체를 활력 있게 만들어 주는 달리기나 농구를 하면 좋다.

차원이 다른 즐거움에 집중하면, 오히려 아픈 추억은 쉽게 잊힌다. 그러니 평소에 자신이 즐거워하는 일이 무엇이며 어떻게 하면 즐거워지는지 생각해 두어야 한다.

우리의 삶은 늘 고난의 연속이다. 학창 시절에는 공부만 잘하면 세상의 모든 행복이 내 것이 될 것 같은 착각으로 학업 스트레스에 시달렸다. 그런데 대학을 졸업해도 취직은 하늘의 별 따기다. 어렵게 회사에 들어가도 동료를 밟고 올라서지 않으면 언제 퇴직의 비극을 겪을지 모른다. 인생을 즐긴다고? 다 헛소리 같다. 힘들다. 행복은커녕 희망조차 안 보인다.

아버지를 잃고 놀림감이 되었던 김미화는 어땠을까? 다른 이들과 마찬가지로 그녀 또한 누구보다 힘든 환경을 안고 태어났다. 그녀가 그렇게 선택한 것이 아니다. 운명이라는 힘에 떠밀려 그렇게 되었을 뿐이다. 어느 누가 힘든 운명을 선택하겠는가. 절망하고 힘들 수밖에 없었다. 당연히 불행했다.

마음먹기에 달렸다고 하지 않겠다. 마음을 먹기가 너무도 힘든 불쌍한 인생은 어쩌란 말인가. 화가 나면 화를 내도 좋다. 불공평한 인생과 사회에 분노하는 것도 나쁘지 않다. 다만 너무 오랫동안 투덜대고 욕하느라고 시간을 낭비하지 않았으면 좋겠다.

화를 가라앉히고 생각해 보자. '나는 불행하다. 불행하니 어떻게 해야 할 것인가?' 고민이 된다면 김미화를 떠올려라. 선택이 필요하다. 그녀는 타고난 절망 속에서 웃음을 부여잡았다. 까불이라는 운명을 선택한 것이다.

솔직히 말하자면, 인생이 고난만의 연속은 아니다. 장마철에도 가끔 구름 사이로 밝은 태양을 볼 수 있듯이, 지치고 힘든 삶 속에도 행복과 희망은 늘 존재한다. 그녀가 아이들을 웃길 수 있는 것이 그런 것이었다. 하지만 그녀가 불행을 선택하고 행복을 포기했다면, 코미디언으로서의 자질은 평생 꽃피워 보지 못했을 것이다. 당신에게도 행복으로 갈 수 있는 자질이 분명 있다. 그렇지만 불행을 선택한다면, 당신만의 강점은 찾을 수 없을 것이다.

지금 몹시 불행하다고? 행복해지고 싶다면 빨리 불행을 잊어라. 그리고 행복을 선택하라. 선택한 순간부터 당신에게 빛이 보일 것이다. 그 빛이 얼마나 강렬하고 거대한지는 중요치 않다. 구름 사이를 바늘구멍처럼 뚫고 희미하게 퍼져 나가는 한 줄기 빛만으로도 태양이 거기 있고 얼마나 따사로운지 알 수 있다. 그 빛이 당신을 행복하게 해줄 것이다.

1960년 고성에서 태어났다. 1988년 9월 에베레스트 산을 시작으로 히말라야 8,000m급 고봉 16좌를 모두 오른 세계 최초의 산악인이다. 2005년 세계 산악 역사상 최초로 등정이 아닌 동료의 시신 수습을 목적으로 조직한 '초모랑마 휴먼원정대'는 국민에게 진한 감동을 안겨 주었다. 2008년 산을 오르며 깨달은 자연과 인간에 대한 사랑을 실천하기 위해 엄홍길휴먼재단을 설립하여, '휴먼스쿨' 프로젝트를 진행하고 있다. 1997년 히말라야만큼 넉넉한 품을 가진 아내 이순래 씨와 결혼해 슬하에 1남 1녀를 두었다.

지금의 실패가 끝은 아니다

산악인 **엄홍길**

산을 좀 타는 사람들 사이에 전설이 있다. 지구상에서 가장 높은 16개 봉우리를 점령한 엄홍길이다. 존경심 때문인지, 아니면 경외심 때문인지 그를 부르는 호칭은 대장님이 제일 잘 어울린다. 정신과 전문의 입장에서 보자면 그는 연구 대상이다. 불굴의 의지 때문이다. 수많은 사고를 당하고, 생명의 위협을 받으면서도, 보통 사람들이라면 다시는 돌아보지 않을 험한 산을 오르고, 또 오른다. 그와의 인터뷰는 신기한 점이 있다. 묘하게 산에 가고 싶어진다는 것이다.

16좌 등정의 기록,
16개 휴먼스쿨 설립으로 이어 가겠다

김진세 요즘은 엄홍길휴먼재단 일을 열심히 하고 계시던데요.

엄홍길 2008년 5월 28일에 재단을 설립했죠. 산이 저에게 준 깨우침 덕분에 가능한 일이었어요. 히말라야 8,000m 이상의 16좌 등정이라는 대기록을 달성하기까지 성공 이면에 수많은 실패와 희생, 고통의 세월이 있었거든요. 제가 그 시련을 극복한 것이기도 하지만 히말라야가 저를 받아 준 것 아니겠어요?

김진세 그렇죠.

엄홍길 저에게 무척이나 큰 은혜를 주셨는데, 성공했다고 히말라야를 나 몰라라 할 수는 없는 거 아니겠습니까. 그래서 조그마한 것이라도 되갚아야겠다고 생각하고 있었어요. 언제 재단을 발족할까 저울질만 하던 차에 마침 파라다이스 문화재단에서 휴먼원정대의 공을 인정받아 상금 4천만 원과 함께 특별공로상을 받았어요. 당시 시상식에서 "재단을 만드는 데 쓰겠다"라고 공표를 했죠.

김진세 가장 먼저 추진하신 일이 학교를 짓는 거였죠?

엄홍길 아이들이 춥고 배고프다고 해서 옷이나 빵을 주는 건 일시적인 방편이지 그들의 미래에 큰 영향을 끼치는 건 아니잖아요. 생선을 가져다주기보다는 낚시하는 법을 가르쳐야겠다 싶어서 초등학교를 설립하기로 했어요.
1호 휴먼스쿨이 지어진 곳은 에베레스트의 팡보체라는 곳이에요. 히말라야에서 제가 가장 먼저 도전했던 산이 에베레스트이고, 또 첫 번째 사고로 제 동료를 잃은 곳도 바로 에베레스트입니다. 술딤 도르지라는 셰르파인데, 그의 고향이 바로 팡보체예요.

김진세 당시 충격이 크셨을 텐데요.

엄홍길 크나큰 충격을 받았죠. 사고 이후 팡보체에서 그 친구의 홀어머니와 스무 살도 안 된 미망인을 만나고는 '산을 떠나야겠다'라는 생각을 하면서 귀국길에 올랐어요. 하지만 히말라야에 대한 미련을 떨치지 못하고 결국 세 번째 도전에서 성공을 거뒀죠. 이후에도 쭉 이 지역으로 등반할 때면 유가족과 관계를 맺었어요. 늘 그 친구를 생각하며 언젠가 이 지역에 무언가를 해야겠다는 생각을 하다가 팡보체에 첫 번째 학교를 지었죠.

김진세 그 지역에 학교를 짓는다는 게 보통 일이 아닐 텐데요.

엄홍길 우여곡절이 많았죠. 해발 4,060m이다 보니 차량 접근이 안 돼요. 모든 물자 수송은 경비행기나 헬리콥터로 해야 하니까 수송비가 엄청났어요. 또 겨울이 긴 지역이라 건축 공법도 다르게 해야 했고요. 건축 기술자도 경비행기에서 내려서 3박 4일을 걸어 올라가야 했죠. 쉬운 게 하나도 없었어요. 8,000m 산에 도전한다는 마음으로 밀어붙였어요. 기공식에서 첫 삽을 뜰 때만 해도 주민들이 혀를 차면서 "저게 가능하겠냐"고 했대요. 외국의 여러 NGO 단체에서 이것저것 시도하다가 결국 포기하고 돌아갔다더라고요. 그러니 우리가 학교를 짓는다고 했을 때 '괜히 폼만 잡고 사진만 찍고 가겠지' 하고 반신반의했던 거예요. 그런데 1년 만에 학교를 지었더니, 이건 기적이라고 했어요. "미스터 엄 아니었으면 할 수 없는 일"이라고 했죠.

김진세 그러게요. 어떻게 그게 가능했어요?

엄홍길 현지 사람에게만 맡겨 놓으니까, 이러다가 개집 하나도 못 짓겠더라고요(웃음). 함께 원정 다니던 대원 중에 건축업을 하는 후배가 있어서 부탁을 했죠. 처음에는 원정 가는 건 줄 알고 좋아하더니(웃음), 제 부탁을 듣고는 자기 일을 접고 도맡아 준 덕분에 준공 날짜에 맞춰서 완성할 수 있었어요. 2호 학교는 네팔의 타루프에 지었고 지금은 룸비니라고 석가모니가 탄생하신 네팔의 인도 접경 평야지대에 세 번째 학교를 짓고 있어요. 한창 순조롭게 진행 중입니다.

김진세 학교는 언제까지 지을 계획이세요?

엄홍길 (산악인으로서) 제 목표가 8,000m 16좌였잖아요. 히말라야가 제게 16봉을 내어 줬으니, 저도 그쪽 오지에 16개 학교를 짓겠다는 게 새로운 목표이자 꿈입니다. 그렇다고 숫자에만 연연하는 건 아니에요. 현지 사정에 맞게 세심하게 배려해서 짓고 있어요.

아마 다른 NGO 단체라면 이렇게까지 하지 못했을 거예요. 1호 학교의 경우 난방 시설을 할 수 없었거든요. 그래서 모든 벽과 벽 사이에 단열재를 넣고, 햇빛이 잘 들어올 수 있게 창문을 크게 만들었어요. 1월에 가봤더니, 큰 창으로 환하고 따뜻한 햇볕이 들어와 난방을 하지 않아도 훈훈하더라고요. 아름다운 경관도 그대로 들어오고요.

두 번째 학교 준공식에는 현지 교육부 장관이 와서 "앞으로 네팔의 초등학교 모델로 삼아야겠다"라는 축사를 하셨어요. 저희가 달랑 학교만 지은 것이 아니라 책걸상이며 컴퓨터실, 도서실, 양호실, 놀이 시설까지 완비했거든요. 생전 처음 그런 놀이 기구를 접해 본 아이들은 마냥 신이 났죠.

김진세 인근에도 소문이 자자하겠어요?

엄홍길 세 번째 학교의 경우 아직 완공도 못 했는데 잘 짓고 있다는 소문이 나서 벌써부터 학생 수가 50명이나 늘어났어요(웃음). 그래서 교실 두 개를 더 만드는 상황이 됐어요.

김진세 기쁘면서도 책임감이 크시겠어요.

엄홍길 이제는 네 번째 학교 지을 자금을 마련해야죠. 또 기존 학교에 학용품비 지원도 해야 하고요. 저희가 교사와 양호교사 월급, 의료 봉사를 위한 약품도 지원하고 있거든요. 개인적으로 강연도 다니고, 산악회 관련 행사로도 바쁘지만 제가 가장 중점을 두고 있는 건 재단 일이죠.

김진세 이렇게 훌륭한 산악인이 되셨는데, 정작 아버님께서는 반대하셨다는 얘기를 들었어요. 부모님과는 관계가 어떠셨어요?

엄홍길 아버지는 상당히 엄격하셨어요. 제가 개구쟁이기도 했고요. 산에 미쳐 있는 것을 항상 못마땅하게 생각하셨는데, 그래도 강압적으로 반대하지는 않으셨어요. 어머니는 "이놈아, 집안의 장남이 이렇게 해서 되겠냐. 왜 그렇게 위험한 일을 하느냐" 하셨지만, 그래도 저와 아버님 사이에서 중재를 잘해 주셨어요. 돈이 필요하다고 하면 아버님 몰래 해 주시기도 하고(웃음).

김진세 제가 대장님의 아버지 입장이 되어 보니, 장남이 만날 산만 오르고, 그것도 위험한 산만 다녔다면 속 많이 썩었을 것 같은데요. 그래도 아들에 대한 믿음이 있으셨나 봐요.

엄홍길 인생은 스스로 판단해 개척하고 이끌어 가야 한다는 걸 아버님께서 가르치신 것 같아요. 생각해 보세요. 부모님이 산에서 매점을 하셨는데, 형제들은 다들 거기에 매달려 있고, 주말이면 특히 바쁜데 저는 산에만 다니니 얼마나 못마땅하셨겠어요? 그래도 당신께서 생각하는 인간의 기본 도리에만 어긋나지 않는다면 크게 반대하지 않으셨어요.

성공보다 먼저 경험한 실패

김진세 그 당시에는 산이 뭐가 그리 좋으셨어요?

엄홍길 하아, 그냥 산에만 가면 좋고 편한 거예요. 아무런 잡념 없이 행복하고요. 자연의 모든 것 그 자체가 정말 좋았어요.

김진세 중학교 2학년 때 클라이밍을 처음 배웠다고 하셨는데, 그때는 어떻게 배우셨어요?

엄홍길 저희 집이 도봉산 중턱에 있었는데, 좀 더 올라가면 두꺼비바위가 있었어요. 바위 윗부분이 두꺼비가 입을 벌린 것처럼 기이하게 생겼는데, 그 암벽이 쫙 펼쳐져 있어서 굉장히 좋거든요. 저희 집에 와서 음식도 사고, 술 한잔 하러 오시는 분들과 친하게 지내다가 등반하는 거 구경하면서 '신기하다, 재밌겠다' 이러다가 배우게 됐죠.

김진세 금세 따라 하겠던가요?

엄홍길 제가 도시 사람들과 신체적으로 좀 다른 것 같아요. 걸음마 내딛기 시작하면서부터 매일 산을 오르락내리락했잖아요. 그러다 보니 하체 근육이 남다를 수밖에요. 또 지금에야 먹을 게 지천이지만 그때만 해도 나무 타면서 머루, 다래, 밤을 따 먹곤 했죠. TV에서 타잔이 나오는 걸 보고 따라 하기도 했고. 또 잣은 엄청 높은 곳에 달려 있거든요. 어려서도 그 나무를 다 올라갔어요. 지금은 올라가라고 해도 못 올라가요. 그때는 겁도 없이 놀았던 거죠. 그렇게 신체가 높은 산을 올라갈 수 있게끔 발달된 거예요.

김진세 지구상에서 가장 높은 산 16개를 정복하셨잖아요. 하지만 이면에는 절반의 실패 경험을 갖고 계시죠. 더군다나 초기 3년간은 두 번 실패 후에 에베레스트 등정에 성공하셨고, 이후 여섯 번 내리 실패하셨잖아요.

엄홍길 그랬죠.

김진세 정신적으로 가장 힘드셨던 순간은, 아까도 언급하셨던 에베레스트 도전에서 셰르파를 잃었을 때가 아니었나 싶어요. 당시 대장님의 나이가 스물다섯이었던가요?

엄홍길 네, 그런데 당시 그 친구가 저랑 같이 오르다가 추락한 게 아니에요. 식량과 장비를 가져다주기로 한 두 명의 셰르파를 기다리다가 그 중 한 명의 사고 소식을 전해들은 거예요. 그래서 가던 길을 멈추고 내려가는데 바람은 또 얼마나 불던지…. 히말라야의 겨울은 엄청납니다. 상상을 초월해요. 2,500m에 달하는 거대한 절벽에서 낙석이 총알처럼 날아다니죠. (물 한 모금 들이켜고) 잔뜩 겁에 질린 상태로 내려오면서 대체 어디서 어떤 사고가 일어났는지 상상하게 되지 않겠습니까.

김진세 그럴 수밖에요.

엄홍길 그 친구의 흔적이 점점 보이기 시작하더라고요. 절벽 바위 틈새에 배낭이며 옷가지가 흩어져 있었어요. 더 내려오다 보니 이번에는 등산화가 바위틈에 딱 껴 있는 거예요. 순간적으로 저걸 다시 봐야 하나 말아야 하나. 그때의 공포감이라는 것은…. 등산화는 쉽게 안 벗겨지거든요. 그 벗겨진 등산화를 보는 순간, '저 속에 발목이 있는 건 아닌가? 발목이 부러지면서 신발과 같이…' 그런 생각을 하니까 도저히 쳐다볼 수가 없었어요. 한편으로는 그 와중에도 이건 반드시 확인을 하고 가야겠다는 생각도 들었고요. 그래서 고개를 돌렸더니, 신발만 있더군요. 그리고 내려오는 길에 사방에 핏자국이….

김진세 그런 공포심이 오래 남잖아요. 트라우마라고 하죠. 나중에도 산에 가실 때 그런 공포심이 느껴지던가요?

엄홍길 왜 없겠습니까. 은연중에 그런 것이 떠오르죠.

김진세 어떻게 극복하세요?

엄홍길 거기서 두려움을 느끼고 포기한다면, 절대 다시 오를 수 없는 거죠. 이겨 내야 한다, 극복해야 한다, 나는 이 두려움을 떨쳐 내야 한다고 스스로 수없이 많은 갈등을 하게 됩니다.

김진세 워낙 담대해서 '그 정도는 아무것도 아니야'라고 넘기신 줄 알았더니 실은 극도의 두려움을 느끼지만 그 두려움을 이겨 내는 힘이 좀 더 강하셨던 거네요.

엄홍길 네, 그렇습니다. 몇천 미터의 산을 한두 번 가본 대원들은 산의 깊이, 그 내면 세계를 모릅니다. 저는 그동안 수도 없이 등반을 다니면서 산이라는 게 얼마나 위험한지, 또 그 위험한 상황이 나에게 어떤 영향을 미칠지를 짐작할 수 있게 됐어요.

김진세 아, 일종의 경지에 이르렀다는 느낌인데요.

엄홍길 눈사태가 쏟아질 것 같다, 돌이 떨어질 것 같다, 히든 크레바스(눈에 덮여 보이지 않는 빙하의 갈라진 틈)가 있을 것 같다고 생각하면 딱 그런 상황이 돼요. 스스로도 놀라고, 또 너무너무 겁도 나고요.

김진세 자연과 하나 된 느낌이었겠어요. 어쩌면 흔히들 '신기(神技)'라고 말하는?

엄홍길 그런 셈이죠. 그런 신기가 딱 발동한다니까요. 그래서 되도록이면 '안 좋은 쪽으로 생각하지 말자. 좋은 쪽으로 긍정적으로 생각하자'라고 다독이죠.

김진세 보통 사람은 견뎌 내기 힘든 큰 실패를 많이 겪으셨잖아요. 그것들을 이겨 내는 특별한 힘이 있으신 듯해요. 실패를 바라보는 남다른 눈이라고나 할까요?

엄홍길 저보다 등반 경험이 많은 대선배님도 계시고 지금 한창 등반하는 후배들도 있지만 저만큼 극한의 상황을 많이 체험한 사람은 없을 것 같아요. 죽음이라는 공포, 별의별 상황을 다 겪은 거죠. 평범한 사람은 백 년을 살아도 못 겪을 일을 겪다 보니 담담해지더라고요.
사고가 터지면 순간적으로는 두려움을 느끼지만 이내 현재 상황에서 어떻게 대처해야 하겠다는 생각이 들어요. 제가 우왕좌왕하고 눈물을 쏟으면 저를 믿고 따라오는 대원들은 어떻겠어요. 그래서 정신을 바짝 차리는 거죠.
엄청난 노력이에요. '흔들리면 안 된다. 사고는 사고다. 산 사람부터 살아야 된다. 빨리 이 상황에서 벗어나자. 그다음에 생각하자.' 어느 정도 상황이 종료된 뒤에는 꿈인지 생시인지 싶죠. 그제야 고통스럽고 '내가 당했어야 하는데…' 하는 죄책감도 느끼죠.
하지만 일단 사고를 당하는 순간에 저는 겸허하게 받아들입니다. 분명 징조가 있어요. 당사자는 모르지만 산 사람은 알아요. 그럴수록 운명과 숙명을 생각하게 되죠.

김진세 하지만 극한의 상황을 겪고도 또다시 오르시잖아요.

엄홍길 그렇죠. 마음에 쌓아 두지 않으니까요. 누구나 당연히 겪을 수 있는 일이니, 내 목표를 더더욱 포기할 수 없다는 신념을 놓지 않으려고 부단히 노력하는 거죠. 솔직히 한 걸음 한 걸음 뗄 때마다 '올라가야 하나, 여기서 주저앉아야 하나, 이러다 죽는 건 아닌가' 얼마나 많은 고민을 하겠습니까. 그럴 때일수록 강한 긍정의 사고를 갖는 거죠.

인생도 산도 내려가는 게 더 중요하다

김진세 한 TV 프로그램에서 엄지발가락이 없다고 밝히셨잖아요(1992년 낭가파르바트 원정 때 동상으로 오른쪽 엄지발가락 한 마디와 두 번째 발가락 일부를 잘라 냈다). 걷는 데는 치명적인 약점인데, 그럼에도 끄떡없으신 걸 보면서 새삼 참 대단한 분이라고 느꼈어요. 성격적으로, 기질적으로 남다른 의지를 타고나는 분도 있습니다만, 대장님께서는 산에 다니면서 그 신념과 의지를 얻으신 건가요?

엄홍길 산에 오르는 많은 과정을 겪으면서 더 강해진 것 같아요. 1985년 처음 에베레스트에 도전했을 때, 그 등반 자체가 순조로웠고 성공을 거두었다면 아마 지금 이 자리에까지 오지 못했을 거예요.

김진세 시련이 오히려 득이 됐다는 말씀이군요.

엄홍길 동료의 죽음은 형제, 부모를 잃은 그 이상의 고통이거든요. 처참한 현장을 맞닥뜨린 유가족의 흐느낌… 그만큼 고통스러운 게 어디 있겠습니까. 그런 걸 겪고 나니 어떤 극한의 상황과 마주해도 희망을 가질 수 있게 되더라고요.

김진세 산에서와 마찬가지로 산 아래에서도 어려움이 많은 게 인생이잖아요. 스트레스를 받으면 어떻게 푸세요?

엄홍길 무조건 산에 가요. 살면서 힘들고 답답할 때는 무조건 산에 올라갑니다. 그럼 마음이 진정되고 꼬였던 일이 풀리고 자신감이 생깁니다. 모든 걸 얻은 것 같은 기분으로 산을 내려와요. 그래서 저는 아주 중

눈앞에 아무리 안 좋은 상황이 닥친다고 해도
그게 영원하진 않더라고요. 시간은 흘러갑니다.
지금의 이 실패를 겪지 않았으면
더 큰 일을 겪었을 거라고 생각해 보세요.
그리고 이 정도는 내가 감수할 수 있다고.

요한 일이 아니면 오전에는 약속을 안 잡습니다.

김진세 산에 가시려고요?

엄홍길 네. 산에 올라가서는 힘들고 어려운 상황을 떠올리는 겁니다. '그때도 내가 이겨 냈는데, 이 정도야 뭐'라고 생각하게 되죠. 가장 큰 위안은 역시 산입니다.

김진세 그렇게 많은 산을 다니다 보면 집안일에 세심한 배려를 할 수 없잖아요. 사모님의 불만은 없으세요(웃음)?

엄홍길 왜 없겠습니까. 저야말로 산 중독자 아닙니까(웃음). 제가 가정과 등산 두 가지를 모두 완벽하게 하려고 했다면, 아마 이것도 저것도 다 안 됐을 겁니다. 가지 말라고 한다고 안 갈 사람이 아니라는 걸 아내가 잘 알기 때문에 묵묵히 내조하고 힘을 실어 줍니다. 그 덕에 제가 산에 에너지를 더 쏟아부을 수 있었죠.

김진세 엄 대장님에게 행복이란 무엇인가요?

엄홍길 행복이란 '노력하는 것, 만들어 가는 것!' 그래서 노력한 다음에 성취하는 그 순간이 가장 행복하죠.

김진세 저도 주말이면 가끔 북한산에 가거든요. 산에 가면 뭐가 좋고, 어떻게 하면 산을 제대로 오를 수 있는지에 대한 조언을 듣고 싶어요.

엄홍길 마음가짐이 중요하다고 생각해요. 남들이 가자니까 마지못해 가거나, 왜 올라가야 하는지 모르는 사람은 그 좋은 산을 가면서도 시작부터 힘이 들죠. 절대 빨리 가는 게 중요한 게 아니거든요. 자기 페이스를 유지해야죠. 산행 시작하기 전 30분 이상은 반드시 워밍업을 해야 해요. 호흡 조절하고 스트레칭을 해서 몸을 충분히 달군 다음에 속도를 내야지, 차에서 내리자마자 사람들 따라서 막 오르니까 시작부터 끝까지 힘든 거예요.

김진세 말씀 듣고 보니 저도 차 세워 놓자마자 뛰어 올라갔다가 뛰어 내려왔던 것 같아요.

엄홍길 시종일관 그러면 숨 가쁘고 힘들고 그렇죠. 절대 서두를 이유가 없어요. 올라가는 것도 중요하지만 내려오는 게 더 중요하잖아요. 올라갈 힘만 갖고 가는 게 아니라 내려올 힘도 갖고 와야죠. 내려올 때 더 큰 힘이 있어야 하니까요. 정신적으로는, 산과 자연을 사랑하는 마음을 가져야 해요. 산을 오르면서 바위를 쓰다듬을 수 있고, 나무를 끌어안아 볼 수도 있어야죠. 그렇게 느끼면서 오르면 힘든 줄도 몰라요.

김진세 요즘 힘들다는 얘기들을 많이 합니다. 힘든 실패를 가장 많이 겪으신 대장님께서 힘이 될 만한 말씀 한마디 해주셨으면 좋겠어요.

엄홍길 제 경험에 비춰 보건대, 눈앞에 아무리 안 좋은 상황이 닥친다고 해도 그게 영원하진 않더라고요. 시간은 흘러갑니다. 내 인생도 한순간, 한순간 흘러갑니다. 이렇게 생각해 보세요. 지금의 이 실패를 겪지 않았으면 아마 더 큰 일을 겪었을 것이라고요. 그리고 이 정도는 내가 감수할 수 있다고. 더 잘되기 위해서 이런 과정을 겪는 것이니 담담하게 받아들여 보세요.
참고 이겨 내야겠다는 자신감, 긍정적인 사고를 갖는 게 중요해요. 실패는 누구나 하는 것인데 마냥 푸념만 하고 있으면 더 이상 나아갈 수 없는 거예요. 제 인생의 좌우명이 자승최강(自勝最强)이에요. 자신을 이기는 자가 가장 강한 법이죠. 결국은 모든 것이 마음먹기 나름이죠. 우린 이렇게 살아 있잖아요. 자신감을 가지셨으면 좋겠습니다.

• • •

그의 이력은 진정 화려하다. 하지만 그 성공률은 예상보다 높지 않았다. 1985년 시작해 2008년까지 서른여덟 번 시도해 절반 정도인 스무 번을 성공했다. 성공 반 실패 반이다. 그럼에도 엄 대장은 포기하지 않았다. 최초라는 화려한 수식어 뒤에는 아픔의 역사가 함께했다.

반복되는 실패를 이기고 이뤄 낸 도전도 힘들었겠지만, 동료의 죽음을 목도하면서 느꼈을 절망과 무력감이 주는 고통은 얼마나 무거웠을까. 그런 극한 공포를 경험했을 그는 어떻게 다시 설 수 있었을까?

다른 인터뷰이들과 마찬가지로 그의 용기와 신념 뒤에는 어릴 적 스스로 인생을 개척하길 바라며 묵묵히 지켜보던 부모님과 산에 중독돼 가정에 소홀한 남편을 이해해 주는 아내가 있었다. 그리고 무엇보다 그는 산과 죽음 앞에 겸손했다.

'난 죽지 않아! 실패하지 않아!'라는 극단적인 낙천주의가 아닌, '산은 무섭고, 나도 죽을 수 있다. 하지만 실패가 마지막은 아니다'라는 현실적인 긍정주의가 그를 겸손하게 만들었다. 있는 그대로 현실을 보기에, 실패를 받아들이기에, 그리고 자만하지 않았기에 그는 성공에 오를 수 있었다.

세상 살기가 참 힘들다. 많은 사람들에게 현실은 녹록치 않은 고통의 연속이다. 절망에 빠진 그들에게 엄 대장이 일갈했다. "실패? 목숨을 건 것도 아닌데 용기를 내야지. 현실을 겸허히 받아들이고 다음을 준비하세요!" 성숙한 인생 스승의 목소리에는 히말라야의 메아리만큼이나 깊은 울림이 있었다. 인생은 성공보다 실패를 통해 성숙한다.

김진세의
긍정 처방전
07

넘어야 할 것은 산이 아니라 내 안의 두려움이다

'실패는 성공의 어머니'라고? 정신과 전문의로 많은 사람과 상담을 하다 보면 이 말에 의문을 가질 수밖에 없다. 비록 어려운 일을 당하더라도 용기를 갖고 헤쳐 나가면 끝내 성공하고야 만다고? 하지만 현실은 그렇지 않다.

사랑하는 사람에게 버림받고 나면 다시는 사랑을 못할 것 같은 절망감에 빠지고, 교통사고나 화재 등 불의의 사고를 당하면 또다시 그런 어려움이 닥칠까 두려움에 사로잡힌다. 경적 소리에 놀라고 폭죽놀이에 기겁한다. 그리고 비슷한 상황을 회피하게 마련이다. 또 남들이 일반적으로 겪지 못하는 엄청난 사건이나 사고를 겪고 나면 '외상 후 스트레스 장애'에 시달리기도 한다.

PTSD(post-traumatic stress syndrome)라고 부르는 외상 후 스트레

스 장애는 무서운 병이다. 늘 긴장과 불안으로 고통받으며(과각성 상태), 꿈이나 현실 속에서 당시의 장면이나 감정이 재현(반복 경험)된다. 당연히 우울증으로 넘어가기 쉽고, 일상생활을 지속하기 어렵게 된다.

특히 비슷한 상황이 되면 소스라치게 놀라며 무조건 도망치려 하는데, '공포성 회피'라고 한다. 만약 엘리베이터에 갇혀서 고통을 겪었던 사람이 다음에 또 엘리베이터를 타면, 조금만 이상한 낌새가 있어도 두려움이 엄습한다. 심해지면 다시는 못 타게 된다. 더 악화되면 폐쇄된 공간이나 높은 빌딩조차 두려움의 대상이 된다.

그런데 엄홍길 대장의 반응은 연구 대상감이다. 의학적으로 겪어야 할 외상 후 스트레스 장애의 증상이 보이질 않는다. 상식을 뛰어넘는 엄청난 의지와 용기 그리고 재도전은 '외상 후 성장(post-traumatic growth)'으로 풀어 볼 수 있다.

일반인과 달리, 엄청난 트라우마 후에 스스로를 채찍질하여 공포를 이겨 가는 것을 외상 후 성장이라고 한다. 공포에 대한 인내심과 의지가 더욱 강해진다. 두드릴수록 더 강해지는 무쇠처럼, 고난과 역경이 육체와 정신을 더욱 튼튼하게 만드는 것이다.

비록 '외상 후 성장'의 강인한 정신력의 소유자이지만, 엄홍길 대장도 처음에는 남들과 다르지 않았다. 그도 무서웠다고 한다. 비록 그를 비껴 지나갔지만, 곳곳에 도사린 위험과 고통으로 인해 그만 포기할까 하는 생각도 수없이 했다고 한다. 그렇지만 그 두려움을 인정하고 받아들였다.

눈을 질끈 감고 두렵지 않다고 허풍을 떨어 봤자 소용이 없다. 용기 내어 두 눈을 똑바로 뜨고 응시해야 비로소 공포는 사그라지게 마련이다. 또 그에게는 자승최강(自勝最强), '스스로 이기는 자가 가장 강하다'라는 신념이 있었다.

그가 이겨 낸 것은 자기 자신이었다. 내면의 공포와 끊임없이 싸워 이겨 낸 것이다. 트라우마 탓만 해서는 외상 후 성장을 이룰 수 없다. 두렵지 않았던 것이 아니고, 두려움을 이겨 낸 것이다. 두렵지 않으려고 애쓴 것이 아니고, 두려움을 뛰어넘으려고 혼신의 노력을 기울인 결과이다.

우리는 누구나 두려움을 갖고 산다. 요즘처럼 경제적으로 어려운 시기일수록, 미래에 대한 불안이 더욱 크게 엄습해 온다. 이 두려움을 뚫고 우뚝 서는 일이 그리 쉽지는 않다. 하지만 엄홍길 대장은 말한다. 결국 두려움의 극복은 자신을 이기는 것으로부터 시작해야 한다고.

그 밖에도 인생의 실패와 고난에 대한 그의 인생관은 현실적이다. 우선 지나가면 잊힌다는 것이다. 슬픔과 절망이 엄습하겠지만, 인생 전체를 놓고 본다면 이 또한 지나가는 순간인 셈이다. 경계해야 할 점도 있다. 단순히 역경을 이기는 것이 전부가 아니다. 성장하려면 아픈 경험의 원인을 반드시 파악해야 한다. 같은 일로 두렵지 않으려면 현명한 되새김질이 필요하다.

더불어 그는 내려가는 지혜를 이야기했다. 우리 사회와 학교, 심지어 부모까지도 모두 올라가는 법만 가르치고 있다. 인생은 오르막이 있으면 반드시 내리막이 있기 마련이다. 하지만 내려가는 법을 배운 적이 없기에 자주 굴러 떨어지곤 한다.

늘 올라갈 때는 내려갈 때를 염두에 두어야 한다. 행복한 산행은 등산과 더불어 하산도 아름답게 마무리되어야 한다. 행복한 인생 역시 아름다운 마무리가 필요하다.

일곱 살 때부터 단편 소설을 쓰기 시작한 타고난 글쟁이다. 1979년 툴루즈 제1대학에 입학하여 법학을 전공하고 국립 언론 학교에서 저널리즘을 공부했다. 대학 졸업 후 저널리스트로 활동하면서 과학 잡지에 개미에 관한 평론을 발표해 오다 드디어 1991년 《개미(Les Fourmis)》를 발표, 전 세계 독자들을 사로잡으며 단숨에 주목받는 대작가로 떠올랐다.

개미의 시각에서 인간 문명과의 조우를 그리고 있는 《개미》, 세계 밖에서 세계를 들여다보게 하는 백과사전인 《상대적이며 절대적인 지식의 백과사전》, 인간 행위의 근본적인 동기를 추적한 《뇌》, 기발하고 환상적인 이야기 모음 《나무》, 인류를 구원할 마지막 희망을 찾아가는 《파피용》, 신화와 역사, 철학을 담아 그려 낸 베르베르식 우주의 완성판 《신》 등 그의 작품은 35개 언어로 번역되었으며, 전 세계적으로 2천만 부 이상 판매되었다.

있는 그대로 즐기다 보면

소설가 **베르나르 베르베르**

소설 《개미》를 읽고 단번에 그에게 빠졌다. 《뇌》를 읽고는 의사보다 더 의학 소설을 잘 쓰는 사람이 있다는 데 충격을 받았다. 시원한 이마가 매력적인 '베르나르 베르베르'의 사진을 보는데, 이상하게도 언젠가는 꼭 한 번 볼 것 같다는 믿음이 생겼다. 그리고 믿음은 현실이 되었다. 어느 날 행운이 찾아온 것이다. 신간 홍보차 한국을 방문한 그와의 인터뷰가 성사되었다. 그를 만나기 위해 하늘 높은 가을 어느 날, 파주 출판단지를 찾았다.

핏줄에 녹아든 불안이 불러온 글쓰기의 힘

김진세 훌륭한 작가이자, 세계가 사랑하는 작가시잖아요? 어떤 힘이 지금의 베르베르 씨를 만들었는지 궁금해서 모셨습니다. '긍정의 힘'에 대한 인터뷰라는 건 알고 오셨죠?

베르베르 오는 길에 차 안에서 박사님 인터뷰 기사를 봤습니다. 제 긍정의 힘이란… 어렸을 때 축구나 싸움 같은 걸 못해서 친구들 사이에 끼지 못했어요. 어느 날 〈벼룩의 모험〉이라는 제목의 작문을 제출했는데, 선생님이 그걸 보고 재밌어 하셨어요. 아이들이 무척 좋아하고 선생님도 칭찬해 주시니까 그때부터 친구들 사이에서 제 자리를 찾기 시작했어요.

김진세 그때가 일곱 살이었잖아요? 천재적이라고밖에 달리 할 말이 없는데요.

베르베르 워낙 민감하고 불안을 많이 느끼는 성격이었거든요. 글쓰기에서 카타르시스를 얻었어요. 현실에서 얻지 못하는 걸 얻는 거죠. 치료 효과도 있고요.

김진세 저도 마찬가지예요. 스트레스를 받으면 글을 쓰거든요. 확실히 치료적인 효과가 있죠?

베르베르 네. 그렇게 보면, 불안이 제 상상력의 근원인 셈이지요.

김진세 보통 천재라고 하면 다른 사람과 비교를 할 구석이 없다거나 딱히 배울 점이 없겠지요. 하지만 베르베르 씨는 불안해서 글쓰기를 시작했다고 하셨어요. 삶의 힘이 불안이라는 뜻이 되는데, 누구나 불안을 느끼잖아요? 요즘 젊은이들은 특히 더 불안을 느낄 텐데, 불안이라는 힘은 어떻게 시작된 건가요?

베르베르 워낙 식구들 자체가 불안을 많이 느끼는 성격이에요. 상사나 권력을 가진 누군가가 내 위에 군림하는 걸 싫어해요. 불평등하거나 억압적인 분위기도 원치 않고요. 폭력에 대한 알레르기가 좀 있어요.
어렸을 때는 성적을 놓고 비교하는 학교 시스템이 마음에 들지 않았어요. 또 어릴 때 보면 '짱' 같은 아이가 있잖아요? 그런 아이 위주로 흘러가는 분위기도 마음에 안 들었고, 뉴스나 신문에 나오는 세계 시사, 사건 뉴스, 역사도 여러 가지로 마음에 안 들었어요(웃음).
아버지가 노르망디 상륙작전(제2차 세계대전 중 미국과 영국을 주축으로 한 연합군이 벌인 역사상 가장 규모가 큰 상륙작전)에 참전하셨거든요. 아버지뿐만 아니라 가족 모두가 파시스트에 저항하는 성격이에요. 식구들 중에 많은 분이 전쟁 때 돌아가셔서 아무래도 불안증이 더 심해지지 않았나 싶어요. '나만 살아남았다'는 느낌이 있는 것 같아요.

김진세 어머니께서 마치 안네 프랑크(《안네의 일기》 저자)처럼 전쟁 통에 벽장에 숨어 지내셨다고 들었습니다. 그런 상황을 겪으셨다면 아무래도 걱정이 많으시겠어요?

베르베르 제가 글을 쓰기 시작한 걸 알고는 안심하셨어요. 어머니는 피아노를 치고 할아버지는 그림을 그리셨는데, 예술이 불안증을 해소할 수 있는 좋은 방법이라고 말씀하셨거든요. 부정을 긍정으로 바꿀 수 있는 메타포(metaphor)와 같은 것이라고요.

김진세 일반적으로 상상력이 풍부한 사람은 불쑥 아이디어가 떠오를 때 글을 쓰는 걸로 알고 있거든요. 베르베르 씨는 하루 중 정해진 시간에 글을 쓰신다는데, 그런 방식이 도움이 되나요?

베르베르 아침 8시부터 낮 12시까지 작업을 합니다. 글을 쓰는 데 시간이 정해져 있는 것도 아니고 상사가 있는 사무실에 나가야 하는 것도 아니잖아요? 문제는 자유와 고독이거든요. 딱 정해진 무언가가 있어야지, 그렇지 않으면 글을 쓰고 싶은 의욕이 생기지 않아요. 마라톤과 똑같다고 볼 수 있어요. 일정한 리듬이 있어야 해요. 이제 저는 하루라도 글을 쓰지 않고 넘어갈 수 없어요. 열여섯 살부터 그 시간을 지켰고 지금도 그렇게 해요.

김진세 그 원칙을 지키기 어려운 적은 없었나요?

베르베르 어제 같은 경우는 한국으로 오는 비행기 안에서 잠깐 글을 썼어요. 조금이라도 꼭 써요. 글을 쓰지 않고 지나간 날은 하루도 없어요. 그런 날이 있다면, 내가 하루를 잃었다고 생각할 것 같아요.

김진세 상상력을 키울 수 있는 방법이 있다면 좀 알려 주세요.

베르베르 사람을 많이 만나는 것! 항상 저는 호기심이 많거나 지적인 사람들을 많이 만나려고 노력하거든요. 그래서 제가 한국에 온 거예요. 저와 다르게 생각하는 사람들을 만나는 게 좋으니까요. 다른 나라에 가도 사원, 박물관 같은 곳이 저에게는 의미가 없어요. 사람에게만 관심이 있거든요. 프랑스어를 못하는 사람일지라도요(웃음).

김진세 사람 좋아하시는 건 저와 같네요. 제가 인터뷰를 하는 데는 그런 목적도 있거든요.

베르베르 특히 여자를 만나는 걸 되게 좋아해요. 왜냐하면 남자가 여자를 이해하기가 쉽지 않거든요. 저하고는 다른 세계의 사람이기 때문에, 여자와 대화하는 건 뭔가 새로운 창작품을 만들어 내는 거라는 생각을 해요. 여자를 이해하려고 노력하고, 저를 이해시켜야 하는데 그게 어려우면서도 굉장히 재미있어요. 그게 잘되면 정말 재밌는 일이죠.

김진세 아까 제 전공을 물으셨는데, 여성 심리를 전공했어요. 여자는 남자와는 전혀 다른 종족이자 지구에 살고 있는 외계 생명체라고 생각하기 때문에(웃음).

베르베르 제가 언젠가 여자를 이해할 유일한 남자는 아니겠네요(웃음)?

아들과 친구 같은 베르베르식 교육법

김진세 파리에서 아드님과 살고 계시죠? 아드님과의 관계는 어떤가요?

베르베르 저와 아들은 2차 세계대전의 영향을 받지 않은 1세대잖아요.

제 부모님은 2차 대전에 대해 말씀하셨고, 할머니 할아버지는 '늘' 말씀하셨고, 저 또한 좀 얘기를 하잖아요? 그런데 아들은 그런 얘기를 안 했으면 해요(웃음). 제가 느끼는 불안증을 똑같이 느끼지 않았으면 하고 노력하고, 또 그랬으면 좋겠어요.

김진세 아드님과 잘 놀아 주세요?

베르베르 굉장히 많은 시간을 함께 보내고 친구처럼 지내요. 얘기를 많이 하고 탁구나 테니스 같은 스포츠도 함께하고요. 아들은 친구들 중에서 가장 밝아요. 항상 웃거든요. 아이 엄마가 임신했을 때 항상 '이 아이가 정말 즐겁고 긍정적인 아이였으면 좋겠다'고 바랐어요. 즐거움이 가장 중요하다고 생각해요. 그래야 즐겁게 일할 수 있으니까.

김진세 아드님과 제 아들들이 또래인데, 이제는 컸다고 저를 끼워 주지 않아요(웃음).

베르베르 그게 훨씬 더 자연스러운 현상이죠. 저는 오히려 아들이 그럴 단계에 이르지 않아서 이게 더 문제가 아닌가 걱정이 되거든요(웃음). 반항기가 생기는 게 원래 아버지와 아들 사이에서는 자연스러운 진전인 거잖아요.

김진세 혼자 아이를 키우기 쉽지 않으실 텐데요. 엄마가 없어서 아이가 힘들어하지는 않나요?

베르베르 일단 아이를 혼자 키우는 데 전혀 문제가 없어요. 아이를 보는 것에서 굉장히 큰 기쁨을 얻거든요. 아이가 하루는 제 집에서, 하루는 엄마 집에서 지내요. 아이 엄마가 옆집에 살거든요. 엄마와도 사이가 굉장히 좋아요.

김진세 아, 한국 같으면 상상하기 힘든 모습인데요. 그럼 두 분은 왜 헤어지신 거예요(웃음)?

베르베르 (웃음) 서로를 이해하지만, 삶을 공유하지 않고 따로 떨어져서 사는 게 좋겠다고 생각해서요. 7년을 같이 살았는데 어느 날 둘 다 삶을 바꿔 보고 싶다고 마음먹었고, 다르게 살아 보자는 생각에서 내린 결정이었어요. 아이가 엄마 집에서 하루, 아빠 집에서 하루 지내는 것에 대해서 놀라는 사람들이 많은데 그래야 양쪽의 부족함이 없이 지내는 거잖아요. 저와 있을 때는 100% 저와, 엄마와 있을 때는 엄마와 그 순간을 충분히 즐기는 거죠.

김진세 어떻게 보면 굉장히 진화된 결혼 형태네요. 자유롭기도 하고.

베르베르 여자 친구가 있지만 아직 결혼을 한 게 아니니까, 아이에게 엄마가 한 명 더 생긴 건 아니잖아요? (제 개인 생활과 가족) 두 개를 완전히 분리한 거죠.

김진세 또 다른 가족이 있잖아요. 함께 사는 고양이는 잘 있나요?

베르베르 아들과 저의 주된 대화 주제가 바로 그 고양이거든요. 암컷이에요(웃음). 성격이 좀 있고 머리가 되게 나빠요. 《파피용》에도 그 고양이를 넣었거든요. 사람들의 관심을 끌기 위해 뭐든 다 하는 녀석이에요. 무슨 일이 있어도 사람들이 자기를 다 좋아해 주길 바라죠. 자기한테 관심 없는 사람은 공격할 정도로 반감을 갖기도 하고요. 그 고양이를 통해서 제 아들이 여자에 대해서 이해를 좀 하는 것 같아요(웃음).

자신이 가진 독창성을 깨달아라

김진세 한국에 대한 애정이 남다르시다고 알고 있어요.

베르베르 한국에서 저에게 특별한 애정을 주시니, 저 또한 특별한 애정이 있죠(웃음). 한국에 오면 현대적이고 젊고 미래 지향적이라는 느낌을 받아요. 반면 너무 심각한 게 아닌가 하는 생각도 들어요. 컴퓨터나 공학 등 기술적으로 많이 발달했지만, 감정적인 면에서는 참 표현을 못하는 것 같아요. 지금은 좀 변하는 게 보여요. 예술 분야, 특히 영화와 음악 분야의 스타일리스트들을 보면 정말 독창성이 보이거든요.

김진세 혹시 그 이유를 아세요?

베르베르 네?

김진세 베르베르 씨의 책을 봐서요(웃음).

베르베르 (웃음) 제가 책 속에서 사람들이 뭔가 표현하고 싶은 것을 말하게끔 하는 게 있거든요. 《신》 시리즈는 독자들에게 '자기가 갖고 있는 독창성을 깨달아라. 그것에 대한 자신감을 가져라' 이런 의미에서 쓰기 시작한 거예요. 동양적인 사고이기도 한데요, '신은 밖에 있는 게 아니라 우리 안에 있다'는 얘기를 하고 싶었어요.

김진세 참 신기한 게, 저희도 어렸을 때 '마음속에 신이 있고 마음속에 하늘이 있다'는 말을 듣고 자랐지만, 잘 와 닿지 않거든요. 서양인 작가의 입을 통해 그게 느껴지다니 참 대단한 것 같아요.

베르베르 아주 어렸을 때는 한계가 없잖아요? 커가면서 점점 경계가 생기고, 다른 영역으로 들어가기 위해 협상을 하게 되죠. 《카산드라의 거울》이라는 작품에 대해 잠깐 말씀드리면, 주인공 카산드라는 자폐증이 있는 열일곱 살의 소녀예요. 그 아이는 세상을 곧 자기가 확장된 것으로 봐요. 자기와 외부 세계를 구분 짓지 못해요. 우리가 내 손에게 얘기를 하지 않듯이, 외부에 자신을 설명할 필요가 없는 거죠. 그래서 카산드라는 말을 하지 않아요. 생각은 많이 하죠. 소설 속에서는 그 아이가 무슨 생각을 하는지 다 볼 수가 있어요.

김진세 제가 《뇌》를 읽으면서 소설가라는 사람이 정말 열심히 공부를 하는구나, 하고 놀랐거든요. 저도 본받아야겠다는 생각이 들었어요. 지금도 자폐증에 대한 설명을 정신과 의사인 저보다 더 잘하시는데요. 공부는 어떻게 하세요?

베르베르 과학자인 친구들과 얘기를 많이 나눠요. 그들의 생각과 경험을 듣는 거죠. 자폐증에 대해 공부할 때는 자폐증을 앓는 아이들과 그들을 위해 일하는 분들이 있는 곳에 갔어요. 단 그 분야에 관한 책은 읽지 않아요. 너무 정적이거든요. 뭔가 살아 있는 재료를 더 좋아해요. 읽는 것으로부터가 아니라 보고 듣는 것으로부터 글을 쓰기를 원하거든요.

김진세 베르베르 씨의 책을 보면 정말 아이디어가 기발하잖아요? 저는 신간이 시차를 두고 나오는 줄 알았는데 오래전부터 준비해 온 것이더군요. 보통 아이디어라는 건 어느 날 갑자기 터지는 거라고 생각하는데, 베르베르 씨의 경우는 만들어지는 것 같아요. 어떻게 생각하세요?

베르베르 아, 좋은 아이디어가 쌓여 있는 건 아니고, 말 그대로 항상 '생각들'은 있죠. 그걸 쭉 펼쳐 놓다 보면 그중 살아남는 한두 가지가 있어요. 처음에는 등장인물이 많이 등장하는 큰 스케일이었다가 손보는 단계를 거듭하면서 살아남은 것들만 작품에 남게 되는 거죠.
사람들이 글 쓰는 걸 어려워하는 이유가, 좋은 아이디어를 가지고 쓰려고 하기 때문이거든요. 글쓰기 관련 강연을 할 때 제가 항상 하는 얘기가 '일단 그냥 쓰세요'예요. 그리고 끝까지 쓰시라는 것. 그러고 나서 나중에 정리를 하라고 말해요. 사람들은 조금 써보고 마음에 안 들면 '에이, 그만 쓰자' 하거든요. 그렇더라도 계속 쓰다 보면 나중에 마음에 드는 글이 될 수 있어요. 첫술에 배부른 경우가 어디 있겠어요?

김진세 어떻게 보면 인생 전반에 있어서도, 그렇게 살면 도움이 될 거라는 생각이 들었어요. 너무 좋고 행복한 것만 추구하지 말고, 그냥 있는 그대로의 내 삶을 즐기다 보면, 자연스럽게 행복해지는 거잖아요! 본인의 인생에 대해서는 어떤가요?

베르베르 '달리는 동물'과 똑같다고 봐요. 사람의 몸 크기만을 보면 래브라도 리트리버와 비슷하니까, 역학적으로 보자면 그 개만큼 달릴 수 있어야 해요. 그러나 개가 훨씬 빨리 달리거든요. 심리학자 친구가 찾아낸 답에 따르면, 인간은 달릴 때 도착 지점을 정해 놓고 그걸 보면서 달린대요. 하지만 개는 도착 지점에 도착했다고 해서 멈추지 않거든요. 개는 발길질 하나하나를 통해, 온몸으로 달리는 것 자체를 즐기거든요. 반면 인간은 결승 지점에 도착하는 그 순간, 다른 사람들에게 박수를 받는 것에만 관심이 있어요. 글 쓰는 것도 사실 마찬가지거든요.

김진세 동감이에요.

베르베르 저는 좋은 책을 써야겠다든가, 평론가로부터 좋은 평을 들어야겠다든가, 빨리 써야겠다 해서가 아니라, 그냥 글이 좋아서 쓰는 거예

저는 좋은 책을 써야겠다든가,
평론가로부터 좋은 평을 들어야겠다든가,
빨리 써야겠다 해서가 아니라,
그냥 글이 좋아서 쓰는 거예요.
지금 이 순간 글을 써서 좋은 거죠.

요. 내 책이 출판이 되고 팔려서 기쁜 게 아니라, 지금 이 순간 글을 써서 좋은 거예요. 박사님께서 더 잘 아실 것 같은데요.

김진세 저는 글을 쓸 때 인세가 자꾸 떠올라서요(웃음). 인간은 행복을 위해 산다는 말씀을 많이 하셨어요. 지금도 그렇게 믿고 계세요?

베르베르 똑똑한 사람들은 그렇습니다(웃음).

김진세 그럼 언제가 가장 행복하셨나요?

베르베르 지금이요. 지금이 제 인생에 있어서 가장 행복한 시기예요. 내리막길을 걷는다 하더라도. 많은 책을 쓰고 많은 독자들을 만났잖아요. 그러니 사실 하느님께 감사할 일이죠. 미래는 알 수 없지만 어쨌든 과거에 대해서는 굉장히 만족해요. 그래서 재미있는 건 바로 현재인 거죠.

김진세 독자들에게 들려주고 싶은 메시지가 있으시다면요?

베르베르 일단 숨을 쉬세요. 첫 번째로 말씀드리고 싶은 건 진짜 호흡을 하시라는 거예요. 하루에 한 번이라도 자신이 숨을 쉬고 있다는 걸 인식하세요. 두 번째는 긍정적으로 보시라는 것. 박사님의 책 같은 거 읽으시라는 거죠(웃음). 현재에 있으라는 것! 앞날에 대한 걱정만 하지 마시라는 거예요. 뭔가 내가 정말 좋아할 수 있는 대상을 택하시라는 겁니다. 그게 요리일 수도 있고 글쓰기, 그림 그리기일 수도 있죠. 다른 사람이 당신의 인생을 좌지우지하도록 놔두지 마세요. 항상 생각하고 질문하라는 거예요. 이 일이 과연 내가 정말 원해서 하는 것인지 어쩔 수 없는 주변 상황에 등 떠밀려 하는 것인지.
그리고 아침에 해가 떠오르는 걸 보시는 게 좋아요. 매일매일 사는 게 사실은 한 편의 영화거든요. 영화가 시작되는 걸 보셔야 하잖아요? 일찍 일어날 수 있는 방법을 찾아야 해요. 술, 담배, 마약, 인터넷, TV 등 정신을 흐리게 하는 것들을 멀리 하세요. 그것들은 삶의 에너지를 떨쳐 버리게 해요. 아, 물 많이 드시고요(웃음).

• • •

"앙샹떼(Enchanté, 만나서 반갑습니다)!"
사람과 사람이 처음 만나면 장벽이 느껴지는 것이 당연하다. 더구나 낯선 언어로 인사를 나누어야 하는 경우라면 더 어색하다. 그런데 손을 맞잡은 그에게는 그런 거리감이 없었다. 악의가 없는, 좀 과장하자면 아이와 같은 느낌이 들었다. 너무 가깝게 다가와 오히려 낯설게 느껴지는 그에게서 엄청난 긍정의 기운이 느껴졌다. 유쾌한 기운 말이다.
그는 즐거워했다. 인터뷰가 즐겁단다. 자신의 책을 홍보하러 온 낯선 이국땅에서, 시차도 적응되지 않은 상태에서 온 신경을 다 쏟아야 하는 인터뷰가 즐겁다고 했다. 그뿐이 아니다. 글의 소재나 글에 필요한 정보도 사람들을 만나 이야기하고 놀면서 얻는다고 했다. 그런 작업 과정이 너무 즐겁다 했다.
그를 천재라고 하지만, 내가 보기엔 노력파다. 16세 이후로는 하루도 빠짐없이 글을 써왔고, 작가가 되어서는 매일매일 정해진 시간에 글을 써왔으니 말이다. 아무나 할 수 있는 일이 아니다. 재미가 없다면, 노력도 쉽지 않다. 즐기지 않고는 할 수 없는 일이다. 가만히 듣고 있자니, 이 사람, 놀면서 일한다! 즐기면서 글을 쓰는 사람이다. 그것보다 더 큰 긍정의 에너지는 없다.
즐기는 삶, 유쾌한 기운의 근원을 찾았다.

김진세의
긍정 처방전
08

불안해서 다행이다

우리는 늘 불안했다. 오래전 일이지만, 보릿고개 시절에는 먹고사는 것 때문에 불안했다. 전쟁의 공포가 늘 따라다녔다. 요즘도 달라진 것은 별로 없다. 나이 든 사람은 노후가 불안하고, 젊은이들은 취직 걱정에 미래가 불안하다.

외부의 위협에 반응하여 나타나는 신체적, 심리적인 변화가 불안이다. 위협을 감지한 자율신경계는 교감신경을 항진시킨다. 몸은 긴장되고 마음은 위축된다. 코티졸이나 아드레날린과 같은 스트레스 호르몬이 분비되기 때문이다.

놀랍게도 이들 호르몬은 에너지를 생산한다. 쉽게 비유하자면 도망치거나 싸우려면 에너지가 필요한데, 그 준비를 시켜 주는 호르몬인 것이다. 하지만 이런 상태가 오래 지속되거나 급격한 불안에 빠지면, 신체적으로 여러 가지 질병을 얻게 된다. 심리적으로는 부정적이 될 수밖에 없다. 자신이 한없이 작게 느껴지고, 앞날은 암울하기만 하다.

그렇다면 완전히 불안이 없어진다면 어떨까? 불안만 없다면 편안하게 살 수 있을까? 그렇지 않다. 왜냐하면 불안은 정상적인 생존 반응이기 때문이다. 불안을 느끼지 못했다면 인류는 이미 멸망했을 것이다.

원시 시대 들짐승이 출몰하는 초원, 풀숲에서 바스락거리는 소리를 들었다고 치자. 불안을 느끼지 못하면 겁 없이 소리를 따라가 볼 것이다. 당신을 잡아먹기 위해 숨어 있던 암사자가 실수로 나뭇가지를 밟아서 난 소리라면, 어떻게 됐을까? 진화론적 입장에서 보자면, 불안은 생명을 유지시켜 주는 방어 도구다.

베르나르는 기막힌 상상력으로 베스트셀러를 집필하는 힘이 '불안'으로부터 왔다고 했다. 언뜻 이해가 되지 않는다. 불안은 에너지를 고갈시킨다. 불안한 사람과 그렇지 않은 사람 중 누가 더 시험을 잘 볼까?

아드레날린과 코티솔 덕에 불안한 사람은 에너지가 걱정과 근심으로 모두 가 있다. 당연히 덜 불안한 사람이 집중도 잘하고 기억도 잘해서 시험을 잘 치를 수밖에 없다. 시험에 온통 에너지를 다 쓸 수 있으니까 말이다. 그런데 어떻게 불안에서 힘을 얻을 수 있을까? 베르나르에게 배워 보자.

우선 나만의 강점을 찾아보자. 베르나르 베르베르에게는 호기심, 관찰력, 글재주라는 강점이 있다. 나에게는 어떤 강점이 있는지 스스로 분석해 보자. 흔히 자신감이 떨어지면 강점이 보이지 않는다. 약점 덩어리인 자신을 책망하며 어떻게 하면 약점을 버릴 수 있을까 고민한다. 하지만 강점을 발전시키는 것이 약점을 고치는 것보다 효과적이다. 자신만의 강점을 발견했다면 더욱 발전시키려 노력해야 한다.

실은 미리미리 어렸을 때부터 강점을 찾아야 하지만, 우리 사회에서는 어려운 일이니 지금 시점에서는 타인에게 도움을 받는 것이 좋다. 부모나 친구도 좋고, 멘토로 삼는 선배도 좋다. 이마저 어렵다면 적성검사나 강점검사를 받아도 좋다. 적어도 '나의 강점은 이러저러한 것이다'라는 사실만으로도 한없이 못난 것은 아닌가 하는 불안한 생각은 줄어든다.

첫 번째가 자신의 강점을 파악하는 과정이라면, 두 번째는 성실함이다. 그는 하루도 빠짐없이 글을 썼다고 했다. 작가로서 그의 성공은 천재의 영특함보다는 꾸준한 노력의 산물이다. 게으른 사람에게는 미래가 없지만, 성실한 사람에게는 언젠가 기회가 온다. 지금 당장의 달콤한 결실보다는 먼 앞날을 바라보는 것이 중요하다.

불안하면 당장이 힘들기 때문에 조바심을 내기 쉽다. 그렇지만 시간을 갖고 생각해 보자. 늘 불안과 살아야 한다면(왜? 불안은 진화 과정의 생존 본능이므로!), 도망가고 모른 척한다고 불안이 없어질 리 없다. 더구나 급하게 불안을 가라앉히려고 했다가는 오히려 부작용만 커진다. 살짝 모래를 뿌려 얼음판을 가려 봤자 오히려 더 미끄럽기만 하지 않던가! 불안을 극복하고 싶다면 오히려 내 안의 불안에 당당히 맞서라. 긴 호흡으로 인내를 갖고 성실함으로 승부해야 한다.

세 번째는 스스로를 가두지 말아야 한다. 마음을 열고, 귀를 열고, 사람들과 만나 대화해야 한다. 생리학적으로나 심리적으로 불안하면 움츠러들게 되어 있다. 자꾸 숨고 싶고 도망치고 싶다. 이런 현상은 남성에게서 더 흔하다. 여성은 자신의 불안을 공유하면서 내려놓는 반면, 남성은 남들에게 들킬까 걱정하기 때문이다. 경쟁의 구도로 보자면 나의 약점은 늘 적의 공격 목표가 되지 않던가.

불행한 것은 요즘 세상은 여성들도 경쟁 구도에 빠져 있다는 사실이다. 그렇기 때문에 요즘 젊은이들은 남녀를 불문하고 불안하면 사람 만나기를 꺼린다. 아무리 친한 친구라도, 비웃지 않을까 하는 걱정이 앞선다. 하지만 그렇지 않다.

불안도 다른 감정과 마찬가지로 목적이 있다. 생존 반응인 동시에 타인에게 위안을 받기 위한 것이다. 우리는 상대의 불안을 느끼면 위로하고 싶어진다. 말투와 눈빛, 행동마저 따뜻하고 부드러워진다. 오히려 위축되었다면 관계를 통해 위로받고 안정을 찾을 수 있다는 이야기다. 또한 베르나르처럼 관계를 통해 즐거움을 얻는다면 보다 손쉽게 성장할 수도 있다.

다만 주의할 점이 있다. 상대를 잘 골라야 한다. 나와 똑같이 불안한 상대는 만나지 말아야 한다. 서로 악영향을 끼쳐 상태가 악화될 수 있다. 또한 피상적이고 자극적인 것만 추구하는 사람도 피해야 한다. 감정은 들뜰지 모르지만 결코 안정을 얻을 수 없다. 쾌락을 쫓다가는 남은 에너지마저 고갈될 것이다. 다소 소모적이라고 생각되는 일상적인 가벼운 수다도 즐겨야겠지만, 골치 아프다고 깊이 있는 대화를 무작정 피하는 잘못을 범해서도 안 된다.

끝으로, 베르나르식 불안 극복법의 핵심은 '즐기다'이다. 진정 즐길 줄 아는 사람만이 행복한 성공을 이룰 수 있다. 그의 성실함과 상상력은 글쓰기를 진정으로 재미있어 한 결과이다. 베르나르는 글을 재미있게 쓸 욕심으로 사람도 만난다. 결국 글쓰기를 통해 불안을 치유하는 과정의 핵심은 즐거움이었다.

불안을 오래도록 겪다 보면 즐거움을 잊는다. 추운 겨울 폭설과 추위의 공포에 떨며 동굴에 숨기만 한 사람은 봄날의 꽃향기를 맡을 수 없고, 연초록 나뭇잎 빛깔을 볼 수 없다. 비록 차갑고 시리지만 눈송이를 즐기며 추위와 싸운 사람만이 봄의 향연을 누릴 자격이 있다.

불안하다고? 우선 자신의 강점을 찾고 성실히, 최선을 다해 그 강점을 강화시켜 나가라. 동시에 세상과 사람에 대한 관심을 끊지 말자. 반드시 기회는 오고 사람들이 당신의 불안을 함께 나누는 날도 올 것이다. 그리고 지금 그 고통스러운 불안마저도 즐겨라. 불안의 긴 터널을 지나 안정과 자유, 행복을 누릴 그날을 위해, 지금 당신의 불안을 다행이라 생각하자.

불안하지 않은 자는 죽은 자뿐이다.

시골의사라는 필명으로 더 유명하다. 본업은 외과의사이지만, 저술, 강연, 방송 등 다양한 사회 활동을 통해 '혼자 내딛는 천 걸음보다 천 명이 손잡고 나아가는 한 걸음의 가치'를 실천하고 있다. 감동적인 에세이를 쓴 저자이자 주식시장의 맥을 짚는 냉철한 경제 전문가이고, 젊은이들의 삶의 멘토이자 인간적인 진행을 하는 방송인이며, 늦둥이 딸아이의 다정한 아빠이기도 하다.

저서로는 《시골의사의 아름다운 동행 1, 2》, 《시골의사의 부자경제학》, 《착한 인생, 당신에게 배웁니다》, 《시골의사의 주식투자란 무엇인가 1, 2》, 《시골의사 박경철의 자기혁명》, 《문명의 배꼽 그리스》 등이 있다.

내 인생의 '갑'으로 사는 법

의사 박경철

사실 사회에 나와서 진정한 친구를 만나기는 쉽지 않다. 중년의 나이에 일로 만나 우정을 쌓기는 더더욱 쉽지 않다. 이 틀을 깬 것이 시골의사 박경철이다. 인터뷰어와 인터뷰이로 그를 처음 만났고, 이제는 친구가 되었다. 좋은 친구를 얻어서 세상을 가진 듯 기쁘지만, 단점도 없지 않다. 덕분에 쓸데없는 질투심이 늘기는 했다. 주식 부자에다, 똑똑하고 인기 많고, 게다가 성정(性情)마저 곧고 투박한 동갑내기 의사니 말이다. 심지어 목소리까지 좋다.

새로운 것은,
흥미롭다

김진세 요즘도 많이 바쁘시죠? 어떤 활동을 하고 계신가요?

박경철 대중없습니다. 매일 아침 7시부터 9시까지 라디오 진행을 하고, 강연 횟수가 좀 많습니다. 벤처기업 사외이사나 경영 자문을 맡고 있기도 하고, 칼럼 쓰는 것도 있고요. 금융계 일이 있으니까 사람 만나는 일도 많네요. 두서없이 사방으로 저질러 놓았습니다. 그중에서 제일 일 없는 곳이 병원입니다.

김진세 (웃음) 병원 일은 어떻게 하세요?

박경철 친구들에게 맡겨 놨어요.

김진세 진료는요?

박경철 지금은 거의 못 합니다. (안동에는) 토요일밖에 못 가니까요.

김진세 여러 가지를 다 소화해 내는 선생님을 보면 더 열심히 살아야겠다는 생각이 듭니다. 의사라는 직업이 그렇잖아요. 이걸 놓으면 절대 다른 건 할 수 없을 것 같고, 또 진료를 놓는다는 데 대해 약간의 죄책감도 있고요.

박경철 그렇죠. 경영이나 먹고사는 측면에서는 병원 하는 게 괜찮습니다. 하지만 의사는 제가 아니더라도 누군가는 할 수 있는 일이죠. 환자들도 다른 병원에서 더 좋은 진료를 받을 수 있고, 저는 다른 일을 하면서 조금 더 의미와 역할을 찾을 수 있으니까요. 박사님 말씀대로 의사들이나 특히 전문직들은 그 과정에 이르기까지 청춘을 다 쏟아부었기 때문에 다른 일을 하기가 힘들죠.

김진세 선생님께서는 변화를 두려워하시지 않는 것 같아요.

박경철 바뀌는 것은 재밌습니다. 새로운 것을 하면 굉장히 흥미롭고, 누군가 제가 해보지 않은 일을 제안하면 일단 솔깃합니다(웃음).

김진세 주식 투자를 비롯해서 책도 쓰고 방송도 하는 등 여러 가지 일들을 하셨습니다. 그중 어떤 일이 가장 재밌었나요?

박경철 중앙일보에 연재한 인터뷰(박경철의 직격 인터뷰)예요. 아마 지금 박사님께서도 똑같은 경험을 하고 계실 텐데요. 인터뷰 제안을 듣고는 굉장히 흥미로웠어요. 아무리 호기심이 가는 사람이 있더라도 "내게 당신 속내를 말해 봐"라고 하려면 대개 1년은 걸리는데, 인터뷰어가 되면 만나자마자 궁금했던 것을 다 물어볼 수 있고….

김진세 맞습니다.

박경철 불편한 부분까지 다 물어볼 수 있잖아요.

김진세 네. 그게 제일 재밌었던 거군요.

박경철 제가 기본적으로 사람에 대한 호기심이 있는데, '이 사람은 어떻게 해서 이렇게 됐을까? 이 사람의 고민은 뭘까?' 이런 궁금한 것들을 바로 그 사람 속으로 들어가서 물어볼 수 있으니 굉장히 매력적인 일이었죠. 1년 동안 시간도 많이 빼앗기고 번거롭기도 했지만 짜릿했어요.

김진세 최근에 하시는 일 중에 가장 의미를 두는 건 어떤 건가요?

박경철 우리 세대가 40대 중반을 넘었지 않습니까. 이제 선배 그룹에 접어들었으니까 뒤에 있는 사람들에게 먼저 가본 사람의 시행착오 같은 것들을 들려줘서 앞으로 오류를 최소화할 수 있게끔 도움을 주는 일이야말로 해볼 만한 일이라고 생각해요. 그래서 요즘은 대학생이나 20대 직장인들을 대상으로 넓은 의미에서는 사회적 멘토링에 가까운 강연이나 대화의 시간을 갖고 있어요. 상당히 즐겁기도 하고 의미의 무게가 큽니다. 5년 전에 제 강연을 들었다는 고등학생이 어느새 의과대학 본과 재학생이 되어서 저한테 메일을 썼더군요. '그때 선생님 강연 듣고 지금 이 길을 왔다'고요.

김진세 뿌듯하시겠어요.

박경철 뿌듯하기도 하지만 두렵기도 하죠. 긍정적인 롤모델이 될 수도 있지만, 자칫 잘못하면 아직 가치 성숙이 되지 않은 아이들에게 가치 판단의 잣대를 심어 줄 수도 있겠구나, 싶은 거죠. (그런 메일을 받을 때면) 실시간으로 무게가 확확 다가오죠.

내 인생의 두 사람, 아버지와 선생님

김진세 박 선생님의 어린 시절 이야기를 들어 볼까요.

박경철 이렇게 이야기하면 사람들이 겸양이라고 생각하는 경우가 많은데, 실제로 저는 통찰력이 있거나 선도적이거나 명석한 사람이 아니었어요. 좋게 말하면 우직한 측면이 좀 있고, 나쁘게 말하면 둔했던 거죠. 주어진 공부는 할 만큼은 하는데, 요령부득이라는 소리도 많이 들었어요. 고등학교 때 저나 부모님이 생각하는 인생의 길이 정해져 있었어요. 공부를 못하지는 않으니까 잘하면 지방 의대 정도 가서 의사는 하겠다, 아니면 소위 말하는 SKY 공대 정도 가서 대기업에 취직해서 먹고 사는 데는 무난하겠다. 그 이상은 생각조차 해보지 않았죠. 막연히 글을 쓰고 의사를 전달하는 역할을 했으면 좋겠다는 꿈은 있었어요. 하지만 저희 때만 해도 먹고살려면 무조건 의예과를 가야 했으니까요. 지금처럼 살 줄은 상상도 못 했죠. 저는 정말 무난하게 살다가 무난하게 죽는 그런 코스로 갈 줄 알았거든요.

김진세 어릴 적 집안 분위기는 어땠어요?

박경철 아버지가 경찰 공무원이셨어요. 극히 평범한 말단 공무원이셨죠. 3남매에 고모까지 먹고살기 빠듯한 환경에서 자랐으니까 부모님도 그 이상의 기대를 하지 않으셨고 저 역시 그랬던 것 같아요.

김진세 자라는 데 영향을 준 중요한 에피소드 좀 들어 볼 수 있을까요?

박경철 고등학교 마칠 때까지 강한 영향을 준 자극이 없었어요. 롤모델

삼고 싶은 분도 없었고요. 눈에 보이는 대로 공부하고 시험 치르고 그게 전부였어요. 저는 유명한 사람이 들려주는 이야기에 자극을 받는 것도 좋지만 부모와 선생님의 역할이 중요하다고 생각합니다. 그건 제 경우를 두고 하는 얘깁니다. 저는 굉장히 좋은 선생님 한 분과, 굉장히 좋은 아버지를 뒀어요. 아버지가 돌아가신 게 제가 스물두 살 때니까 25년 됐네요. 그런데 25년이 지나도 그 어른을 생각하면 아직도 마음이 뜨끈뜨끈할 정도로 저에게 미친 영향이 컸어요.

김진세 어떤 분이셨어요?

박경철 돌이켜보면 아버지는 제가 어디 가서 자랑할 수 있는 분도 아니었고 집에는 한 달에 기껏해야 열 번도 채 못 들어오셨던 것 같아요. 당시 경찰들은 먹고살기 힘들었잖아요. 마지막 가시는 순간까지 아버지는 저에게 가장 강력한 지지자였어요. 코너에 몰려서 누군가에게 "살려주세요"라고 할 상황일 때면 항상 아버지께 이야기했어요. 큰 잘못을 저지르면 대개는 아버지가 아실까 봐 염려하는데 저는 도움을 요청했어요. 나이를 먹은 지금도 힘들고 어렵다는 생각이 들면 가끔 아버지가 생각나죠.

김진세 부모의 역할에 대해서도 생각이 많으시겠어요.

박경철 전 늘 '부모의 뒷모습'이라는 얘기를 해요. 이를테면 의사, 교수, 이사, 임원, 국회의원 같은 훈장은 앞모습이거든요. 하지만 등 뒤로 보이는 모습은 감출 수가 없죠. 그렇게 꾸미지 않은 부모의 뒷모습이 있어요. 제 기억 속의 아버지는 주무실 때 빼고는 한 번도 누워 계신 걸 못 봤어요. 신문을 보거나 책을 읽으셨어요. 당시로선 드물게 아버지께서 사학을 전공하셨어요.

김진세 아, 사학이요?

박경철 우리 면 통틀어 처음으로 대학을, 그것도 국립대학을 나온 분이셨어요. 스타였죠. 그런데 바로 취직이 안 되니까 임시로 경찰직에 들어갔다가 그대로 앉아 계셨으니 내적 갈등이 크셨겠죠. 집에 오시면 두꺼운 사서나 고전을 읽으시던 모습이 기억나요. 이래라저래라 어떤 가치를 강요하기보다는 몸으로 보여 주셨죠.

김진세 그리고 좋은 선생님이 계셨다고요?

박경철 초등학교 5학년 때 담임선생님이세요. 제 인생에 결정적인 역할을 하신 분이죠. 아버지 전근 때문에 촌에서 대구로 전학을 갔더니만 하필이면 거기가 서울로 치면 강남이에요. 얼마나 황당합니까(웃음). 교실 분위기도 다르고 애들 싸 온 도시락 보니까 기절하겠는 거예요. 우리 시대에 미키마우스 가방에다가 햄샌드위치 이런 거 싸 오는 애들 없었잖아요? 유리병에 김치 이런 거지.

김진세 양은 도시락에다가….

박경철 네네. 촌에서 살 때는 잘난 놈도 없고 못난 놈도 없이 다 그렇게 어울려 다녔는데 갑자기 '차이'라는 걸 알게 된 거죠. 도시락을 꺼내는 게 부끄럽다는 생각을 하고, 친구들 옷과 내 옷을 비교해 보게 되고, 학용품을 비교하게 되고, 아버지 이야기들을 하는데 왠지 내가 말하면 민망할 것 같은 느낌을 그때 처음 배웠죠. 절대적인 욕망은 갖고 태어나는 거지만 상대적인 욕망은 사회가 가르친다는 걸 알게 된 거죠.

김진세 일찌감치 깨달으셨네요.

박경철 그때 담임선생님이 아버지를 학교에 모셔 오라고 하더니 육성회 이사를 맡기신 거예요. 말도 안 되는 일이죠. 촌에서 전학 온 놈을, 그것도 아버지는 말단 공무원인데…. 아버지는 강력하게 거절하셨는데 선생님이 더 강력하게 추천하셔서 결국 수락하셨어요. 아버지가 얼마나 곤혹스러울지는 모르고 어린 마음에 그저 자랑스러웠죠. 우리 아버지가 육성회 이사인데(웃음)! 그게 담임선생님의 깊은 배려였죠. 그 선생님은 지금도 뵙습니다.

김진세 그때 왜 그러셨는지 여쭤 보셨어요?

박경철 네, 선생님 보시기에는 촌놈이 나름 성실하게 잘해 왔는데 전학 와서 찌그러져서는 수업 시간에 고개를 푹 숙이고 있으니까 균형을 맞춰 주기 위해 그러셨던 거죠. 진정한 교육자세요.

김진세 아버님 책들은 다 읽어 보셨어요?

박경철 지금도 가지고 있습니다(웃음). 아버지께서 퇴근길에 쓰러져서 돌아가셨는데도 당시에는 순직 처리가 안 됐어요. 집안이 한 방에 쓰러져 버린 거죠. 그 와중에도 제가 아버지 유품을 가지고 다녔어요. 제 서재에 꽂혀 있는데, 누렇게 변한 책을 지금도 한 번씩 꺼내 읽습니다. 그때 남기신 안경, 볼펜도 아직 가지고 있어요.

김진세 책 얘기가 나온 김에, 박 선생님의 독서량이 엄청나시더군요. 책을 많이 읽게 된 동기가 있는지요?

박경철 두 가지 이유가 있어요. 하나는 '부모의 뒷모습'을 강조하는 것과 같은 건데, 저는 아버지가 독서하시는 거 말고는 다른 모습을 본 적이 없어요. 술도 반주로 한 잔 정도 하시는 분이셨고, 남한테 고함지르는 것도 본 적이 없고요. 두 분이 밖에 나가서 싸우셨는지는 몰라도 부부싸움 하는 것도 본 적이 없어요. 제가 보기엔 싸움이 안 돼요. 아버지는 아우라가 있으세요. 언젠가 어머니께 여쭤 봤거든요. 아버지가 무서웠느냐, 좋았느냐고요. 어머니 말씀에 따르면 표현하기가 좀 그런 게 있대요. 힘든 분이었다고 하더라고요. 소위 말해서 엉길 수가 없었대요(웃음).

김진세 아, 어떤 분인지 알 듯하네요.

박경철 자녀 교육이라는 게 처벌이나 보상으로 이뤄지는 게 아닌 것 같아요. 결국 부모가 보여 주는 모습을 아이들이 그대로 따라가는 것이겠죠. 저는 초등학교 때 《자고 가는 저 구름아》(박종화의 역사대하소설) 같은 책을 읽었어요. 집에 그런 책밖에 없었으니까요. 아동 동화류를 사놓고 볼 수 있는 처지가 아니었거든요. 친구 집에서 빌려 온 계몽사 동화책을 하도 보니까 어느 날 아버지께서 계몽사 전집을 할부로 사 오셨더라고요. 애지중지하면서 읽었어요. 제가 가진 책은 그게 전부였으니까요.
5학년 때 하도 인쇄물이 보고 싶어서 조간신문을 정치면부터 사설까지 읽기 시작했어요. 뜻을 알고 읽은 게 아니라 문자를 읽은 거죠. 아직도 기억이 생생한데, 6학년 때 사회 시간에 선생님이 간첩을 숨겨 주면 어떻게 되느냐고 물어보셨는데, "범인 은닉죄로 처벌된다"고 했거든요. 신문 사회면에 그런 용어가 나오고 자꾸 보다 보니 맥락을 이해하잖아요.
이건 갈증과 결핍의 문제인데요. 애들한테 풍요롭게 던져 주고 그 안에서 이루어지겠지 생각하는 것이야말로 어리석은 거예요. 제 경험으로 비춰 보면 오히려 스스로 갈증하고 욕망하게 하는 게 중요해요. 진짜 배고픈 상황에서 먹는 거친 음식이 달콤하듯이 결핍의 경험이 소중했는데, 이런 부분이 책이나 활자에 대해서 어떤 집착에 가까운 굉장한 호기심을 불러오지 않았나 싶어요.

나는 행복한 소갑주의자

김진세 학창 시절 친구들이 '마징가'라고 부르셨다면서요?

박경철 여러 가지 의미가 있어요. 힘이 세서 그런 것도 있고, 아까 제가 우직하다는 표현을 했는데 그런 측면도 있고요. 둔하죠.

김진세 '누군가에게 조정을 받는 것 같을 정도로 굉장히 열심히 산다' 그런 의미로 해석하신 적이 있던데요. 혹은 일반인들이 하기 힘든 정도까지 계속한다는 의미가 내포되어 있지 않을까요?

박경철 박사님은 이해하실 텐데, 제게는 강박감이 조금 있어요. 아버지가 마흔아홉에 돌아가셨어요. 이 어른이 3일간 혼수상태로 계실 때 내내 머릿속에서 '한 가정의 가장으로서 할 일도 엄청나게 남았는데 아이들을 다 보살피지 못하고 가는 그 심정이 어떨까'라는 생각을 했어요. 마지막 날에는 이런 생각도 했죠. '만약 아버지가 유언을 할 수 있다면, 어떤 말씀을 하실까.' 갑작스럽게 돌아가신 분을 바라보면서 남겨진 사람들의 어려움을 체험하기도 했고, 또 남자 대 남자로서 언뜻 이해했다고나 할까요.

김진세 어떤 강박감 말씀이신가요?

박경철 똑같은 상황이 되더라도 내 삶에서 이걸 못 해서 아쉬웠다든지, 이런 부분 때문에 큰일 났다, 이런 걸 만들지 말아야겠다는 강박감이 있어요. 집사람은 끔찍하게 싫어하는 제 나쁜 습관이 하나 있습니다. 1년에 한 번씩 제가 가족에게 남기는 말을 종이에 써서 줍니다.

김진세 어떤 내용을 써서요?

박경철 혹시나 내가 잘못되면 이렇게 해라, 이런 내용이죠. 늦둥이 일곱 살 딸아이가 있는데, 그 아이가 태어났을 때부터 1년마다 스튜디오에서 사진을 찍고는 사진 뒷면에다가 편지를 써서 붙입니다. 그때의 느낌도 적고, 또 나중에 자라서 이랬으면 좋겠다는 내용도 쓰죠. 아이가 커서 시집갈 때 주려고 하거든요. 다행히 제가 무병장수하면 기쁠 것이고, 혹시나 중간에 제가 없다 하더라도 '내가 이렇게 사랑받았구나' 할 수 있도록 남겨 주고 싶은 거죠. 심지어 책을 한 권 써도 서문에 큰놈들 이름은 안 적어도 딸아이에게 사랑한다는 말은 적습니다. 큰놈들은 아버지가 어떤 사람인지 기억에 있지만, 아직 어린 딸아이는 그런 기억이 없으면 참 안타깝잖아요. 겉으로 보기에는 자상한 아버지처럼 보이는데 혼자서 생각해 보면 이게 강박감에서 나오는 거구나 싶어요.

김진세 갑작스러운 죽음에 대한 두려움?

박경철 오히려 두렵진 않아요. 대신에 사람은 예측할 수 없는 존재이고 그 상황에서 나 하나가 아니라 수많은 관계망 속에서 살아왔기 때문에 나머지 관계에 대한 고민과 걱정이 필요하다는 거죠. 책임감 같은 게 굉장히 강하게 작용한다고 할 수 있죠.

김진세 선생님께서 생각하는 '내가 갖고 있는 힘'은 무엇일까요?

저는 내 삶의 주인공이 되는 것이

곧 행복이라고 생각합니다.

내 삶의 주인이냐, 종이냐.

큰 을(乙) 하는 것보다 작은 갑(甲) 하는 게

더 가치 있다고 생각해요. 내가 주인이니까요.

박경철 글쎄, 힘이 있을까요? 제가 가진 힘은… 저는 낭비가 싫어요. 뭐든지 낭비되고 소비되는 걸 참 싫어하는데, 예를 들면 연필 한 자루 사면 거의 다 씁니다. 자린고비하고는 달라요. 왜냐하면 돈 때문에 안 하는 것도 없고, 하고 싶은 건 다 하니까요. 이유 없는 낭비가 싫다는 거죠. 그중 치명적인 게 제한되어 있는 것의 낭비인 것 같습니다.

김진세 제한되어 있는 것이요?

박경철 언제고 가질 수 있는 걸 낭비하는 건 괜찮잖아요? 예를 들면 돈? 좀 낭비해도 되죠. 또 벌면 되니까. 하지만 지구상 모든 인간에게 동일하게 주어진 시간이라는 것은 신이 인간에게 선물한 유일한 축복이 아니겠습니까. 저는 죽음은 축복이라고 생각합니다. 왜냐하면 '누구나 다 죽는다'는 명제가 없으면 인간은 무지하게 교만해질 거예요. 죽음이 있으니까 어느 정도 시점이 되면 삶을 성찰하게 되고 겸손해지죠. 어떠한 이유를 들어서도 늘릴 수 없는 재화가 시간이잖아요? 그래서 저는 시간 낭비가 싫습니다.

김진세 워커홀릭 소리를 듣는 것도 실은 시간 낭비를 하지 않기 때문인 거였네요.

박경철 일요일 낮에 너무 피곤해서 네 시간 낮잠 잘 일이 있었는데, 그러고 나니 심장이 두근거립니다. 시간이 아까워서요. 이 황금 같은 네 시간을(웃음)! 하다못해 딸내미하고 뽀뽀하고 놀아도 아까울 시간에 이게 무슨 짓인가 싶더군요. 그만큼 시간 낭비에 대해 엄격하다 보니 저는 TV를 안 봅니다. 제 숙소에 빌트인으로 TV가 있어서 다큐멘터리 한두 편 본 적이 있지만, 사실 TV 안 본 지 10년도 더 된 것 같습니다. 심지어 제가 출연한 〈무릎팍 도사〉도 안 봤어요.

김진세 세상에나! 그렇다면, 박경철에게 행복이란 무엇일까요?

박경철 저에게 행복하냐고 물으시면 비교적 그렇다고 답합니다. 저는 내 삶의 주인공이 되는 것이 곧 행복이라고 생각합니다. 내 삶의 주인이냐, 종이냐. 주인처럼 살더라도 실제로 종인 경우가 있잖아요. 대표적으로 여의도에 계신 분들은, 종인데(웃음)…. 저는 소갑주의자입니다.

김진세 소갑주의자요?

박경철 큰 을(乙) 하는 것보다 작은 갑(甲) 하는 게 저는 더 가치가 있다고 생각합니다. 내가 주인이니까요. 저는 제 마음에 들지 않으면 어떠한 일도 하지 않습니다. 이걸 안 하면 대가가 없다? 일단 대가를 생각하면 을이 됩니다. 그렇다 보니 할 수 있는 일이 제한되어 있잖아요. 지금처럼 그야말로 야인처럼 사는 수밖에 없고, 그래서 이게 저에게는 적절하다고 생각해요.

김진세 살면서 슬럼프를 겪으신 적이 있나요?

박경철 있죠. 매너리즘에 빠지는 게 슬럼프 아니겠습니까. 매너리즘에 빠진다는 것은 새로운 것에 대한 추동력이 없는 거죠. 가끔 관성의 포로가 되어서 추동력을 잃었다는 생각이 들 때, 무엇인가 새로운 것에 대한 호기심을 느끼지 못할 때, 그럴 때가 곤혹스럽습니다.

김진세 어떻게 극복하세요?

박경철 냅둡니다. 저는 원래 계획을 안 세우는 사람이거든요. 그냥 오늘 내게 주어진 것을 낭비하지 않으면 내일은 무엇이 있을 거다, 이렇게 생각하고 살아가는 중입니다. 그래서 슬럼프에 빠지더라도 '지금은 넘어가자. 뭔가 새로운 흥미로운 일이 생기겠지' 하는 거죠. 저는 결과에 대한 관심은 별로 없습니다.

김진세 그럼 결과에 대한 두려움도 없으신가요?

박경철 전혀 없습니다. 어떻게 보면 아버지가 돌아가시고 난 다음에 삶에 대해서 한 발 점프해 버린 듯한 느낌이 있어요. 20대에 할 수 있는 고민의 주제로는 너무 무거웠죠. 그래서 제가 겁이 좀 없습니다. 예를 들면 사회적인 발언을 하는 데 대해서도 전혀 겁을 내지 않습니다. 눈치를 보지도 않아요. 제가 옳다고 생각하면 그냥 합니다.

김진세 나름의 부자론이 있으시더라고요. 독자들도 관심이 많을 듯합니다.

박경철 다과(多寡)와 총량의 관점에서 보면 부자는 아무도 없죠. 그럼 왜 1천 억을 가진 사람은 1조를 가지고 싶어 하고, 1조가 있는데 왜 10조를 가지고 싶어 하며, 10조 있는 사람은 왜 탈세를 할까요? 10조쯤 있으면 세금 5천억 내도 9조 5천억이 남는데 말이죠. 그게 화폐가 추상화되어서 그래요.
1조 정도를 재화로 가지고 있으면 무슨 꼴이 날까요? 빵 1억 개, 우유 5백만 리터, 자동차 5백 대, 집 스무 채…. 그거 옆에 두고 있으면 썩어날 텐데 미쳐 버릴 거 아닙니까. 누가 "더 줄까?" 하면 "으으으, 제발 좀 가져가라" 할 텐데(웃음). 우리가 가지고 있는 재화를 추상화해서 바라보기 때문에 욕망은 끝이 없는 거죠.

김진세 그렇다면 진짜 부자란?

박경철 진짜 부자는 추상화하지 않고 그것을 내면화해서 봐야겠죠. 내가 가지고 있는 재화의 가치를 바라볼 수 있어야 하고요. 이건 절대적인 면일 거고요. 상대적인 면으로는 인간적 존엄성을 봐야죠.
사람마다 인간적 존엄성은 다릅니다. 하루 세 끼 밥 걱정만 안 해도 인간적으로 존엄하다는 사람이 있는가 하면 1년에 한 번 이상 세계 일주를 하고 최소한 벤틀리 정도는 몰아야 존엄하다는 사람이 있죠. 이런 차이는 다 존중할 수 있습니다만, 우리가 절대적으로 욕망화되면서 그 가치를 넘어섰음에도 점점 더 가져가는 게 불행의 시작이죠.
스스로 존엄하다고 생각하는 이상의 재화는 목표가 아니라 선택의 문제인 것 같아요. 위기가 왔을 때도 지금의 존엄성을 유지할 수 있을 만하다면 '부자', 지금은 존엄하지만 일을 열심히 하지 않으면 나중에는 존엄하지 않을 것 같다면 '보통 사람', 지금도 존엄하지 않다면 '서민'. 결국은 서민과 부자는 존엄의 기준에 따라 달라지는 거죠. 저는 그렇게 생각합니다.

김진세 선생님께서는 과정을 즐기시죠? 저도 그렇습니다. 그래서 환자들이나 주변 사람에게 처음부터 정상에 오르려고 하지 말고 발 앞만 보고 걸어가라고 하거든요. 그렇게 계속 충실하게 살면 올라갈 수 있는 게 정상이니까, 어디든 기쁘게 갈 수 있다고요.

박경철 저는 진짜로 삽 들고 구덩이 파는 일을 하고 싶어요. 운동도 될 것 같고요(웃음). 계속 파다가 바위를 만나면 그걸 해결하기 위해서 고생을 할 거고요. 나중에 보면, 세상에 그런 취미가 어디 있겠습니까? 한 10년 구덩이를 판 다음에 이만큼을 팠다고, 사람이 이런 일도 할 수 있다는 걸 보여 주면 어떨까요? 당장은 아무 성과가 없는 것 같지만 나중에는 인류 역사상 최초로 10년간 땅을 판 사람으로 삽 들고(웃음)….

● ● ●

입속에 아버지란 단어가 맴돌자 박경철의 눈시울이 붉어졌다. 당황스러웠다. 아버지를 가슴 깊은 곳에 두고 저리도 그리워하는 사람을 본 적이 없다. '외과 전문의인 경상도 남자'의 원형에서는 볼 수 없는 뜨거운 감성이었다.

사실, 아들에게 아버지는 지도다. 어린 아들은 그의 모습을 보고 배운다. 그처럼 느끼고, 생각하고, 행동한다. 심리학적으로는 삶의 기준이 되고 양심이 되고 초자아가 된다. 물론 지도를 들었다고 반드시 똑같은 길을 따라 목적지에 가는 것은 아니다. 아버지와는 다른 삶을 살 수도 있다. 그래도 목적지는 똑같다.

변화를 두려워하지 않아 다양한 삶을 즐기고, 낭비에 대한 경계로 늘 분주하고, 과정을 중시하여 계획 없이 자유로운 삶을 살더라도 박경철은 아버지와 같이 성실하고 정이 깊으며 자식을 사랑한다. 그가 원하든 원하지 않든 그의 사랑스러운 자녀들은 아버지를 가슴에 품고 살 것이다. 살아 계시든, 고인이 되셨든 아버지는 우리에게 긍정의 힘을 모으게 하는 삶의 등대다.

김진세의
긍정 처방전
09

결핍도 때론 힘이 된다

어찌 보면 박경철은 결핍에서 힘을 얻었다. 무뚝뚝하고 강직하기만 하신 아버지는 가족들에게 경제적으로 풍요로움을 주지는 못하셨다. 서글픈 일이지만, 우리 사회는 부모의 경제력이 자식들 성공에 막대한 영향을 미친다고 믿는다. 틀린 말은 아니다. 특히 돈을 놓고 벌이는 경쟁의 게임에서, 이미 판돈이 많은 사람과 빈털터리인 사람이 어찌 같을 수 있겠는가.

그럼 어떻게 해야 결핍을 메우고 성취를 이룰 수 있을까? 늘 강조하지만, 현실은 현실로 받아들여야 발전이 있다. 내가 밟을 땅을 인정하지 않고는 앞으로 나아갈 수 없다. 똑바로 쳐다보고 인정해야 한다. 눈을 감고 계단을 내려와 본 적이 있는가? 자칫 넘어지기 쉽고, 그렇지 않더라도 넘어질 뻔한 아찔함은 사람을 주눅 들게 한다. 단지 보지 않았을 뿐인데 말이다.

실수나 실패의 두려움을 겪지 않으려면, 두 눈을 똑바로 뜨고 자신의 처지를 냉정하게 받아들여야 한다. 또한 결핍을 극복하기 위해 갑작스런 신분 상승을 꿈꾸는 것도 마찬가지로 위험천만이다. 세상은 비디오 게임이나 만화가 아니다. 노력하지 않는 자와 게으른 자에게 미래는 없다.

그리고 분노해야 한다. 결핍에 대해 마음껏 분노해도 좋다. 내가 가지지 못한 것에 대해 말이다. 흔히 분노는 나쁜 것으로 인식되고 있지만, 절대 나쁜 것만은 아니다. 어떻게 받아들이느냐에 따라 세상에서 제일 강한 에너지가 될 수 있다. 결핍을 채우고도 넘칠 만한 에너지 말이다.

분노는 '무엇인가 원한다'는 뜻이다. 만약 먹고살기 힘든 세상에 분노해서, 그저 소주 한 병에 모든 것을 쏟아 담아 버리면, 술이 깨고 남는 것은 역시 먹고살기 힘듦뿐이다. 먹고살기 힘든 세상에 대한 분노는 '잘 먹고 잘살고 싶다'이다. 그러니 분노를 잠재우려면 열심히 노력해 돈벌이를 하는 길밖에 없다.

물론 불공평하고 억울한 일 때문에 분노할 수도 있다. 이 역시 화가 나는 이유는 부당한 대우를 받아서이니, 분노의 목표는 그걸 바로잡는 것이지 가해자를 공격하는 것이 아니다. 분노라는 감정은 남들이 당신을 함부로 대하지 못하게 하는 효과도 있다. 당연히 부당한 대우도 줄어들 수 있다.

마지막으로는 우직해지라는 것이다. 박경철이 이야기했듯이, 그는 우직한 사람이고, 강박적인 사람이고, 두려워할 줄 모르는 사람이다. 결핍을 한꺼번에 해결하려 하지 말자. 결코 단 한 번에 해결되는 것도 아니고 (만약 그렇다면 그것은 진정한 결핍이 아니며, 오히려 부정적 에너지만 양산할 뿐이다), 쉽게 되지도 않는다. 끊임없이 노력하는 것. 결핍을 채우는 가장 좋은 전략이다.

그 과정이 쉬울 리 없다. 당연히 지치고 힘들고 아프다. 역설적이지만 결과에 집착하지 않는다면, 다시 말해 결핍을 채우려고 아등바등하기보다 당신의 쉼 없는 노력에 집중하고 즐길 수 있다면, 반드시 결핍은 극복될 수 있다.

실은 우리가 자랑스러워해야 하고 즐겨야 하는 것은, 결핍을 극복한 꽉 찬 항아리가 아니고 그 항아리를 채우기 위해 쉼 없이 밟아 온 과정이다. 내가 박경철을 존경하는 것은 현재에 그가 이룬 성공이 아니라, 과거와 현재를 잇는 역동적인 우직함 때문이다.

남들과 비교해서 가지지 못한 당신이라면, 오늘부터 스스로를 똑바로 보고, 자신의 형편없는 모습에 분노하라. 그리고 그 분노의 뜻과 목적을 정확히 알아냈다면, 이제 쉼 없이 노력하자. 우리에게 주어진 운명의 결핍은 채우는 것이 목적이 아니다. 채움의 과정을 통해 더 강하고 훌륭한 당신을 만들어 내기 위함이다.

1980년 세계적 권위의 부조니 콩쿠르에서 동양인 최초로, 그것도 최연소로 우승을 거머쥐며 세계적인 스타가 되었다. 카네기홀이 선정한 3대 피아니스트로 승승장구해 오던 그의 인생에 브레이크가 걸린 것은 2006년 갑작스러운 유방암 3기 판정을 받으면서부터다. 피아노를 포기하라는 권유에도 최소한의 절제수술을 선택하고 힘든 항암치료를 견뎌 냈다. 2008년 복귀 연주회에서 그는 국내 최초로 라흐마니노프 피아노 협주곡 2, 3번을 동시에 연주하며 진한 감동을 선사했다. 2012년에는 미국 뉴욕 링컨센터에서 유방암 환우를 돕는 자선음악회를 열었으며, '서혜경예술복지회'를 설립해 소외계층 음악영재를 후원하는 일에도 앞장서고 있다. 전 세계 여성 연주자로서는 최초로 차이코프스키 협주곡 전곡을 녹음했다.

암이 내게 준 선물

피아니스트 **서혜경**

우리나라 사람들 중 매년 76만 3,759명(2012년 기준)이 암으로 사망한다. 전체 사망원인 중 1위에 해당한다. 모든 암이 위협적이지만, 특히 유방암은 여성에게 치명적이다. 전이와 사망의 위험성은 물론이고, 수술을 통한 치료가 여성성인 유방의 상실과 연관되기 때문이다. 가슴은 물론이고 전이의 위험성 때문에 겨드랑이의 임파절이 제거되니, 완치되기 전까지는 팔을 올리기도 힘들다.

며칠 전 세계적인 피아니스트 서혜경의 연주회를 다녀왔다. 그녀의 연주는 힘이 넘치기로 유명한데, 유방암 수술을 받았다니 어떤 연주를 보여줄까 궁금했다. 연주는 놀라웠다. 유방암 수술을 받은 환자라는 것이 믿기지 않을 정도로, 다른 어떤 피아니스트보다 터치가 열정적이고 힘이 실려 있었다.

나는 반드시 살아나서 피아노를 칠 것이다

김진세 며칠 전 연주회, 참 인상적이었습니다. 힘이 있는 연주였어요.

서혜경 색깔도 더 풍부해졌죠?

김진세 네. 연주회 한 번 하실 때마다 칼로리 소모가 엄청나시겠어요. 교수님께서 유방암 수술을 하신 게 2006년이던가요? 연주회에서는 그 여파를 전혀 감지할 수 없었지만요.

서혜경 2006년 10월에 판정을 받았고, 수술은 2007년 4월 20일에 했어요.

김진세 의사 입장에서 보면, 굉장히 빠른 복귀였어요.

서혜경 저를 일으킨 힘이 하느님으로부터 받은 것인지, 제 운명이었는지는 모르겠지만 어쨌든 살아야겠더라고요. 아픈 상태로 있는 것이 너무 싫었어요. 교만해 보일지는 모르겠지만, 전 체력적으로 건강하게 타고난 것을 즐겼어요. 여성인데도 어깨도 떡 벌어지고 튼튼하게 생겼잖아요. 다리에 알통도 있고(웃음).

김진세 건강해 보여서 좋아요.

서혜경 나이를 먹으면서 건강이 얼마나 큰 축복인지 알게 됐어요. 제가 건강 체질로 태어나고 또 뚱뚱했기 때문에 이겨 낼 수 있던 순간이 두 번 있었어요. 첫 번째는 6, 7년 전쯤 제주도에 갔는데, 매니저가 자전거를 타는 게 멋있어 보여서 저도 따라나섰어요. 그런데 브레이크 잡는 법을 안 배운 거예요. 내리막에서 막 달리다가 브레이크를 잡았는데, 그만 앞바퀴만 잡은 거죠. 이 무거운 몸이 시멘트 바닥에 나동그라졌어요.

김진세 많이 다치지 않으셨어요?

서혜경 어디 하나 부러진 줄 알았는데 다행히 쿠션이 좋아서 그런지 괜찮더라고요(웃음). 그 순간 뚱뚱함에 대해 가졌던 제 콤플렉스가 날아가더라고요.

김진세 그럼 두 번째는 언제였나요?

서혜경 항암치료 받을 때였어요. 보통 암세포 주변 근육이나 조직을 넉넉하게 제거해야 생명에 지장이 없거든요. 그런데 가슴 주변 근육을 다 잘라 버리면 피아노 치는 데 문제가 있을 거 아니겠어요? 세계적으로 최고로 손꼽히는 의사들에게 연락했는데 무조건 넉넉하게 잘라 내야 한다는 말만 하는 거예요. 병원에 가서 "피아노 칠 수 있습니까?"라고 물으면 아주 바보 취급을 해버려요. 저는 정말 심각하게 묻는 건데 "지금 살 수 있을지도 모르는 상황인데 어떻게 피아노 생각을 하느냐"고 할 때는 무척 자존심이 상했어요.

김진세 늘 피아노 생각만 하셨네요.

서혜경 한시라도 피아노를 잊어 본 적이 없어요. 그래서 한국과 미국의 암 수술법의 차이에 대해서도 많이 알아봤어요. 그러다 노동영 박사를 만났는데, 저를 보자마자 밝게 웃으면서 "당연히 피아노 칠 수 있습니다" 하는 거예요. 그 한마디에 병원을 옮겼어요. 나중에 듣기로는 노 박사가 매니저에게는 "참 안타까운 일"이라고 했다는 거예요. 하지만 전 그분의 첫 한마디를 믿었어요.

김진세 주변 사람들도 많이 놀랐겠어요.

서혜경 연주자 활동은 충분히 했으니 이젠 행복하게 교수만 하라고들 했죠. 제 간병을 하던 올케만 해도 "나라면 애들을 생각해서라도 유방 절제수술을 하고 살겠다"고 하더라고요.

김진세 흔들림이 없이 잘 버텨 내셨어요.

서혜경 항암치료를 세 번쯤 하면 차라리 옥상에서 뛰어내리고 싶을 정도로 괴로워요. 모든 점막이 다 헐어 버리니까 여기저기가 다 찢어지고 잘못되면 썩어 들어가고… 사는 것 같지가 않아요. 호리호리하고 마른 분들은 암이 뼈까지 들어가서 몸이 항암치료를 감당하지 못하더라고요.
저는 뚱뚱했기 때문에 항암치료를 여덟 번이나 하면서도 버텨 낼 수 있었어요. 일생 뚱뚱한 게 고민이었는데, 그땐 참 고마웠어요. 그렇게 긍정적인 마음으로 이겨 냈죠. 다른 사람들은 항암치료 전에 유서를 쓰고 들어간다는데, 저는 치료 마치면 뭘 먹을지 정해서 레스토랑 예약을 하고 들어갔어요(웃음).

김진세 (웃음) 멋지세요. 그렇게 힘든 치료 과정을 겪으면서도 "나는 반드시 살아난다, 피아노를 칠 것이다!"라는 말씀을 하셨다면서요?

서혜경 보통 수술 후 적어도 일주일은 병원에 있어야 한다는데, 저는 사흘 만에 퇴원했어요. "선생님께서 수술을 제대로 하셨는지 피아노를 한번 쳐봐야겠습니다"라고 했더니 노 박사도 저를 막지 않으시더라고요(웃음).

김진세 세상에, 3일 만에요?

서혜경 가슴 주변 근육을 긁어내는 수술을 하고 나면 팔을 못 들어 올려요. 병원에서는 아프더라도 매일매일 조금씩 팔을 들어 올리는 연습을 하라고 하거든요. 그런데 저는 나오자마자 링거를 들어 올려 봤어요. 언제 조금씩 팔 들어 올리는 연습을 해요? 피아노 쳐야 하는데(웃음).

중요한 건 1등이 아니라 완주하는 것

서혜경 한번 암을 겪고 나니까, 겉보기에는 멀쩡해도 감기 한번 들면 4, 5개월 동안 낫지를 않아요. 그래서 제가 암 환자라는 걸 늘 기억해야 해요. 특히 유방암에 걸리면 창피한 생각도 들고 우울증에 걸리곤 하거든요. 하지만 저는 "사람이 살고 죽는 문제인데 뭐가 창피할 게 있어요?" 라고 반문했어요. 미국에서는 제가 암을 씩씩하게 이겨 낸 동양의 심벌이 되어 있어요.

김진세 겁이 나지 않았다고 하면, 거짓말이겠죠?

서혜경 겁나죠. 수술 후 방사선 치료 서른세 번 받고는 우울증이 심각했어요. 한순간에는 살 것 같다가도 또 다른 순간에는 죽을 것 같았죠. 그래서 연주회 날짜를 잡았어요. 제가 외워 놓은 악보가 5만 개 이상 되는데 그걸 잊어버리지 않았다는 걸 보여 주고 싶었어요. 어머니께서는 "나는 우리 딸 혜경이가 중요하지, 피아니스트 서혜경은 중요하지 않아"라고 하셨는데, 전 속으로 '그건 엄마 생각이지'라고 했어요. 식구들 전화도 받지 않고 피아노만 쳤어요. 힘이 들 때면 '3개월 후면 기가 막힌 연주를 해야 하는데, 그런 고민 할 때가 아니야!'라며 저를 다그쳤죠.

김진세 복귀 연주회에서 한국인 최초로 라흐마니노프 피아노 협주곡 2번, 3번을 동시에 연주하셨잖아요?

서혜경 그랬죠. 그때는 날씬해서 보기 좋기는 했지만(웃음), 지금과 같은 힘은 없었어요. 그동안 열심히 체력을 비축했죠. 지금 라흐마니노프 협주곡 다섯 곡을 한 무대에서 소화하는 연주자가 없어요. 제가 이번에 그 다섯 곡의 연주를 담은 동양 최초의 명반을 만들려고 해요. 그래서 몸 관리를 하느라 인스턴트 음식도 끊고 유기농 식품 먹으려고 노력 중인데, 그게 좀 힘드네요. 미국은 워낙 케이크 종류가 맛있어서요. 인생 뭐 있어요? 즐기는 건데(웃음).

김진세 안 먹는 게 또 스트레스가 될 수 있잖아요?

서혜경 네. 한번 아파 봤기 때문에, 이기적이라는 소리를 듣더라도 제가 편한 대로 살기로 했어요. 오늘이 어버이날이잖아요? 원래 저희 집은 어버이날 같은 때 새벽같이 모임을 갖거든요. 그런데 오늘은 너무 힘들어서 못 가겠다고 연락드리고는 늦잠을 잤어요. 그래도 어제 어버이날 이벤트는 해드리고 왔어요. 김제에 '서혜경 사거리'가 생겼거든요.

김진세 아, 그래요?

서혜경 전 서울에서 태어났지만, 아버지 고향이 김제거든요. 김제예술문화회관 앞 사거리에 제 이름이 붙었어요. 그래서 어제 부모님과 김제에 내려가 조촐한 연주회를 가졌어요. 서혜경 사거리는 제가 죽고 없어지더라도 남는 거예요. 케네디(JFK) 공항이나 뱅뱅 사거리처럼.

김진세 (웃음) 힘들었지만 고통을 이겨 내시고 나니, 정말 뜻깊은 일이 생기네요.

서혜경 그동안 아이 둘 혼자 힘으로 키우고 학생들 가르치고 연주하느라 2주일에 한 번 꼴로 비행기를 타면서 얼마나 열심히 살았는데, 왜 나에게 이런 일이 생기나 싶었어요. 살이 찢어지는 듯 기가 막히고 억울했어요. 그때 매니저가 저한테 랜스 암스트롱(고환암을 앓았는데도 일곱 번이나 투르 드 프랑스 우승을 차지한 사이클 선수)의 사진을 가져다주면서 힘을 내라는 거예요. 처음에는 매니저가 너무 밉더라고요. 그런데 그 사진을 쳐다보고 있으니 점점 힘이 되는 거예요.

김진세 잘 이겨 내셨어요.

서혜경 늦은 나이에 출산을 해서 아이들이 아직 어려요. 3년 전 암 때문에 죽음의 위기에 섰을 때 돌이켜보니까, 세계적으로 유명해지고 어쩌고 하는 것보다 애들 둘 낳은 게 가장 잘한 일인 것 같더라고요. 그래서 그 아이들을 마저 잘 키워야겠다는 의욕으로 살아났어요. 지금은 매일

매일이 정말 감사해요. 알통이 있는 남자 같은 다리지만 건강하게 뛸 수 있어서 기쁘죠(웃음). 저, 내일도 대전에서 10km 마라톤 해요.

김진세 와, 마라톤을요?

서혜경 저는 놀면서 해요. 걷다가 쉬다가 해도 결승점은 통과하더라고요(웃음). 1등 하는 게 중요한 것이 아니라 완주하는 게 중요한 거잖아요.

인생을 게으르게 사는 법을 알려 주는 병

김진세 어렸을 때 별명이 '성에 갇힌 공주'셨다면서요? 너무 피아노만 열심히 치느라….

서혜경 저는 아예 3층에서 내려가지를 못했어요. 친구들이 와도 어머니가 쫓아 보냈거든요. 제가 5남매 중 장녀인데, 동생들도 제가 있는 3층에는 올라오지 못했어요. 그 선을 넘으면 엄마의 불호령이 떨어졌거든요. 그런데 그런 맹렬한 훈련 없이는 안 되는 게 또 피아노예요. 저는 친구를 사귀는 방법도 쉰 살이 넘어서야 알았어요. 이제야 동창들도 만나고 친구도 사귀고 해요.

김진세 어머니가 정말 대단하셨어요.

서혜경 아마 '치맛바람 엄마 1호'일걸요. 동생들도 다들 잘 자랐어요.

여동생은 하버드대 교수로 있고, 막내는 하버드대학원 건축연구소장으로 있어요. 남동생들도 각각 서울대 나와서 NYU 석사학위를 받았고요.

김진세 피아노 교육방식도 남다르셨다면서요?

서혜경 부조니 콩쿠르를 앞두고는 완벽한 연주를 해야 한다며 깜깜한 방에서 피아노를 치게 하셨어요. 그 고통이 어땠겠어요? 전 누구보다 월등하게 잘하고 싶었어요. 그것을 이루는 과정을 어머니가 함께해 주셨고, 지금까지 그 습관이 제 몸에 밴 거죠. 보통 세계적인 연주가들은 교수는 잘 안 해요. 우리나라에서 교수 하면서 세계적으로 공연 다니는 사람 저밖에 없을 거예요.

김진세 연주에만 집중하거나 교수만 하거나 하죠.

서혜경 보통 연주자들은 라흐마니노프 콘체르트 한 곡 치는 것만으로도 1년 넘게 고생하는데, 전 다섯 곡을 세 시간 만에 다 쳐요. 그럴 정도로 연습하는 거예요. 저는 암에 걸렸었기 때문에 더 열심히 살아요. 한 번도 안 놀아 보고 죽으려니까 억울하더라고요. 그래서 요즘은 좀 놀아요(웃음). 어느 박사님이 쓴 책을 보니 암은 인생을 게으르게 사는 법을 가르쳐 주는 병이라고 하더라고요. 스스로 좀 게으르게 살려고 해요.

김진세 예전에 해보지 못한 새로운 경험으로 무엇을 해보셨어요?

서혜경 크루즈도 타고, 매니저 몰래 스키도 타봤어요(웃음). 다치면 안 되니까 저를 가르쳐 줄 친구 한 명을 데리고 다녔는데, 하루 만에 중급 코스까지 가더라고요. 무지 잘 타죠? 위험하니까 다시는 안 갔지만요. 골프도 절대 안 된다고 해서, 딱 한 번 쳐봤어요. 잘 나가더라고요(웃음). 그래도 손목에 무리가 가니까 안 했어요.

김진세 아무래도 피아니스트는 그럴 수밖에 없겠군요. 서 교수님 20대 시절에는 정말 자부심이 대단하셨죠?

서혜경 그것밖에 없었어요. 세계 정상! 그래서 더 살기가 힘들었어요.

김진세 왜요?

서혜경 1등 유지하기가 쉬운 줄 아세요? 김연아 선수도 지금부터 힘들어요. 왜냐면 '과연 김연아!'에서 '과연 김연아?'로 쉽게 바뀔 수 있거든요. 저는 '서혜경이 암에 걸리더니 아주 갔다'는 소리가 듣기 싫어서 살아난 거예요. 그게 저를 살렸어요.

김진세 김연아 선수의 인기를 봐도 그렇지만, 당시 서 교수님이 세계 정상에 섰을 때 많은 남자들이 관심을 보이지 않던가요?

서혜경 그런데 다들 어디 있대요(웃음)?

김진세 (웃음) 인기 많으셨을 텐데요.

서혜경 그래서 제가 화장을 무섭게 하고 마스크를 썼던 거예요. 제 본 모습을 그대로 보이면 남자들이 데이트 신청을 많이 할까 봐. 정말이에요. 영화 〈여배우들〉에서 배우 이미숙 씨가 이런 대사를 해요. 남자들이 자기를 이상형으로 꿈꾸다가도 막상 실제로 만나면 진짜 이미숙의 본모습을 보려 들지 않는다고요. 그 대사가 와 닿더라고요. 서혜경 주변에 남자가 많은 줄 아는데 사실 아무도 없었거든요.

저는 뚱뚱했기 때문에 항암치료를
여덟 번이나 하면서도 버텨 낼 수 있었어요.
일생 뚱뚱한 게 고민이었는데, 그땐 참 고마웠어요.
그렇게 긍정적인 마음으로 이겨 냈죠.
다른 사람들은 항암치료 전에 유서를 쓰고 들어간다는데,
저는 치료 마치면 뭘 먹을지 레스토랑을 예약하고 들어갔어요.

나의 행복을 찾아 힘겨운 30대를 건너다

김진세 세계 정상에서 화려한 20대를 보내고, 30대에 접어들면서 힘드셨던 것 같아요.

서혜경 30대 때 너무너무 고생을 했어요. 대한민국 사람들이 모르는 고생을.

김진세 할인 쿠폰을 들고 물건을 싸게 파는 매장에 갔는데, 한국 사람이 알아보고 "피아니스트 서혜경 아냐?" 해서 놀라서 나간 적도 있고, 몇천 불짜리 무대 의상을 입다가 10불짜리 옷을 입고 1년을 버텨야 했던 시절이 있었다고 하셨죠.

서혜경 부모님은 금이야 옥이야 기른 딸이 미리 점찍어 둔 사람과 결혼했으면 하셨어요. 지금은 모 그룹 회장이 된 분인데, 부모님 권유에 못 이겨 딱 5개월 동안 데이트를 해봤어요. 그런데 이건 서혜경이라는 이름이 마치 그 사람의 브로치처럼 느껴지는 거예요. 외출도 마음대로 못하게 하고 소문난다고 미장원도 못 가게 했어요. 저는 외국에서 나름 선진 교육을 받은 사람인데 그걸 견딜 수가 없었어요. 돈 많은 집안일수록 시어머니의 말이 곧 논리이고 법이 되더군요.

김진세 그때부터 부모님과 거리가 생기셨군요.

서혜경 연주회가 끝나면 드레스 지퍼를 내려 줄 사람조차 없었어요. 쓸쓸하게 홀로 여러 나라로 연주회를 다녔죠. 그때는 정말 비참했어요. 아버지는 손자손녀 사진을 넣어 가지고 다니면서도 저에게는 "결혼하지 말고 김활란 여사 같은 대학 총장이 돼라"고 하셨어요. 저는 아버지의 자랑, 아버지의 명예였던 거예요. 저도 좀 행복해져야겠는데, 옆에는 아무도 없었죠. 저는 그때까지도 친구를 사귈 줄 몰랐어요. 사람 보는 눈도 없었고요.

김진세 무대 위에서는 빛나는 스타지만 현실에선 그렇지 않았군요.

서혜경 연주 때만 공주 대접을 받았지 끝나면 아무도 없어요. 그런데도 외국 남자는 싫더라고요. 마흔 전에 결혼을 해서 한국인 혈통의 아들 하나, 딸 하나를 낳고 싶다는 마음뿐이었어요.

김진세 이후 부모님이 반대하는 결혼을 하고 한동안 사이가 틀어지셨던 건가요?

서혜경 아버지가 저한테 크게 실망하셨어요. 그러면서 저에 대한 모든 끈을 놓으셨죠.

김진세 힘들 때 집에 얘기를 못 하신 건 아니에요?

서혜경 부모님께서도 제가 유명하니까 그것만 생각하시지, 다른 건 헤아리지 못하셨어요. 제가 참 외롭게 자랐어요. 하지만 저도 부모님이 반대하는 결혼을 한 만큼 어떻게든 혼자 힘으로 잘해 보려고 진짜 노력했어요. 불가능은 없다고 생각하고 살았으니까요.

김진세 아이들이 멋쟁이들이라면서요? 따님은 어머니 기질을 많이 닮았다고요?

서혜경 딸을 일부러 톰보이로 키웠어요. 그래야 커리어우먼이 돼요. 전 어렸을 때 피아노만 쳤잖아요. 그래서 우리 딸은 친구도 많이 사귀게 했어요. 공부 잘하는 아이들이 간다는 영재 학교도 혼자 힘으로 들어갔고, 학교나 지하철에서 미리 숙제를 하고는 남는 시간에 친구들과 어울려 지낼 정도로 사교성이 좋아요. 엄마가 고생하는 걸 알고 딸아이는 열한 살 때부터 태권도 사범으로 자기가 돈을 벌었어요. 효녀죠.

김진세 자녀 교육에 관한 나름의 철학을 잘 세워 두셨군요.

서혜경 제가 유명해짐으로써 부모님을 기쁘게 해드렸지만, 저는 행복하지 않았거든요. 얼마 전에 어머니께 평생 처음으로 "엄마는 내가 피아노를 잘 쳐서 사랑했지, 자식이라서 사랑해 본 적 없잖아요?"라는 얘기를 해봤어요. 아기를 낳으면 그냥 예쁘잖아요? 우리 어머니는 그렇지 않았어요. '이 아이가 나에게 무엇을 해줄 수 있을까'를 생각하셨던 것 같아요. 제가 원하는 만큼 부모님의 사랑을 못 받아서 아마 남편에게 그 사랑을 기대했던 것 같아요.

김진세 정말 힘든 30대를 잘 건너오셨어요. 서혜경에게 행복이란 무엇일까요?

서혜경 생각하기 나름! 내가 살아 있는 자체가 행복한 거죠. 누구든 잘할 수 있는 게 있잖아요? 거기에 포커스를 맞춰야죠. 하고 싶은 일을 즐기면서 즐겁게 사는 게 곧 행복이죠.

김진세 내내 활력이 넘치고 긍정적이셔서 덕분에 좋은 기운 많이 받고 갑니다. 서 교수님은 말씀을 참 재미있게 하세요.

서혜경 저, 재밌는 여자죠? 그런데 저 같은 여자를 두고 왜 남자들은 대시를 안 할까요?(웃음)

• • •

'삶에 대한 자부심.' 그녀를 죽음에서 건진 힘은 '자부심'이었다. 자부심이란 '자기 신뢰'와 '자기 존중'이 합쳐진 것이다. 역경을 이겨 내는 긍정의 힘이다. 하지만 자칫 자부심을 잘못 알고 있는 사람들 때문에 불편해질 수 있다. 이런 사람들은 타인을 인정하지 않는다. 상대를 인정하는 것이 자신에 대한 신뢰를 허무는 것이라고 착각하기 때문이다.

진정한 자부심을 갖고 있다면 오히려 주변 사람들과 쉽게 동화된다. 타인을 인정하고 받아들이는 데 박하지 않다. 믿음이 확고할수록 두려움이 사라지기 때문이다. 거짓 자부심은 어떤 사람에게 있을까? 남보다 뛰어나다고 확인하고 싶은데, 그만한 노력이 부족한 사람들에게 흔하다.

서혜경은 어떤가? 그녀는 진정한 자부심을 갖고 있다. 자신의 실력을 진정으로 자부한다. 왜? 누구보다 피나는 노력을 했기 때문이다. 그래서 그녀는 세상을 호령하듯, 객석을 지배했다. 누구보다 정확하고 화려한 기교와 엄청난 힘으로 피아노를 두드렸다.

그런 그녀가 암이라는 시련을 통해 자기 존중을 시작했다. 사랑하는 아이들 때문에 살아야 하고, 내게 주어진 삶을 사랑하기 때문에 살아야 한다고 했다.

요즘 그녀는 연주가 달라졌다는 소리를 많이 듣는다고 했다. 죽음과 마주하고 서서 멋지게 극복한 사람의 음악이 어떻게 성숙하지 않을 수 있겠는가! 피아노 선율에 사람들이 운다. 가슴을 울리기 때문이다. 그리고 남에게 희망을 주는 일이라면 발 벗고 나선다. 아무도 못 해낼 세계 최고의 명반을 만들기 위해 하루도 거르지 않고 피아노를 친다고 했다. '서혜경'이 아니면 안 되는 일에 앞장서는 그녀가 자랑스럽다.

위기 앞에 선 나를 지켜 주는 것, 의지

삶은 늘 도전받는다. 원치 않아도 도전은 살아가는 동안 피할 수 없다. 도전을 받은 우리의 몸과 마음은 즉시 반응한다. 싸울 것인가 아니면 도망갈 것인가. 성공이냐 실패냐, 행복이냐 불행이냐의 기준으로 보자면, 어떤 선택을 하는가도 큰 몫을 한다. 잘못된 선택은 불행과 실패를 불러온다.

하지만 선택을 적절히 잘하고도 후회하게 되는 경우가 있다. 원하는 방향과 목표를 이루지 못해 무너지기도 한다. 선택하기까지의 갈등도 크지만, 선택한 과업을 이루기 위한 과정도 만만치 않은 고난의 연속이기 때문이다. 아무렇지 않은 듯, 암 수술 후 3개월 만에 연주를 다시 시작했다고는 하지만, 그 과정 속에서 서혜경의 고통과 인내가 얼마나 대단했을지는 듣지 않아도 짐작하고도 남는다.

어쨌든 누군가는 실패하고, 누군가는 성공한다. 그렇다면, 성공적인 과정으로 이끄는 가장 중요한 힘은 무엇일까? 바로 '의지'이다.

인간의 의지는 다른 어떠한 힘보다 뛰어나다. 물론 본능도 강력한 힘을 발휘하지만, 원하는 대로 조정할 수는 없다. 식욕은 비만을 만들고도 끊임없이 먹을 것을 요구한다. 쾌락 역시 강력하나 자칫 지배당할 염려가 있다. 마약 중독은 결국 영혼까지 파괴하지 않던가. 죽을 둥 살 둥 진흙탕에서 빠져나오면 안심은 될지 모르나 결코 행복하지는 않다.

하지만 의지는 다르다. 목적이 분명하고, 스스로 조절이 가능하다. 물론 조건이 붙는다. 인내심이 필요하다. 의지를 관철시키는 데 인내심은 필수불가결한 요소이다. 솔직히 말하면 의지는 목적이 부정적인 것일 때도 힘을 발휘한다.

헤어진 남자 친구에게 복수의 의지를 불태우는 여인을 본 적 있는가. 친구들이 보기에는 전혀 쓸데없는 짓임에도 끝까지 그를 괴롭히기 위해 모든 것을 희생한다. 그런 경우 의지가 관철된다 해도 남는 것은 허무함뿐이다. 그래서 의지는 목적의 긍정성이 중요하다. 부정적인 목적을 향한 의지는 집착에 가깝다. 의지가 힘을 발휘하여 성공을 이루고 행복하려면, 반드시 긍정적인 목적이 있어야 한다.

서혜경의 목적은 분명했다. 세계적인 피아니스트로의 옛 명성을 되찾는 것. 그것만이 오직 그녀가 살아가는 이유이기 때문이다. 긍정적인 목적은 그녀의 의지를 더욱 강하게 만들었다. 의사조차 상상 못 한 짧은 시간에 피아노 연습을 시작했다. 처음에는 염려하는 사람들이 더 많았겠지만, 시간이 흐르고 그녀가 옳다는 것이 증명됨에 따라 염려는 응원으로 바뀌었으리라. 모두 마찬가지다.

의지를 관철하는 과정은 힘들다. 그래서 사랑하는 사람들은 만류하기 마련이다. 하지만 당신의 의지가 강건하고 그 목적이 긍정적이라면, 분명 어느 순간 사랑하는 사람들은 환호성을 지르기 시작할 것이다. 그러면 목적을 향해 가는 의지의 힘도 좀 더 탄력받게 될 것이다.

의지는 오기와는 좀 다르다. 의지가 목적을 향해 가는 자발적인 원동력이 된다면, 오기는 꺾이지 않으려는 반항적인 힘이다. '넌 못해! 할 수 없어!'라는 지적에 '왜 못해! 두고 봐, 해내고 말거야!' 하는 것이 오기다. 대부분의 경우 오기와 의지는 한 세트로 나온다. '어디 두고 보자!' 하는 오기 역시 이루어 가는 과정에서는 의지가 필요하기 때문이다. 목적만 올바르다면 오기도 큰 힘이 되고, 결과는 의지만큼이나 행복하고 성공적이 될 수 있다.

의지는 간절히 원하는 데서 시작된다. 간절히 원하는 것을 얻기 위해선 희생해야 할 것이 틀림없이 존재한다. 무엇을 선택할지 마음속 깊이 고민하고 갈등해야 한다. 일단 선택했다면 모든 걱정을 접어야 한다. 아직 일어나지 않은 일에 대한 걱정은 그때 가서 해도 늦지 않다. 불안과 걱정은 의지를 꺾는 가장 큰 걸림돌이다.

유방암이라는 여성이 겪을 수 있는 고통의 끝에서 서혜경은 분연히 일어났다. 피아노 실력도 출중하지만, 그녀의 의지에서 더 큰 감동을 받았다. 죽음의 도전 앞에서 마주 보고 우뚝 서서 싸울 수 있는 의지. 살다 보면 엄청난 고난과 맞닥뜨릴 때가 분명 있을 것이다. 그 위기에서 나를 지키고 빛나게 해줄 긍정의 힘은 바로 '의지'이다.

Interview with Happiness

STEP 3

행복은 혼자 오지 않는다

정보석 • 한비야 • 권오중 • 임오경 • 이외수

올해로 데뷔 30년을 맞는 베테랑 연기자이다. 1961년 전남 나주에서 태어났고, 중앙대학교 연극영화학과를 졸업했다. 1985년 KBS TV 특채로 데뷔했고, 1986년 KBS 6·25특집극 〈백마고지〉로 처음 얼굴을 알렸다. 〈인어아가씨〉, 〈신돈〉, 〈나도야 간다〉, 〈대조영〉, 〈지붕 뚫고 하이킥〉, 〈자이언트〉, 〈내 마음이 들리니〉 등 다양한 작품에서 바보 아빠부터 절대악역까지 폭넓은 연기 스펙트럼을 보여 주었다.
1995년 MBC연기대상 최우수연기상, 2007년 KBS연기대상 남자인기상 등을 수상했다. 1990년 〈엘리펀트맨〉 이후 〈아트〉, 〈클로저〉, 〈민들레 바람 되어〉, 〈햄릿〉, 최근 마크 로스코의 생애를 다룬 〈레드〉까지 꾸준히 연극 무대에도 서왔다. 수원여자대학 연기영상과 교수로 재직 중이다. 1989년 결혼하여 슬하에 아들 둘을 두었다.

아버지가 된다는 것은

배우 **정보석**

몇 년 전 연극 무대에서 '정보석'을 만났다. 연기자이자 연기과 교수인 정보석은 참으로 다양한 모습으로 우리에게 기억된다. 시트콤 〈지붕 뚫고 하이킥〉에서는 코믹하고 주책맞은 주얼리정으로, 단막극 〈경숙이 경숙아버지〉에서는 난봉꾼으로, 최근 드라마 〈장밋빛 연인들〉에서는 욕심 많고 야비했지만 결국 인간적인 모습으로 돌아오는 백만종 역을 잘 소화했다. 다양한 모습을 완벽히 그려 내는 그를 보고, 과연 그만의 강점은 무엇일까 궁금했다. 놀랍게도 그의 강점은 생존을 위한 불변의 본능인 '부성애'였다.

내 길을 선택해서 잘 사는 것이 진짜 효도

김진세　지금 이 무대에서 연극 〈클로저〉를 공연하고 계시죠? 피부과 의사 역할로 나오던데 어떠세요?

정보석　이번 작품 개막 일주일 전에 역시 이 극장에서 끝난 〈아트〉라는 작품에 출연했어요. 게다가 드라마 촬영과 연극 연습을 병행하고 있었는데, 그 와중에 둘째 아이가 교통사고를 당하는 바람에 정신이 없었어요.

김진세　많이 다쳤나요?

정보석　3주간 입원했다가 지난주에 퇴원했어요. 얼굴에 상처가 많이 났어요. 가능한 한 상처가 남지 않도록 하려고 노력하는 중인데, 안 남을 수는 없을 것 같아요.

김진세　둘째는 아들?

정보석　네, 아들만 둘이에요.

김진세 저도 아들만 둘이에요.

정보석 재미가 없어요.

김진세 맞아요. 마누라는 아들들과 더불어 깡패가 돼 가고 있고요(웃음).

정보석 그 깡패적 기질을 애들한테만 발휘하면 되는데, 남편한테도 쓰니까(웃음).

김진세 굉장히 바쁘시잖아요. 반면 아내들은 남편이 절대적으로 같이 있어 주기를 바라죠.

정보석 바쁜 와중에 밖에서 시간을 많이 보내면 불만이 쌓이는데, 전 일하는 시간을 빼고는 대부분 집에서 보내요. 아예 결혼 초창기부터 와이프를 제 일에 끌어들였어요. 스케줄 관리라든가, 경제적인 부분을 다 맡아서 하게끔 했어요. 지금도 외부에서 섭외 요청이 들어오면 와이프를 거쳐서 제가 판단할 수 있는 시스템을 유지하고 있어요.

김진세 잘하셨네요. 그게 바로 제일 바람직하다고들 말하는 동반자적 배우자 관계잖아요. 그러면 가족은 부부와 아들 둘이 전부인가요?

정보석 지금은 장인어른을 모시고 살고 있어요. 처가 외동딸인데 재작년에 장모님이 돌아가셨거든요. 저희 아버지는 재작년에 돌아가셨고 어머니는 막냇동생과 살고 계세요. 5남매고, 제 위로 누님과 형님 두 분이 있죠.

김진세 아버지와는 어떠셨어요?

정보석 대학 때까지 학창 시절엔 별로 사이가 좋지 않았어요. 일단 아버지가 바라는 길과 제가 가고자 하는 길이 달랐거든요. 전 제 길을 선택해서 잘 사는 게 진짜 효도라고 생각했어요. 아버지가 되어 돌아보니까 제 생각이 틀리진 않았던 것 같아요. 그때는 대립이 심했지만, 세월이 흐른 뒤에는 오히려 제가 편한 자식이 됐나 보더라고요. 본인에게 고민이 있으시면 다른 형제한테는 털어놓지 않고 저한테 말씀하시곤 했거든요.

김진세 어려서는 아버지가 "너, 못 해", "하지 마"라고 말하는 게 큰 압박이잖아요. 그걸 이겨 낸 건 정보석 씨의 성격적인 측면으로 봐야 할까요?

정보석 그렇다고 봐야죠. 고집이 셌고 하고 싶은 일에 대한 열망도 컸으니까요. 중·고등학교 시절 제 꿈은 연기자가 아니었어요. 그때는 운동 선수를 꿈꿨는데 그 꿈이 좌절되면서 방황하다가 이 길로 들어섰어요. 선천적으로 예체능 쪽에 관심이 많았어요. 아버지도 운동을 좋아하셨거든요.

김진세 아버지와의 소원함이 해소된 게 대학 졸업 이후라고 하셨는데 더 어렸을 때는 두 분 관계가 어땠나요?

정보석 초등학교 때는 떨어져서 살았어요. 저는 시골에서 할머니와 살고, 부모님은 일 때문에 도시에서 생활하셨어요. 대학 졸업 때까지 아버지와 함께 산 기간을 따져 보면 1년이 채 안 될 거예요. 동생은 내내 부모님과 함께 살았고, 형들은 학교 다니면서 부모님께 돌아갔는데, 유독 저만 오랫동안 떨어져 있었어요. 아버지의 불모였죠(웃음).

진실성, 진짜 연기와 진짜 아버지를 만드는…

김진세 학창 시절 별명이 '다이아몬드'라고 들었습니다. 보석이라는 이름 때문인가요? 아니면 좀 튀는 편이었나요?

정보석 아무래도 튀는 편이었죠(웃음). 학창 시절에는 운동선수 이미지가 강했어요. 거기다 싸움도 좀 하고 다녔으니까, 친구들은 제가 배우가 되리라곤 상상도 못 했을 거예요. 부상으로 운동을 포기하면서 좌절하던 시기에는 방황도 심하게 했어요. 그래도 저보다 힘없는 친구들과는 절대 싸우지 않았어요(웃음). 그런 모습을 아는 친구들은 제가 절대 연기를 할 사람이 아니라고 내기를 하기도 했죠. 대학에 들어가면서부터 제 얼굴이 변했어요. 의식적으로 많이 웃기 시작했거든요.

김진세 어쩌다가 부상을 입고 운동을 그만두게 됐나요?

정보석 고등학교 올라가면서 다른 선수들에 비해 처진다는 생각에 갑자기 운동량을 늘렸다가 허리를 다쳤어요. 자칫 곱사등이가 될 뻔했죠.

김진세 의지가 있거나 뭘 해야겠다고 마음먹으면 한 곳에 집중할 수 있는 성격이 굉장히 큰 힘인 것 같네요. 연기 좀 한다 하는 배우들의 연기를 보면, 자신을 버리고 그 캐릭터가 되잖아요. 제 생각에 그보다 나은 연기는 그 캐릭터가 되더라도 배우 본연의 모습이 묻어나는 거예요. 정보석 씨의 연기를 좋아하는 이유가 바로 그런 점이죠.

정보석 나은 게 아니라 부족해서 그래요(웃음). 연기를 하면서 저는 전적으로 그 캐릭터가 되겠다고 노력하기보다는 극중 인물이 어떻게 살았고, 어떤 과정을 통해서 이렇게 되었는지를 이해하려고 합니다.

김진세 그렇게 캐릭터를 이해해서 내 것으로 만들면, 나란 존재는 계속 남아 있는 거잖아요. 거꾸로 역할의 특징에만 지나치게 몰입하다 보면 결국 나는 없고 그 캐릭터만 남게 되는 거고요. 어떤 것이 좋은 걸까요?

정보석 두 가지 모두 연기적으로 가능한 얘기죠. 옳다, 그르다 할 수 없어요. 낫다, 부족하다 할 수도 없고요. 우리뿐만 아니라 할리우드에서도 마찬가지입니다. 연기 스타일의 일종이죠. 제 경우는 이미 내가 살아온 과정, 살아온 역사 속에 배우 정보석이라는 사람의 개성이 들어가 있다는 사실을 중요시합니다.
가급적이면 객관적으로 보고 이해하려는 노력이 필요해요. 그렇게 해서 그 역할이 완전히 이해됐을 땐 그걸 싹 가져와 버려요. 그렇게 하면 오히려 의식하지 않고 나 그대로를 보여 주기 때문에 자연스럽게 다양한 감정이 표현됩니다. 이게 진짜 삶이고, 진짜 연기라고 판단하기에 학생들에게도 그렇게 가르치고 저도 그렇게 느끼려고 노력하는 거죠.

김진세 말씀을 듣다 보니 그게 매력이신 것 같아요. 머릿속에서 진실성이라는 단어가 떠올랐어요.

정보석 그쪽도 진실은 진실이죠.

김진세 연극 속 캐릭터에 지나치게 몰두하다가 자신이 없어지게 되면, 일상생활을 할 때도 어느 것이 연기이고, 어느 것이 그 사람인지 구분이 안 갈 수 있지요. 하지만 정보석 씨는 자신의 것으로 이해하고 소화해서 연기를 펼치니 일상의 모습이 오로지 자신일 뿐이라는 생각이 드네요. 아이들을 키울 때 진실성, 일관성 이런 것들이 중요하잖아요. 어떤 연기가 훌륭한지는 몰라도 그런 모습들이 아이들에게는 좋은 모습으로 비칠 것 같아요.

살면서 가장 어려운 일

김진세 아이들이 어떤 행동을 했을 때, 은연중에 '이럴 때 우리 아버지는 어떻게 했었지?'라고 떠올리게 되잖아요. 아이들과의 사이에서 난처한 상황이 닥치면 어떻게 대처하세요?

정보석 지금까지 살면서 제가 겪은 가장 어려운 일은 애 키우는 거예요. 정답을 모르겠어요. 일례로 아이들이 잘못을 저질렀을 때 혼내야 옳은 건지, 아니면 다독여야 옳은 건지 말이죠. 저는 남자아이 둘을 키우면서 딱 두 번 매를 들었어요. 물론 진짜 때려서 가르쳐야 하나 싶을 때도 종종 있어요. 그런데 말을 못 알아듣는데 때린다고 알아듣겠어요? 그건 굽히는 거지, 이해하는 것은 아닐 거예요.
아이들이 고등학교에 들어가면서부터는 아예 이렇게 선언했어요. "이제는 너희가 무슨 잘못을 해도 아빠는 절대 너희들에게 매를 들지 않을 거다. 명심할 것은 너희가 정말 아빠를 실망시킬 때는 너희를 포기할 수 있다는 얘기다"라고.

김진세 무서운 얘기네요.

정보석 네. 맞는 것보다 훨씬 무서워해야 하는 얘기죠. 그런데… 그렇게 협박해도 안 되더라고요(웃음).

김진세 애들 키우는 데 정답이 없죠(웃음). 책에서는 '긍정적인 일에는 칭찬을 많이 해주고, 부정적인 일은 참아 주라'고 하는데 사실 속이 터질 일이 많잖아요. 제 교육관은 아이들의 친구라고 생각하는 거예요. 하지만 너무 친구처럼 다가가다 보면 요즘 애들이 버릇이 없다든가, 참을성이 부족하다는 얘기가 나오거든요. 반면 그런 환경에서 자란 아이들이 훨씬 창조적이에요. 부모로서의 권위를 다소 포기하면 잘 지낼 수 있을 거라는 믿음인 거죠.

정보석 저는 좀 달라요. 질서를 중요하게 생각해요. 사회와 직결되는 문제니까요. 아이들에게도 남에게 해가 되는 사람이 되지 말라고 강조합니다. 물론 학교에서 선생님께서 통제를 잘하겠지만, 그런 교육이야말로 가정에서 배우지 못하면 몸에 익히기 어렵거든요. 아이들을 조기유학 보내지 않은 것도 일단 가족이 함께 부비며 살면서 그런 부분들을 배운다고 믿기 때문이었어요. 요즘은 아이들이 공부를 열심히 할 수 있는 환경을 만드는 데 더 공을 들이지 않은 게 후회되기도 해요. 하지만 아직까지 아이들의 인생은 과정이니까 원하는 대로 하도록 지켜보고 있어요. 다만 아이들이 커갈수록 답답한 건, 무엇이 되고 싶다는 생각을 하지 않는다는 거예요. 어쩌면 요즘 아이들의 공통점인 듯도 하고요.

김진세 그런 경향이 있죠. 바쁜 아버지다 보니까, 짧은 시간에 많은 걸 해주셔야 하잖아요. 아이들과 함께 보내는 시간이 부족하다고 생각하지는 않으세요?

정보석 저는 촬영 이외의 시간은 거의 집에 있어요. 애들과 장난도 많이 치고 놀기도 많이 놀고요. 방학이면 꼭 하는 행사가 몇십만 원어치 만화책을 빌려다가 밤새 지쳐 떨어질 때까지 같이 보는 거예요. 영화도 함께 보러 가고요.

중요한 한 가지는
누구나 공부를 잘할 수는 없다는 겁니다.
제가 생각하는 아버지의 역할은
모든 세상 일이 소중한 거라고 얘기해 주고,
무슨 일이든 아이가 하고 싶어 하는 일을
하도록 만들어 주는 거예요.

김진세 부인과는 어떤 힘든 점이 있나요?

정보석 많죠. 저흰 자주 싸웠어요. 싸우면 서로 안 참아요. 자기가 품고 있는 얘기를 다 털어놓을 때까지 '확' 싸워요. 싸움이 시작되면 중간에 멈추는 일 없이 끝까지 가요. 싸움이 끝나고 5분에서 10분 정도 지나면 둘이서 소주 한잔을 하고 있거나 껄껄 웃고 있어요. 한번은 그러고 있다가 "애들이 우리한테 변태라고 그러는 거 아냐" 하며 웃었죠(웃음).

김진세 (웃음) 요즘은 무슨 일 때문에 싸우세요?

정보석 아이들 교육 방식의 차이가 가장 큰 싸움거리죠. 가장 큰 차이는 저는 학원이 불필요하다는 거고, 와이프는 자신도 학원을 다니면서 공부했기 때문에 아이들이 학원을 안 가면 안 된다는 거예요. 나는 "스스로 알면 평생을 가져간다, 난 운동하면서 공부를 등한시했지만 내가 필요해서 한 공부는 지금도 기억한다, 당신은 학원 다녀서 나보다 성적이 더 좋았지만 지금은 다 잊고 있지 않느냐"라고 강변하죠.

김진세 그럼 부인은 뭐라고 하세요? 물론 반론을 펴시겠죠?

정보석 다른 애들 다 보내는데 어떻게 안 보내느냐는 거죠. 걔네들은 걔네들이고, 우리 애들은 우리 애들인데 말이에요.

김진세 어느 집이나 다 똑같네요(웃음).

정보석 제가 남자다 보니까, 아들들이 어떤 행동을 하면 그다음을 예측할 수 있거든요. 그런데 아내는 그게 안 되니까 무조건 애들 입장을 대변해요. 그럼 제가 잘못된 거라고 지적하곤 하죠. 애들이 말하길 예전에는 엄마가 무서웠는데 지금은 아빠가 무섭대요. 자기들의 행동을 예측하고 있으니까.

김진세 또래 아버지들이 같은 고민을 하고 있잖아요. 어떻게 풀어 나갔으면 좋겠다는 조언을 주신다면?

정보석 진짜 어려워요. 제 아이들도 사고를 뻥뻥 치고 있는데요(웃음). 중요한 한 가지는 누구나 공부를 잘할 수는 없다는 거예요. 아이가 어떤 일을 하고 싶은지를 알고, 이 세상 어떤 일이든 다 가치가 있고 소중하다는 것을 인식시켜 줄 필요가 있다는 얘기는 드리고 싶네요.
얼마 전에 둘째 아이가 미용사가 되고 싶다고 해서 정말 좋은 선택이라고 칭찬했어요. 그렇지만 "네가 지금 원하는 대로 미용학교에 보내줄 수는 없다"고 말했어요. 지금은 인문계 고교를 다니고 있으니 대학 진로를 그쪽으로 잡으라고 했죠. 고3이 될 때까지 그 꿈이 변하지 않는다면 그때 실습을 나가도 늦지 않다고요. 자칫 지금 미용학교를 갔다가 나중에 꿈이 바뀐다면 불행해지지 않겠느냐고 했더니 수긍하더군요. 그런데 그 녀석 꿈은 벌써 바뀌었어요(웃음).

김진세 정말 유연성 있는 아버지의 태도인데요!

정보석 첫째도 어릴 적 꿈은 만화가였어요. 그 얘기를 듣고 제가 신이 나서 만날 만화 그리라고 스케치북 사다 주고 만화책 챙겨 줬거든요. 그런데 너무 밀어주니까 질려서인지 꿈이 바뀌더라고요(웃음). 제가 그런 얘기를 했어요. "꿈은 바뀔 수 있고 그게 당연한 거"라고. 살면서 훨씬 많은 정보를 알게 될 텐데 왜 바뀌지 않겠어요?

김진세 본인께서 아버님으로부터 충분한 애정을 받지 못한 것에 대한 보상일 수도 있다는 생각이 드네요.

정보석 네, 그 점은 분명히 있습니다. 제가 생각하는 아버지의 역할은 아이들에게 모든 세상 일이 소중한 거라고 얘기해 주고, 무슨 일이든 아이가 하고 싶어 하는 일을 하도록 만들어 주는 거예요. 그러다 보면 공부가 재미있는 아이도 있을 것이고요. 우리나라는 뭐가 잘못돼도 한참 잘못돼서 무슨 바람이 불면 전부 그쪽으로 쏠리는 탓에 아이들이 개성을 찾기가 참 어려운 것 같아요.

김진세 어느덧 마지막 질문을 드려야겠네요. 어떡하면 그렇게 안 늙으세요?

정보석 그건 단순해서인 것 같아요. 타고난 것도 좀 있고요(웃음). 우리 식구들이 전체적으로 얼굴이 갸름해요. 그런 사람들이 나이가 덜 들어 보여요. 스트레스가 생겨도 오래 끌고 가지 못해요. 촬영장에서 안 좋은 일이 생기더라도 집에 가는 동안 다 까먹어요. 인터뷰하면서 가장 어려운 질문 중 하나가 촬영 중 재밌었던 에피소드를 소개해 달라는 거예요. 정말이지 기억이 하나도 안 나거든요(웃음).

● ● ●

정보석과의 인터뷰에서 그의 인생 속 세 명의 아버지를 보았다. 첫 번째 아버지는 몇 해 전 작고한 그의 부친이다. 그와 아버지는 소원하다 못해 너무하다 싶을 정도로 오래 떨어져 지냈다. 하지만 나이 들어서는 그를 가장 중요한 의논 상대로 여길 정도였다니 비록 살갑진 않았어도 그에 대한 부친의 믿음이 짐작이 가고 남았다.
다음으로 그의 연기 속 아버지를 봤다. 두 번째 아버지는 그 자신이었다. 어떤 역할을 맡든 그의 연기에는 정보석이 많이 묻어 있었다. 그의 연기에는 일관성과 진실성이 있었다. 거친 세파에도 흔들리지 않는 강인함, 앞만 보고 달리다 일이 끝나면 평온을 찾는 모습이 부러웠다.

그리고 마지막으로 두 아들의 아버지를 보았다. 그 아버지는 친절하고 방임적이지만, 결코 호락호락하지 않다. 게다가 유연성까지 갖고 있다. 아이의 장래에 대해, 자녀의 뜻을 다 들어주지만 결코 후회하지 않을 판단을 하도록 도와주는 유연성 있는 아버지.

한 말썽꾸러기 아이가 자라서 멋진 연기자가 되게 한 힘이, 다시 아이들에게 전해져서 멋지게 커가는 긍정적인 윤회(輪回). 그것이 정보석만이 갖고 있는 부성(父性)의 힘이다.

부모를 선택할 순 없어도 어떤 부모가 될지는 선택할 수 있다

애정 결핍처럼 마음을 저리게 하는 말도 없다. 사랑받는 것은 존재의 의미가 되기 때문이다. 흔히 상담을 오는 자존감 낮은 젊은이들 중에는 애정 결핍 문제를 갖고 있는 친구들이 많다. 그 애정의 원천은 물론 부모다.

아버지의 사랑이 부족한 여성은 남성에 대한 막연한 동경을 갖기도 하고, 극단적으로 적개심을 갖기도 한다. 상담을 오는 적지 않은 여성들은 포악한 아버지를 둔 죄로 남성에 대해 부정적 감정을 갖고 있다. 이로 인해 남자 선생님이나 상사와의 마찰은 물론이고, 이성 친구와도 안 좋은 관계가 지속된다. 나쁜 남자를 만난다거나 반복되는 이별의 아픔을 겪는다.

무관심한 어머니를 둔 여성은 늘 자신은 사랑받지 못할 것이라는 열등감에 시달리며 자존감이 바닥을 친다. 남성도 마찬가지다. 아버지로부터 사랑을 충분히 받지 못한 남성은 단순히 힘과 권력을 지향하는 인간이 되거나 난잡하고 질서 없는 생활을 하게 되기도 한다. 모성의 결핍은 모든 여성에 대한 경계나 폄하 또는 에로티시즘적인 동경과 환상을 불러오기도 한다.

어떤 방향으로 가느냐는 타고난 성격이나 주어진 환경에 따라 달라지겠지만, 변하지 않는 것은 애정 결핍이 우리의 삶에 막대한 영향을 미친다는 사실이다. 자신도 모르는 사이 운명처럼 삶이 왜곡되기도 하고, 알아차린다 해도 그 흐름을 바꿀 방도를 찾기란 쉽지 않다. 하지만 모두가 그런 운명에 굴복해 불행한 삶을 사는 것은 아니다. 정보석에게서 그 해결책을 보았다.

우선, 결핍은 동기를 유발한다. 채우고자 하는 욕망을 부추긴다. 결핍을 보상하고 뛰어넘기 위해 누구보다도 애정 문제에 집중하고, 채우기 위해 노력한다. 어쩌면 이는 본능적인 것이라고도 할 수도 있다. 마치 허기처럼 말이다. 배고픔은 엄청난 동기가 된다. 강한 에너지를 갖고 있으니, 결핍을 극복하고자 하는 의지만 있다면 불가능한 일도 아니다.

경험하지 못한 것은 간접 경험을 통해 윤곽을 잡을 수 있다. 책을 통해 경험할 수도 있고, 주변에서 보는 따뜻한 부모의 모습에서 찾을 수도 있다. 더구나 우리에게는 집단 무의식이라는 것이 있다. 경험하지 않아도 유전자를 통해 부성과 모성의 코드가 우리 정신세계에 아로새겨져 있다. 이 두 가지로 결핍을 채워 줄 방향성은 알 수 있는 것이다.

문제는 실천이다. 실행되지 않은 계획은 아무리 위대해도 그저 준비 단계일 뿐이다. 정보석은 주어진 배역에 몰입하여 그 역할을 자신의 것으로 만들었듯, 아버지와 소원했던 관계를 극복하고 부성으로 가득한 가정을 이끌어 가고 있다.

누구나 최선을 다해 원하는 역할에 몰입한다면 극복할 수 있다. 아버지의 부재가 문제라면 훌륭한 아버지의 역할에 몰입해야 한다. 어떤 아버지를 선택할지는 사람마다 다르겠지만, 사랑이 가득한 아버지인 것은 모두 마찬가지일 것이다.

완벽한 아버지 흉내만으로는 부족하다. 연기만 완벽해서는 허전함을 채울 수 없으리라. 반드시 자신의 것으로 가져와야 한다. 남이 아닌 나로 살려면, 혼신의 힘을 다해 이해하고 공감해야 한다. 그러자면 몰입이 필요하다. 몰입한 사람은 성취는 물론이고 과정에서 행복을 느낀다. 자신이 받아 보지 못한 사랑을 베풀면서 느끼는 행복은 대단한 것이다.

그런데 몰입을 이야기하면서 간과해서는 안 될 것이 바로 중독이다. 중독 역시 쾌락을 주기는 한다. 둘 다 꿈틀대는 에너지와 흥분을 선사한다. 실제 뇌 검사를 해보면, 중독 상태의 뇌와 몰입에 빠진 뇌는 유사한 형상을 보인다고 한다. 하지만 중독은 나를 파괴한다. 반면 몰입은 나를 지켜 행복하게 해준다.

차이는 바로 '나'란 틀을 파괴하느냐 아니면 잘 보존하느냐의 차이이다. 몰입의 순간에도 나를 망각할 수 있지만 곧 몰입의 주체는 바로 나란 사실을 깨닫게 된다. 하지만, 중독에는 내가 없다. 오직 과장되고 허망한 쾌락만이 있을 뿐이다.

애정 결핍을 원하는 사람은 아무도 없다. 부성 또는 모성이 모자랐다고, 스스로에게 화를 내거나 부모에게 화풀이하지 말라. 시간을 거꾸로 거슬러 올라갈 수 없듯이, 이 문제를 원점으로 돌릴 수는 없다. 또 원망도 소용없다.

우선 원하는 역할에 최선을 다해 몰입하기 바란다. 그리고 한없이 사랑을 베풀어라. 부모를 스스로 선택할 수 없기에 결핍을 강요받았지만, 몰입의 실천을 통해 어떤 부모가 될지, 어떤 배우자가 될지, 어떤 친구가 될지는 결정할 수 있다. 선택은 당신의 몫이다. 부모를 선택할 수는 없지만, 스스로 어떤 부모가 될지 선택할 수는 있지 않은가.

지구촌(global village)이 아니라 지구집(global home)이라는 용어를 사용하며 인류 모두가 서로 도와야 한다고 말하는 그녀는 2001년부터 2009년 6월까지 전 세계 구호현장에서 전문 구호활동가로 일했다. 이후 2009년 8월 미국 터프츠 대학교 국제관계 및 국제법 전문대학원 '플레처스쿨'에 진학해 인도적 지원 석사과정을 공부하고 있다. 이화여대 국제대학원 교수, 세계시민학교 교장, UN 자문위원이다.

저서로 《바람의 딸 걸어서 지구 세바퀴 반》, 《바람의 딸, 우리 땅에 서다》, 《한비야의 중국견문록》, 《지도 밖으로 행군하라》, 《그건, 사랑이었네》, 《1그램의 용기》 등이 있다.

이기는 경기보다 멋진 경기를 하라

국제구호 전문가 **한비야**

가끔 나와는 달리 너무나 열정적인 사람을 접하는 경우가 있다. 현실 속에서건 TV나 뉴스에서건, 그때마다 복잡한 감정이 느껴진다. '왜 나는 못 그러지?' 하는 부러운 생각이 들기도 하고, 또 한편으로는 '지나친 거 아니야?'라는 질투도 생긴다.

열정을 이야기하면서, 한비야를 빼놓을 수는 없을 것이다. 전 세계를 누비는 그녀의 열정은 어디서 시작되었을까? 그녀를 만나기 위해서 무려 1년 가까이 공을 들여야 했다. 늘 바쁘니 만날 시간이 없다. 그러던 중 책을 탈고하고 잠시 짬이 난다는 이야기를 듣고, 한걸음에 그녀를 만나러 달려갔다.

해보지도 않고
어떻게 알아?

김진세 처음 긍정의 힘 인터뷰를 시작할 때부터 한 선생님 생각을 많이 했어요. 1월에 제주도에서 책 쓰신다는 얘기는 전해 들었어요. 그때부터 기다린 거죠. 그동안 선생님 자료를 찾아봤는데, 어려서부터 남다르셨던 것 같아요.

한비야 씩씩한 아들 같은 딸이었어요. 언니 둘에 남동생이 하나 있는데 언니들은 좀 공주라 집에 있는 거, 인형 놀이하는 거 좋아했어요. 저는 어리다고 언니들이 안 놀아 주고 성향도 좀 달라서 남동생이랑 많이 놀다 보니 남자들과 더 어울리게 된 거고요. 또 아버지께서 동생은 아들로 봐야겠다는 생각에 남장을 시키셨던 것 같아요. 어렸을 때 치마 입은 기억이 없어요. 반바지에 짧은 머리였죠.
그런데 그것보다는, 아버지 따라 산에 다니면서 긍정의 힘이랄까, 자긍심이 생긴 것 같아요. 아장아장 걷는 꼬마가 산에 가니까 얼마나 예뻤겠어요. "아이고 착하다, 다람쥐 같다" 하루 종일 칭찬을 들은 거죠. 집에서는 평범한 셋째 딸이지만, 산에만 가면 귀한 존재인 거예요. '내가 뭘 잘해서가 아니라 존재 자체로 사람들의 기분을 좋게 하는구나' 그걸 아주 어려서 경험했죠.

김진세 아버님께서 기자 출신이라고 들었어요. 셋째 딸을 굉장히 사랑하셨나 봐요.

한비야 네. 성향상 제가 아버지를 제일 많이 닮았어요. 뭔가 궁금한 게 있으면 못 참아요. 선생님도 아이 있으시잖아요. 자기랑 닮은 아이를 조금 더 예뻐하지 않나요? 그러면 안 되는 걸 잘 알면서도(웃음). 비슷한 사람이다 보니 조금 더 관심을 주셨겠죠. 산에도 함께 다니고.

김진세 처음 배낭여행을 시작한 것도 아버님이 주신 힘에서 나온 거죠?

한비야 옛날, 옛날, 옛날의 약속이죠. 만날 세계 지도를 보며 사니까 '저거 한 바퀴 도는 게 아무 일도 아닌 거'라고 생각했어요. 땅은 붙어 있으니까 다리에 힘만 있으면 가는 거 아닌가. 조그만 애가 세상을 만만하게 봤다고나 할까? 아버지는 아무리 엉뚱한 얘기를 해도 "그게 말이 돼?"라는 말씀을 안 하셨어요. 아니, 하셨겠죠. 그런데 제가 접수를 안 했겠죠. 가뜩이나 별난 아이인데, "하지 마"라는 얘기를 한 번도 안 하셨겠어요?

김진세 결국 아버님도 긍정적인 면을 훨씬 더 많이 갖고 계신 분이었네요. 밝은 쪽을 훨씬 많이 보는.

한비야 그렇죠. 아버지가 하신 말씀이 있어요. "해보지도 않고 어떻게 알아?" 내가 하고, 우리 형제들이 자식을 키우면서 하는 말이에요. 살면서 이게 될까, 여러 고민을 하잖아요. 그럴 때면 자라면서 수없이 들은 그 얘기가 저절로 나와요.

김진세 맞아요.

한비야 해보면 실패할 확률도 있지만, 성공할 확률이란 게 있는 거잖아요. 안 하면 확률은 0%라는 건 너무나 명백하잖아요. 어떻게든 해봐야지.

김진세 언론에 노출된 게 전부는 아니지만 어머니 얘기가 상대적으로 적었어요.

한비야 아니에요. 어머니 얘기도 많이 했는데, 아버지 얘기가 상당히 강렬했던 모양이에요. 이런 건 있어요. 제가 열다섯 살에 아버지가 갑자기 돌아가셨어요. 그 당시의 아버지는 완벽하다고나 할까. 내가 아는 남자 중 가장 멋진 남자잖아요. 나의 보호자이자, 내가 닮고 싶은 사람이자, 내가 무슨 말을 해도 들어주는 카운슬러…. 전 오히려 사춘기가 늦게 왔어요. 고등학교 1, 2학년에 질풍노도와 같은 시기를 지나면서 엄마와 부대낀 거죠.
엄마한테는 엄청 미안한 게 많아요. 바깥에서 보기에는 제가 되게 특이하고 재밌게 산다고 하는데, 키운 사람 입장에서는 무척 힘든 딸이에요. 대학교 떨어졌으면 재수해서 바로 들어갈 줄 알았는데 6년 동안 안 갔어요. 직장도 잘 다니는 줄 알았더니 그만두고 여행 간다고 하고. 보통 그러면 다른 엄마는 말리잖아요?

김진세 그럼요, 당연히 그렇죠.

한비야 그런데 엄마는 말리지 않으셨어요. 말려 봤자 소용없다는 걸 아셨어요. 사실 미안하죠.

김진세 방송에서 김혜자 선생님과의 인터뷰를 보고 어머님과의 관계로 많이 힘들어하시는 건 아닐까 하는 생각을 했어요.

한비야 엄마하고요? 많이 힘들어요. 하지만 난 엄마처럼 안 살아, 그런 건 절대 아니에요. 내가 우리 엄마처럼 되고 싶은 건, 눈이 밝아서 좋은 남편을 고른 거! 우리 아버지 같은 사람이랑 결혼한 우리 엄마는 얼마나 땡잡은 것인가.

김진세 (웃음) 결혼 생각은 없으세요?

한비야 잘 모르겠어요. 결혼은 얽히는 거잖아요. 제가 한국 사람과 결혼하면 시집이라는 것과 얽히는 거고, 나랑 결혼한 사람은 내 친정과 얽히고. '지금 내가 얽히고 싶은가'를 잘 모르겠어요. 그러나 이성을 만나서 사랑을 확인하고, 인생의 동반자로 남고 싶어요. 언제나 갖고 있는 로망이에요. 당연히.

김진세 그런 생각을 했어요. 선생님께서는 다른 사람들보다 열심히 일하고 진취적인 면이 있는 반면 인간적인 고뇌가 많을 것 같다는….

한비야 일단 제가 하고 싶은 걸 하거나, 좋아하는 걸 가지려면 반드시 포기해야 하는 게 있다는 거 정도는 알고 있어요. 인생은 뷔페처럼 먹고 싶은 것만 골라 먹을 수 있는 게 아니라, 세트 메뉴라고 생각해요. 전 아이스크림 같은 거 안 먹거든요. 하지만 세트 메뉴의 메인이 좋으면 아이스크림은 나오더라도 안 먹으면 그만이에요.
반면 하고 싶은 걸 찾을 때는 고뇌를 해요. 지금 내가 하고 싶은 일이 겉멋이 들어서 하고 싶은 건가, 아니면 종이에 불붙듯 얼마간 하다가 그만두는 건 아닌가 하는. 하지만 일단 내가 택한 길에 대해서는 더 고민하지 않아요. 그렇다고 고뇌가 없진 않죠. 저도 인간인데 그럴 리가 없죠. 저도 매일매일 흔들리고 비틀거리면서 가는 거예요.

김진세 얘기를 좀 거슬러 올라가자면, 어렸을 때 산에 다니면서 활기찼는데 대학 입시에 실패한 뒤 슬럼프였던 것 같고요. 또 그 이후에는 지금 모습 그대로 굉장히 밝아지셨잖아요.

한비야 그때는 사회적으로 미숙한 나이인 데다가 저처럼 세상을 다르게 사는 롤모델이 없었던 거죠. 대학 떨어지면 재수해서 이듬해 가는 게 정상이잖아요? 근데 멀쩡한 아이가 6년씩…. "멀쩡한 애가 왜 저러고 있어" 등등 6년 동안 사회적인 압박이 있었을 거예요.
게다가 그때가 민주화 운동을 한창 하고 있을 무렵인데 저는 서울역 역마차 다방이라는 클래식 다방 DJ였거든요. 그때 생각나세요? 서울역 앞에 까맣게 사람들이 모였잖아요. 저도 민주화에 뭔가 기여하고 싶은데, 고졸 신분이라 할 수가 없다는 자괴감이 있었어요.
남자 친구 어머니조차 대놓고 "아니, 고졸이란 말이야"라고 했어요. 제가 지금 고졸일 뿐이지, 나중에 뭐가 될지 모르는 사람이잖아요? 평생 다방 DJ를 하면서 살 사람은 아니라는 걸 못 본 건 그분 잘못이죠. S대 법대 다니는 아들이었으니, 여자 친구라고 하면 대단할 줄 알았는데 그게 아니니까. 어쨌든 그런 것들이 저를 괴롭혔었죠.

나는 다만 멋있으려고 노력하는 사람

김진세 성격이 급한 편인가요?

한비야 급하죠. 긴급구호 팀장 하면서 더 급해졌어요. 말도 빠르고 밥도 빨리 먹고.

김진세 선생님 인터뷰 기사를 읽으면서 재밌던 게, 예전에는 말이 두 배로 빠르다고 나왔는데, 최근에는 세 배 빠른 걸로 나왔어요(웃음).

한비야 어려서는 말 빠르다고 욕도 많이 먹고 야단도 많이 맞았는데, 그러고도 안 고쳐지는 거면 정말 안 되는 거잖아요? 그래서 작전을 달리했어요. 발음을 정확하게 하기로. 발음이 안 새도록 하기 위해 아침마다 큰 소리로 시를 읽어요.

김진세 다른 사람에 대한 친밀감을 느끼는 걸 사랑이라고 표현할 수도 있겠는데요. 선생님은 더 강하게 느끼시는 것 같아요.

한비야 그래요, 전 사람을 보면 그냥 반가워요. 저를 처음 만난 자리에서도 사람들은 무장해제를 잘하는 것 같아요. 저한테 오는 사람은 비밀 같은 거 있으면 안 돼요. 잘 털어놓거든요(웃음).

김진세 선생님도 다 털어놓나요?

한비야 저는 유리상자 안에 살고 있는 느낌이에요. 너무 속속들이 드러내서, 내가 이렇게 하고 살아도 되는 건가 싶을 정도예요. 늘 현재 상황에서 최대를 보여 주고 싶어요.
'내가 이렇게 보이면 사람들이 실망하겠지, 나를 어떻게 볼까' 그런 생각 전혀 안 해요. 전 허명(虛名), 헛된 이름이 제일 무서워요. 사람들이 저를 평가절하 하는 것도 싫지만, 평가절상 해서 "오오, 한비야 선생님~" 이러는 것도 싫어요. 전 그렇게 멋있는 사람이 아니에요. 다만 멋있으려고 노력하는 사람이에요. 그것에 대한 노력상을 주시겠다면 기꺼이 받고 싶어요.

허명(虛名), 헛된 이름이 제일 무서워요.

저는 그렇게 멋있는 사람이 아니에요.

다만 멋있으려고 노력하는 사람이에요.

그것에 대한 노력상을 주시겠다면 기꺼이 받고 싶어요.

김진세 선생님, 자기를 있는 그대로 보여 줘서 그걸로 창피하지 않을 자신이 있다고 말하는 사람만큼 멋있는 사람이 어디 있어요?

한비야 저랑 같이 다녀 보면 알아요. 좀 전에도 갑자기 화를 벌컥 내고 왔어요. 그렇게 벌컥증이 있어요. 제가 기본적으로 뜨거운 사람이라 옆에 있는 사람들이 데게 되어 있어요.

김진세 따뜻하게도 해주시잖아요.

한비야 그러니까 주위에 있는 사람들한테 얘기하죠. "나 때문에 손을 델 때도 있지만, 대부분은 따뜻하지 않느냐(웃음)." 하지만 나이가 들면서 바르르 하는 게 없어졌으면 좋겠다는 생각은 해요. 왜냐하면 본인도 괴롭지만 주위에 있는 사람들은 얼마나 괴로울 거야, 그죠?

김진세 허명이 무섭다고 하셨는데 그거 말고요, 오지 다닐 때나 구호활동 하시면서 정말 물리적으로 무섭거나 두려운 적은 없으셨어요?

한비야 없다면 거짓말이죠. 불이 난 현장에 불을 끄러 들어갔는데, 그렇지 않겠어요? 걱정은 있어요. 하지만 제가 돌봐야 할 남편, 아이, 부모님이 없기 때문에 다른 사람에 비하면 자유로울 수 있었어요. 하고 싶은 일을 하다가 죽는 건 영광이라고 생각했어요. 어차피 사람은 죽는 거 아니에요? 하기 싫은 일 하면서 징징대다가 침대에서 죽는 것보다 장렬하게 전사하는 것도 나쁘지 않다고 생각했어요. 사람이 죽는 게 두렵다? 지금 이 순간에도 차에 치이는 사람이 있고, 별일을 다 당하잖아요. 구호현장이 조금 더 위험한 거지 생각만큼 그렇진 않아요.

김진세 선생님을 알아 가면서 잔 다르크 같다는 생각을 했어요. 지금도

"현장에서 죽는 게 낫지"라고 말씀을 하시는 게(웃음). 정말 그래요. 진짜로요.

한비야 그러니까요, 제가 여전사 같은 이미지가 있다니까요. 이런 생각이 들어요. 하느님께서 저한테 굉장히 좋은 배역을 주신 것 같아요. 악역을 맡는 사람도 있는데 말이죠. 그러다가 '아웃(out) 사인'을 받으면 전 언제든지 "그동안 즐거웠어요" 하고 나갈 수 있어요. 그동안 제가 받은 걸 돌아보면 앞으로 더 좋은 걸 주실 게 뻔하고, 만약에 저를 거둬 가시면 그것도 다 이유가 있는 거니까.

이제는 매일 자야겠다, 그것도 생각만

김진세 혼자 사시면 밥은 어떻게 드세요?

한비야 제가 8층에 살고, 언니가 6층에 살아요. 밥은 언니가 다 해줘요. 집에 있는 날은 별로 없지만, 집에 있으면 해주죠.

김진세 빨래 같은 건?

한비야 하죠, 그거 얼마나 된다고. 저는 오랫동안 혼자 여행한 사람이잖아요. 매일매일 빨아요. 배낭 안에 옷이라고 티셔츠 두 개밖에 없는데, 오늘 빨지 않으면 내일 입을 게 없으니까요. 매일 산에 가는데 다녀와서는 빨래를 꼭 해요.

김진세 음식은 가리지 않고 잘 드신다고 하셨고. 술은 하세요?

한비야 하죠. 와인을 하는데, 많이 마시지는 못해요. 이것도 일종의 직업병인데, 비행 시간이 거의 40시간에 달할 때가 있어요. 그때는 잠을 자지 않을 수가 없어요. 억지로 자려면 술을 마셔야 하는데 평소에 '술집'을 늘려 놓으면 비행기 안에서 못 자는 거예요. 그래서 아예 주량을 늘리지 못해요. 비행기 안에서 잘 자려고.

김진세 아이구야.

한비야 그게 어쩌다가 여행하는 사람에게는 경험이지만, 매번 겪는 사람에게는 고역이거든요. 비행기 한번 타면 열댓 시간, 2~3일 걸려서 가는 여정에서는 비행기 안에서 자지 않으면 안 돼요.

김진세 건강하시죠?

한비야 어떻게 하는 게 건강하다고 생각하는지는 모르지만, 좋았다 나빴다 해요.

김진세 관리는 하세요?

한비야 관리는 하죠. 매일매일 등산하잖아요. 관리해야 돼요. 잠도 불규칙하고, 먹는 것도 제가 좋아하는 건 다 영양가가 없는 거예요. 비빔국수, 떡볶이, 라면 이런 거요.

김진세 다 빨리 먹을 수 있는 거네요.

한비야 저랑 같이 일주일만 있으면 영양실조 걸려요(웃음). 출판사 편집자가 저랑 일주일 동안 같이 있었는데, 회사 갔더니 다들 "한비야 선생이랑 있었으면 영양실조 걸렸을 테니 맛있는 거 먹어야 한다"고 해서 삼계탕 먹었대요. 아니 수육을 먹었대나(웃음)? 그날도 전 비빔국수 먹었습니다(웃음)! 몸에 좋은 일을 별로 하고 있지는 않지만, 체력은 타고났으니까요. 지금은 그래도 매일매일 자야겠다고 생각은 해요.

김진세 그럼 보통은 매일 안 잔다는 말씀이세요?

한비야 네, 매일 안 자요. 오늘도 어젯밤에 한숨도 안 자고 나온 거예요. 내일부터 굉장히 중요한 교육이 있는데 지난 주말까지 책 쓰느라고 아무것도 못 했거든요. 오늘 저녁에 미팅 있는데, 긴급구호 팀장 9년 차가 버벅댈 수 없잖아요.

김진세 게다가 잠들 때 지쳐서 자지 않으면 기분이 좋지 않다고도 하셨어요.

한비야 지금도 그래요. 왜냐면 힘이 남았다고 생각하니까. 잠은 청하는 게 아니라고 생각해요. 그게 아마 임상학적으로는 되게 좋지 않을 거예요. 그런 저를 아이들이 따라 할까 봐 걱정이에요. 좋아하는 사람 닮고 싶어 하잖아요? 저를 보고 결혼을 할까 말까 망설인대요. '나는 임자를 못 찾았을 뿐이다. 제발들 결혼해라. 내가 너희들 때문에 살신성인하는 셈 치고 결혼을 해야겠다'고도 하고요(웃음).

김진세 올 초 이화여대 신입생을 대상으로 가장 닮고 싶은 여성 인사에 대한 설문을 했는데 선생님이 2등을 하셨어요. 근데 3등이 누군지 아세요? 유관순 열사.

한비야 유관순 열사요? 예전에는 닮고 싶은 사람으로 대단한 정치인, 재계 인사들이 뽑혔는데, 해마다 제 순위가 높아져요. 성공의 기준이 달라지는 게 아닐까 해요. 저처럼 하고 싶은 일을 하면서 자기도 즐겁고 남도 즐겁고, 그런 걸 성공으로 보기 시작한 것 같아요.
그렇지 않으면 제가 거기에 낄 리가 없어요. 저는 월드비전 긴급구호 팀장 19명 중 한 사람이에요. 그 자리가 탐나는 사람이 있을까요? 애들은 대통령도 탐내지 않는데.

김진세 교감이 되어서 그런 거겠죠.

한비야 그 교감이라는 것도 '저 정도면 나도 하겠다'는, 만만한 사람이라는 느낌이 아닐까요? 《지도 밖으로 행군하라》에서 '물을 틀어 놓고 양치하면 한 번에 6리터를 버리는 셈이 된다. 그렇게 열 번을 하면 60리터. 그럼 난민 시설에 있는 사람 열 사람이 쓸 물을 양치질로 흘려 버리는 거다'라고 했더니 정말 아이들이 양치 컵을 써요. 그건 되게 즐거운 일인 것 같아요. 그런 건 정말 닮았으면 좋겠어요.

김진세 저도 책을 쓰니까, 가끔 제 얘기를 해달라는 제의를 받는데 굉장히 두렵더라고요. 문장 하나 쓸 때도, 사람들이 어떻게 생각할지를 걱정하게 되고.

한비야 그러면 오히려 다음 스텝을 못 나가요. 지금 자신의 모습을 그대로 보이지 않으면 다음에 어떻게 성장하고 성숙했는지를 보일 수 없어요. 현재 성장·성숙하지 않았는데 한 것처럼 포장을 하면 앞으로의 3, 4년은 그걸 캐치업(따라잡기) 하기 위한 삶이잖아요. 그럼 인생을 즐길 수가 없어요.

꿈꾸기에
늦은 때는 없다

김진세 좀 전에 들은 첩보에 따르면, 공부하러 가신다고요?

한비야 네. 제가 지금 하는 게 인도적 지원이잖아요. 그 분야에 관한 석사과정이 있어요. 미국 보스턴에 있는 터프츠(Tufts) 대학에.

김진세 진짜 공부를 또 하러 가시는군요.

한비야 긴급구호 팀장 9년 차인데, 현장에만 있는 건 구슬만 가지고 있는 것과 같아요. 구슬도 꿰어야 보배잖아요? 현장에서 일하다 보니 실전에 안 맞는 정책이나 매뉴얼도 보이고, 제가 한 현장 경험이 정책에 제대로 반영되면 얼마나 쓸모 있을까 하는 생각이 들었어요. 앞으로 10년간은 또 이 일을 할 텐데, 2년을 투자해서 더 잘하고 싶었어요.

김진세 그럼 향후 2년은 공부를 하실 거고요. 그 이후 스케줄은?

한비야 하나도 몰라요. 일단 여기 끈을 다 끊고 가요. 돌아오면 강의해 달라는 요청도 있었는데 답을 남기지 않았어요. 어떤 끈도 마련하고 가지 않아요. 제가 이름하여 '바람의 딸'이잖아요. 자유롭고 싶어서요. 제가 지금 환승역에 왔는데 타고 있는 기차에서 내려야 환승이 되는 거잖아요.

김진세 꿈과 현실과의 괴리 때문에 힘들어하는 독자들에게 해주고 싶은 말씀이 있다면?

한비야 지금 내 인생이 축구 경기의 몇 분을 뛰고 있는지 생각해 봤으면 좋겠어요. 저 같은 경우는 50이 넘어가니 이기는 경기보다 멋진 경기를 하고 싶어요. 졌는데도 멋진 경기가 있잖아요. 이기고 후진 경기보다 지고도 멋진 경기를 하는 편이 더 행복하지 않나요!
그래서 이렇게 얘기해 주고 싶어요. '늦었다고 생각하지 마라. 기회가 갔다고 생각하지 마라.' 그리고 지금 두드리는 문이 있다면 열릴 때까지 두드렸으면 좋겠어요. 열리지 않을 수도 있어요. 그러나 끝까지 두드려도 안 열리는구나, 납득을 해야 포기의 고통이 없어요. 끝까지 해본 사람은 후회도 없어요. 다른 문을 두드리면 되니까요.

• • •

그녀에게서 대영제국의 막강한 군사들을 물리치고 프랑스를 구한 성녀 잔 다르크를 보았다. 잔 다르크가 외세에 맞서 싸웠다면, 한비야는 '정글의 법칙'에 맞선다. 한 여자는 칼을 들었고, 다른 여자는 사랑으로 감싸 안았다. 두 여자 모두 강하다. 내면에 무서운 힘이 감추어져 있다.
융(Jung)은 그 힘을 '아니무스'라고 했다. 남성의 내면에는 '아니마'라는 여성성이, 그리고 여성의 내면에는 '아니무스'라는 남성성이 있다. 무의식 속에 숨어 있어 스스로는 볼 수 없지만, 인간의 행동 양식에 많은 영향을 준다. 보통 아니무스는 자신의 아버지를 닮아 간다.
그녀를 한없이 사랑하던 아버지가 있었다. 아버지는 조건 없이 무한한 사랑을 퍼부었고, 그 사랑이 그녀를 강하게 만들었다. 깜짝 놀랄 그녀의 자신감과 자존감 그리고 희생(스스로는 그렇게 생각지 않더라도)은 자신을 사랑하는 태도에서 나온 것이고, 그런 태도는 아버지의 사랑으로 이루어진 것이다. 그녀가 사람들을 뜨겁게 달구는 '긍정의 힘'은 열정이고, 그 열정의 근원에는 산을 사랑하던 아버지가 있었다.

김진세의
긍정 처방전
12

열정과 열정 사이, 휴식

중년의 남자에게도 뜨거운 가슴이 있을까? 중년 남자를 뜨겁게 만들기는 쉽지 않다. 그러나 한비야를 만나고는 이런 일반론이 틀렸음을 알았다. 그녀와 만난 불과 몇 시간 동안, 내 가슴은 뜨거워졌다. 가슴뿐만 아니라 머릿속까지 뜨거워져, 당장 무슨 일이든 저지르지 않으면 안 될 것 같았다. 틀림없이, 중년이 아니라 소년과 청년, 심지어 나이든 어르신까지도 가슴을 뜨겁게 달구어 놓을 것이라는 확신이 들었다. 도대체 그녀의 무엇이 사람들을 들뜨게 하는 걸까?

그녀는 열정적이다. 고통받는 사람들을 바라보는 눈길에서, 그들을 위해 '여전사'처럼 죽기 살기로 싸우는 모습에서 열정을 읽을 수 있다. 늘 안주하지 않고 변화를 추구하는 삶의 역동성에도, 하루 걸러 자다가 요즘은 매일 자려고 노력한다는 생활 태도에도 역시 열정이 묻어 있다. 사람들과의 관계 맺음과 종교까지도 뜨겁게 사랑하니, 그녀 자체가 열정이다. 때로는 지치고 힘들 텐데, 지친 내색 없이 그저 불같이 활활 타오르는 삶을 살고 있다.

그녀처럼 열정적인 사람들이 참 부럽기 그지없다. 무한 에너지가 샘솟는 로봇처럼 지치지 않는다. 창의적이고 근면하고 치밀하다. 기운이 넘치고 활활 타올라 폭발하기도 한다. 삶이 뜨거운 사람은 행복해 보인다. 나도 그렇게 열정적이었으면 하고 바라게 된다.

하지만 솔직히 이야기해 보자. 정말 늘 열정적이면 행복할까? 우선 늘 열정적인 사람은 외롭기 쉽다. 주변 사람들이 동지와 적으로 명확히 구분되기 때문이다. 열정적인 것은 부러움의 대상인 동시에 질투의 대상이 되기도 한다. 허명이라고 했듯이, 그다지 뛰어나지도 않은데 너무 치켜세워지는 것은 잘못하지도 않았는데 미움을 받는 것만큼 힘든 일이다. 나를 떠받드는 사람들에게는 기댈 수 없고, 질투하는 사람에게는 긴장을 풀 수 없다.

두 번째는 아프기 쉽다. 끊임없이 돌아가는 기계는 종종 조이고 닦아 주는 기계보다 빨리 고장 나고 수명이 짧아진다. 사람도 마찬가지다. 때로는 멈춰 쉬어야 한다. 쉬면서 에너지를 보충해야 한다. 열정에 휩싸여

사는 사람들은 육신에 흠집이 생기기 쉽다.

세 번째는 허망함에 젖을 수 있다. 열정은 때로는 이성을 마비시키기 때문이다. 감정이 옳다고 시킨 일을 하면 재미는 있겠지만, 그렇다고 전부 올바른 일은 아닐 것이다. 이성이 마비되면 앞뒤 가리기가 힘들어진다. 시간이 흘러 자신을 돌볼 시간이 되면, 열정적으로 했던 일들이 다른 사람을 아프게 하거나 나 자신을 욕되게 할 수도 있다. 그런 원치 않는 결과와 맞닥뜨리게 되면 누군들 허망하지 않겠는가.

그럼에도 불구하고 우리는 열정이 부럽다. 그리고 마술적인 생각이지만, 우리가 원할 때만 열정이 활활 타올랐으면 하고 바란다. 에너지이기 때문이다. 기름이 가득 찬 자동차가 원하는 곳까지 걱정 없이 갈 수 있는 것처럼, 열정이 가득한 사람은 원하는 바를 쉽게 얻을 수 있다.

어떻게 하면 열정적으로 살 수 있을까? 나 같은 중년의 아저씨에게는 힘든 일이다. 불씨조차 남아 있지 않을 수 있으니까 말이다. 하지만 젊은 사람들이라면 이야기가 다르다. 그대들 속에 있는 열정에 불을 붙이기만 하면 된다.

우선 좋아하는 일을 찾아야 한다. 좋아하는 일을 할 때는 신바람이 나기 때문이다. 신바람이 열정에 불을 지펴 줄 것이다. 다만 문제는 자신이 무엇을 좋아하는지 모른다는 데 있다. 시간 가는 줄 모르고 열에 들떠 몰입할 수 있는 일이라면 그것이 자신이 좋아하는 일이다. 경제적 이득이 없음에도 시간과 돈을 투자하고 있다면, 그것이 좋아하는 일이다.

하지만 좋아한다는 이유만으로 열정을 불태웠다가는 자신의 미래마저도 불태울 수 있다. 그래서 필요한 것이 미래 지향적 방향성이다. 어디를 향해 가는지 내 안의 방향성이 분명하다면, 아무리 즐거운 일이라 해도 삶에 도움이 안 되는 것은 멀리하게 될 것이다. 사랑도 마찬가지이다. 아무리 뜨거워도 미래가 없으면 곧 시들고 만다.

그리고 가장 중요한 것 한 가지! 반드시 휴식이 필요하다. 정열과 정열 사이의 휴식은 스스로를 태워 재가 되지 않게 하는 중요한 부분이다. 늘 뜨겁기보다는 가끔은 열을 식혀 줘야 더 행복해진다.

사진 제공_《권오중의 굿잇츠》

대학 재학 시절 랩댄스대회에서 우승을 차지하며 서태지와 아이들 뮤직비디오 백댄서로 연예계에 데뷔했다. 1994년 청춘드라마 〈사랑의 인사〉에 출연하며 두각을 나타냈으며, 이후 〈순풍산부인과〉, 〈천생연분〉, 〈다모〉, 〈살맛납니다〉 등 영화와 드라마를 오가며 굵직하고 진솔한 연기로 인정받아 왔다. 그가 인생의 새로운 전기를 맞은 건 스물여섯에 여섯 살 연상의 아내와 결혼하고 이듬해 태어난 아들 혁준이로 인해 '가족'이라는 든든한 울타리가 생기면서부터다.
드라마 〈식객〉 출연 이후 한식과 양식조리사, 바리스타 자격증을 취득한 데 이어 한국호텔경영전문학교 외식조리학과 겸임교수로 위촉된 바 있다. 또한 2002년 시작한 '천사를 돕는 사람들의 모임' 활동 외에 희귀난치성질환연합회, 한국인체조직기증지원본부, 희망의 러브하우스 등의 홍보대사로도 활동 중이다.

당신의 우선순위는 무엇인가요?

배우 권오중

선이 굵은 권오중을 보면 '남자답다'는 생각이 절로 든다. 드라마에서의 역할도 힘 있고 반항적인 모습이 어울린다. 토크쇼에 나오면 걸진 입담으로 유쾌한 마초란 어떤 것인지를 보여 준다. 그런데 그가 아이를 위해 요리를 한단다. 무려 요리책까지 만들었다. 하루하루 방송 활동을 하느라 정신없고 바쁠 텐데 어떻게 그럴 수 있을까? 무슨 이유 때문에 아이에게 직접 요리를 해주어야만 했을까? 그를 만나러 가는 길, 마초의 변신이 궁금해졌다.

맛있게 먹는 아이 보며
앞치마 질끈

김진세 지난번 내신 책 표지에 나온 아이가 아들 혁준인가요? 튼튼하게 생겼는데요!

권오중 네. 지금은 그렇지만, 예전에는 많이 아팠어요. 태어날 때부터 약했거든요. 모유를 안 먹어서 입원도 했는데, 두 살, 세 살이 되어도 잘 안 먹으니까 애가 먹는 거면 뭐든지 먹였었어요.

김진세 저희 둘째 아이가 그랬는데, 지금은 너무 잘 먹어요.

권오중 저희 아이도 자라면 바뀌겠군요. 어릴 때부터 아이 피검사 결과가 안 좋게 나왔어요. 원인을 잘 몰랐는데, 피 관련 연구를 해온 박사님께서 저희가 그동안 아이에게 몸에 안 좋은 것만 먹여 왔다면서 식단표를 짜주셨어요. 밀가루 같은 건 절대 안 되고 식품 첨가물이 들어가지 않은 유기농 식품을 먹여야 한다는데, 고춧가루는 유기농을 찾기가 힘들더라고요. 게다가 한식에 고춧가루가 들어가지 않은 음식이 없잖아요?

김진세 그렇죠.

권오중 "고향에서 어머니가 고추 농사를 지으시니까 주겠다"는 분들도 계셨어요. "정말 농약을 한 번도 치지 않은 고추냐"고 물어보면, 실은 몇 번 뿌렸다고 하시고(웃음). 어쩔 수 없이 화분에 고추 모종을 심었는데, 그걸 본 부모님께서 안타까워하시면서 텃밭에 고추 농사를 짓기 시작하셨어요. 그렇게 1년 만에 비로소 아이가 고춧가루 들어간 음식을 먹을 수 있게 되었어요.

김진세 정성이 대단하네요. 그렇다고 그런 음식을 아이만 먹일 수는 없는 거잖아요?

권오중 아이와 먹을 때는 저희도 같이 먹죠. 하지만 저는 사회생활을 하다 보니, 밖에서 가끔 스트레스 풀기도 해요(웃음). 다만 아이가 과자를 찾으면 "그건 안 돼. 쓰레기야"라고 말렸더니, 다른 아이들이 과자 먹는 걸 보면 "저거 쓰레기인데"라고 해서 당황하게 만든 적도 있죠(웃음).

김진세 아이가 자라면서 점점 친구들과 어울릴 시간이 많으니까 아마 그런 식생활 원칙을 지키는 게 더 어려워질 거예요.

권오중 그렇죠. 일단 학교에서도 급식을 하니까요. 한 달 식단표를 미리 받아 보면 가끔 햄버거, 스파게티, 자장면이 나와요. 고민이 되는 거죠. 지금껏 잘 지켜 왔는데 그 한 끼로 인해서 무너질 수 있잖아요. 1년 정도는 대체 메뉴를 만들어서 도시락을 싸주기도 했어요. 이를테면 스파게티 대신 쌀국수 같은 걸로요. 혹 아이가 창피해하면 어쩌나 했는데, 오히려 부모가 자신을 특별하게 신경 써준다고 느끼더라고요. 아이가 음식 때문에 스트레스를 받기도 해서 지나치게 가공되지 않은 간식류나 집에서 만들기 힘든 아이스크림은 한 달에 한 번 정도 먹여요.

김진세 어떻게 보면 권오중 씨는 극성맞은 아빠잖아요. 아내 분의 반응은 어떠세요?

권오중 그런 식생활은 아내가 시작한 거예요. 그때만 해도 제가 요리에 대해서 잘 몰랐어요. 이후 드라마 〈식객〉을 하고, 요리 관련 자격증을 따면서 관심이 많아졌어요. 제가 한식과 양식을 배우면서 활용하는 법이 늘었잖아요? 그때부터 아내가 저한테 배우는 입장이 된 거죠. 일이 없을 때면 저녁은 거의 제가 해요. 요즘같이 아이가 방학일 때는 두 끼 이상 챙기고요. 제가 해주면 맛이 있고 없고를 떠나서 아이가 잘 먹어요. "오늘은 누가 밥할 거냐"고 물어보고는 "엄마가 한다"고 하면 "아빠가 해달라"고 해요.

김진세 혁준이가 요즘은 정상 체중이에요?

권오중 많이 좋아졌어요. 완전히 정상은 아니지만, 키도 많이 크고 부쩍 좋아졌어요.

딸 같은 막내아들,
형들을 제치고 먼저 결혼하다

김진세 오중 씨는 어렸을 때 튼튼했어요?

권오중 저희는 3형제인데, 다들 허약했어요. 안 그렇게 보이죠(웃음)? 아이들이 허약하고 코피를 자주 흘리니까 어머니가 늘 인삼 달이고, 사골 고고…. 밥상에 고기가 올라오지 않은 적이 없어요. 지금도 부모님

댁에 가면 다 고기 반찬이에요. 광우병 파동 같은 게 터져도 저희한테 전화하셔서 "그래도 너희들은 고기를 먹어야 한다"고 하시죠(웃음).

김진세 3형제였으니, 자랄 때 대단했겠어요.

권오중 게다가 거의 연년생이라 많이 싸웠어요. 큰형은 워낙 싸움을 잘하는 편이었고, 둘째 형은 순했어요. 제가 악바리 같은 면이 있어서 둘째 형이 저한테 많이 졌죠. 지금은 제일 좋은 술친구가 형들이에요. 형제끼리 만나니까 안주도 더 좋은 것으로 먹고, 돈도 아깝지 않고(웃음).

김진세 아버님은 어떤 분이세요?

권오중 어머니보다 요리를 더 잘하셨어요. 어릴 때 들은 바로는 아버지가 힘든 시기에 포장마차를 하셨대요. 아버지도 워낙 고기를 좋아하시는데, 김치찌개를 끓일 때 살코기 없이 돼지 비계를 넣고 끓이세요. 그런데 정말 맛있어요.

김진세 갑자기 입안에 침이 고이는데요(웃음). 아버님께서는 어떤 일을 하셨어요?

권오중 학력이 짧아서 온갖 일을 다 하셨어요. 제가 태어나기 전에는 포장마차를 하셨고, 용산 청과물 시장에서 채소 가게도 하셨고요. 제가 중학교 때부터는 시골에서 조그만 양계장을 하셨어요. 그걸로 저희가 학교를 다녔죠.

김진세 아버님 성격은 어떠세요?

권오중　불같으시죠. 고기를 좋아하는 사람들 성격이 그렇거든요. 항상 아내는 저한테 "당신은 고기를 좋아하기 때문에 성격이 급하고 포악하다"고 해요(웃음). 채소를 많이 먹어야 한다고요.

김진세　어머님은 어떠셨어요?

권오중　자식들한테 헌신적이시죠. 몸 약한 저희들을 안고, 업고 유명한 의원을 다 찾아다니셨어요. 지금도 3형제를 위해서 늘 김치를 담그고 반찬을 만드시죠.

김진세　그래도 막내니까 부모님의 사랑을 가장 많이 받으셨겠네요?

권오중　그렇죠. 원래는 막내는 딸을 낳자는 합의하에 저를 임신하셨는데, 아들이 태어나는 순간 아버지는 기분이 상해서 바로 술 마시러 나가시고(웃음), 어머니는 그렇게 우셨대요. 어릴 때 전 치마 입고 머리 묶고 다녔어요. 형들한테도 언니라고 부르고요(웃음). 그 정도로 딸을 키우고 싶으셨나 봐요. 저한테 정이 많으시죠. 그리도 저를 사랑하셨는데, 제가 가장 많은 상처를 드렸어요.

김진세　어떤 상처를 드리셨는데요?

권오중　형들은 모범적이었는데, 저는 워낙 잘 놀았어요. 대학 가니까 신세계가 펼쳐지잖아요(웃음)! 제가 록카페 세대거든요. 거의 거기서 살았어요. 춤추는 문화에 빠져서 집에는 거의 안 들어가고 친구 집에서 자고…. 거기까지는 괜찮았는데, 형들도 제치고 갑자기 결혼을 하겠다고 한 거죠. 부모님 의지와 상관없이 결혼을 강행했어요. 그때 충격이 커서 한때 우울증도 겪으셨대요.

김진세 청소년기는 어땠어요?

권오중 어렵게 자랐어요. 제가 초등학교 5학년 말에 아버지가 보증을 잘못 서시는 바람에 집안이 망했어요. 부모님이 제 초등학교 졸업식에도 못 오셨어요. 빚쟁이에게 잡혀 계셨거든요. 그 후부터는 지하 단칸방에서 살았어요. 먹을 것도 없었고 굉장히 힘든 시기를 보냈죠. 그래도 성격이 좋아서 친구들은 저에게 그늘이 있다고는 생각을 못 했어요. 단지 돈이 없는 건 알았죠. 늘 얻어먹곤 했으니까.

김진세 어려웠던 집안이 다시 나아진 건 언제였나요?

권오중 저도 그렇고 형들이 학교 마치고 졸업해서 각자 벌이를 하면서 나아진 거죠. 형제들 중에 제가 가장 먼저 사회에 진출했거든요. CF 쪽 아르바이트를 하다가 우연히 연기를 하게 됐는데, 돈이 들어오는 거예요! 그걸로 형들 학비도 도와줬어요. 그러니 참 고마운 자식이었죠.

김진세 이제 경제적으로 좀 나아지겠다 싶은 상황에 덜컥 결혼을 하겠다고 하니 부모님께서 놀라실 만도 했겠네요. 부모님 입장에서는 결혼하는 아들에게 도움을 주지 못하는 게 가장 마음 아픈 일이셨을 거예요.

권오중 그게 한이 되셨죠. 결혼할 때 아내한테 해준 건 100만 원도 안 되는 결혼반지 하나가 전부였어요. 당시에 저에게 1,200만 원이 있었고, 아내에게 300만 원이 있었거든요. 그 돈으로 보증금 1,500만 원에 월세 20만 원 7평짜리 반지하 월세방에서 신혼 생활을 시작했어요.

김진세 결혼 허락은 어떻게 받으셨어요?

권오중 하루는 데이트를 하다가 밤 10시를 넘겼어요. 아내 집안이 무척 엄해서 저녁 7시면 집에 들어가야 했거든요. 대학 때도 MT 한 번 못 갔을 정도예요. 그런데 10시를 넘겼으니….

김진세 난리가 났겠네요.

권오중 아내를 들여보내고 혹시나 해서 문밖에서 기다렸어요. 역시나 아내가 울면서 나오더라고요. 아버지가 저랑 같이 들어오라고 하셨다는 거예요. 얼마나 겁이 났겠어요(웃음). 어찌 됐건 여자 친구가 울고 있으니까 들어갔죠. 장인어른은 팔짱을 딱 끼시고, 옆에는 남동생들도 서 있고요. '우리 착한 누나가 저 어린 놈 때문에 잘못됐다'는 그런 눈으로 저를 쳐다보더라고요(웃음).

김진세 장인어른께서는 뭐라고 하시던가요?

권오중 "직업이 뭔가", "배우, 막 시작했습니다". "학교는 졸업했나", "아직 못 했습니다". "어떻게 먹고살 건가", "열심히 먹고살겠습니다…". 그런 말도 안 되는 대답을 하니까 장모님은 완전히 낙담하셨는데 장인어른께서는 "자네가 리어카 끌고라도 내 딸을 책임질 수 있다면 나는 허락하겠네"라고 하시더군요. 좀 '쿨'하셨어요.

김진세 멋있으시네요. 그래도 나머지 가족을 설득하기 쉽지 않았죠?

권오중 반대가 심하셨죠. 너무 힘들어하는 아내를 위해 정말 해줄 게 없어서, 생일날 구청에 데려가서 혼인 신고를 한 게 생일 선물이었어요. 여기저기에 결혼식 협찬을 부탁해서 날짜를 잡았어요. 그러고도 용기가 없어서 술을 한잔 하고서 장모님께 전화를 걸었죠. "저희 혼인 신고도 했고 결혼 날짜도 잡았다"고요.

김진세 부인께서도 대단하세요. 어렵게 가정을 꾸렸으니 부부 사이는 정말 더 좋았겠어요. 그래도 어려움은 있었겠죠?

권오중 7평짜리 방이니까 누가 어디에 있는지 한눈에 들어왔어요. 부부가 거의 떨어지지 않는 거죠. 아내는 그렇게 한 테두리 안에 있었던 게 가장 좋았다고 하더라고요. 저도 그게 좋았지만 한편으로는 어릴 때 한 결혼이라 좀 답답한 면도 있었어요. 아이를 일찍 낳음으로써 제 생활에서 많은 걸 포기하게 되었으니까요.

김진세 아이가 부부 관계를 더 좋게 해주는 면이 있어요. 혁준이가 태어나면서 몸이 약했던 게 어떻게 보면 부모에게 공통의 관심사 하나를 더 준 셈이잖아요.

권오중 그렇죠. 아이가 아파서 응급실에도 많이 갔어요. 아이를 키우면서 힘든 게 뭔지, 감사한 게 뭔지를 알게 됐어요. 아이가 마냥 건강하게 잘 자라 주었다면 오만하게 살았을 거라는 얘기를 아내와 한 적이 있어요. 아이를 통해서 낮아지고 겸손해졌죠. 어떻게 보면 아이는 우리 집에 굉장한 축복의 통로가 된 거예요. 소중한 존재죠.

김진세 오중 씨를 보면 참 이상적인 아버지상이라는 느낌이 들어요.

권오중 아니오, 그렇지 않아요. 아내 입장에서 보면, 철없는 형과 동생 같을 거예요. "어른이 돼 가지고 애랑 똑같이 군다"고 하죠. 저도 사실은 아직 아빠로서 포용력은 없는 것 같아요. 너무 일찍 아이를 낳았잖아요. 솔직히 스물일곱 살 때 임신 소식을 듣고는 기쁨보다는 '왜 벌써 나에

제게 있어 가족이란 최우선이에요.
아픈 아이를 안고 응급실에 가면서
'내가 지금 명예, 돈, 인기가 있으면 뭐하나.
이 아이와 바꿀 수 없는데'라는 생각을 했어요.
정말 소중한 건 가족이구나, 느낀 거죠.

게 애가 생겼나' 하는 생각이 먼저 들었어요. 태교도 잘한 편이 못 되고, 아이가 어릴 때 열성적으로 키운 아빠도 아니거든요. 그게 늘 미안했어요. 아이가 크면서 아프니까 어려서 못해 줘서 그런 거 아닌가, 일종의 죄책감도 들었고요. 사실은 그래서 이제야 잘해 주는 거예요.

김진세 이런 표현은 좀 뭐하지만, 혁준이를 낳아서 키우면서 오중 씨 철이 든다는 생각이 드는데요.

권오중 맞아요. 애를 통해서 철이 들고 있어요.

내 인생의 우선순위,
가족

김진세 오중 씨에게 가족이란 무엇인가요?

권오중 최우선이죠. 2, 3년 전만 해도 촬영지가 지방이나 해외인 작품의 출연 제의가 들어오면 안 했어요. 주인공이라도요. 왜냐면 그 일 때문에 가족과 떨어질 수가 없었거든요.

김진세 엉뚱한 질문이지만, 왜 그렇게 중요해요?

권오중 아내에겐 남편이 제일 중요하고, 아이에겐 아빠밖에 없으니까요. 제가 집을 비우면 두 사람이 너무 힘들어할 게 눈에 보이거든요. 아이가 학교 들어가기 전에는 지방 촬영 때면 가족이 다 같이 갔어요. 지금도 오랫동안 떨어져 본 경험이 없어서 제가 어디 가면 계속 전화가

와요. "아빠, 언제 와? 뭐 해?" 하고.

김진세 오중 씨가 대단하다는 생각이 드는 게, 한창 때 잘 '놀다가', 사랑하는 여인을 만나서 결혼을 하고 또 바로 아이가 생겨서 그 이후 인생이 180도 바뀌었잖아요. 혹시 하지 못한 일에 대한 아쉬움이나 후회는 없어요?

권오중 좀 오래전에 아내가 "다시 태어나도 나랑 결혼할 거야?"라고 물어본 적이 있어요. 저는 그 순간 거짓말하고 싶지 않았어요. "아니, 다시 태어나면 혼자 살 거야"라고 했죠(웃음).

김진세 그 질문에 피해 가는 방법이 있잖아요. "혹시 결혼하게 된다면 당신이랑 할 거야"라고(웃음).

권오중 그렇게 이야기했죠(웃음). "결혼하면 당신과 해. 하지만 혼자 사는 삶도 괜찮은 것 같아"라고요. 연예인이 힘든 직업이지만, 가족은 더 힘들어요. 함께 어딜 가면 저는 알려진 사람이니까 한번 스윽 보면 끝인데, 그다음 시선은 아내와 아이를 향해요. 머리부터 발끝까지 훑어보고 쑥덕쑥덕 얘기를 하니까요. 놀이동산 같은 곳에도 가지 못해요. 아이도 그 이유를 알아요. 가봐야 사람 없는 펜션 같은 곳을 가죠.

김진세 이야기를 듣고 보니 권오중 씨의 최고의 가치는 가족이네요. 내 가족을 사랑하게 만드는 힘, 곧 긍정의 힘이거든요. 그건 어디서 나오는 걸까요?

권오중 아이한테서 나오는 것 같아요. 아픈 아이를 안고 응급실에 가면서 '내가 지금 명예가 있고, 돈이 있고, 인기가 있으면 뭐하나. 이 아이와 바꿀 수 없는데'라는 생각을 했어요. 정말 소중한 건 가족이구나, 느낀 거죠. 친구들에게도 너무 일만 하고 살지 말라고 해요. 아이는 100억 원 이상의 가치를 지녔으니까, 아이에게 시간을 쏟으라고 하죠.

김진세 어떤 '권오중'이 되고 싶으세요?

권오중 글쎄요 저는… 좋은 일을 많이 했으면 좋겠어요. 배우도 물론 매력 있는 직업이고 좋지만 남을 돕는 게 더 즐겁고 행복하거든요.

김진세 언제부터 이웃을 도와야겠다고 생각하기 시작했어요?

권오중 2001년에 아이가 불치병에 걸려서 얼마 안 남았다는 판정을 받은 적이 있어요. 지금은 그 병으로부터 벗어났지만요. 정말 죽고 싶은 심정이었어요. 치료약도 없고 그냥 죽어 가는 아이를 봐야 한다는 사실이 너무너무 괴로웠어요. 그런데 어린이병동에 입원한 아이의 부모님들이 본인도 힘들 텐데, 우리 아이를 위해서 기도해 주시고 격려도 해주셨어요. 굉장히 감동을 받았어요. 그분들의 말 한마디가 저를 깨우쳤어요. 그때부터 '천사를 돕는 사람들의 모임'을 만들고 봉사 활동을 시작했어요.

김진세 어느덧 마지막 질문이네요. 행복하게 살려면 어떻게 해야 할까요?

권오중 삶에 있어서 우선순위가 있잖아요. 그건 사람마다 다르지만 무엇이 중요한 것인가에 대한 고민이 필요한 것 같아요. 한번 고통을 겪은 분들은, 그 순위가 딱 잡혀 있어요. 가족이 우선이고, 일이나 돈은 그 다음이에요.

김진세 고통을 느껴 봐야 진정한 행복을 알게 된다는 말씀이신가요?

권오중 제가 희귀난치병 홍보대사를 오래 해왔거든요. 치료약도 없이 고통받는 아이를 지켜보는 부모들은 정말 말할 수 없이 힘들지만, 그 가정은 그 아이로 인해서 행복해요. 그런 시련을 통해서 무엇이 제일 중요한지 알게 되고 또 자신이 가진 행복에 감사함을 느끼는 거죠. 희귀난치병으로 고생하는 이들의 소원이 뭔지 아세요? 보통 사람들이 너무 힘들어하는 걸 한번 해보고 죽는 거예요.

김진세 어떤 뜻인가요?

권오중 많은 사람들이 "만원 버스에 시달리는 게 힘들어 죽겠다", "밤샘 근무하는 게 힘들어 죽겠다" 등등 입버릇처럼 말하잖아요. 난치병을 가진 아이들의 부모는 내 딸이, 내 아들이 그런 일을 해볼 수 있었으면 하거든요. 그런 경험도 못 해보고 생을 마감하기 때문이죠. 그 얘기를 들은 이후로 저는 "힘들어 죽겠다"는 말을 하지 않아요. 사람들에게도 매사에 감사하면서 살라고 이야기하죠.

김진세 참, 행복해질 수 있는 음식 레시피가 있을까요?

권오중 아이가 어떻게 자랐으면 좋겠다는 마음속의 이상형이 있잖아요? 그걸 생각하면서 요리를 만드는 거예요. 예를 들어 아이의 시력이 나아졌으면 좋겠다는 마음을 담아서 요리해 주면 정말 시력이 좋아져요. 저는 음식을 만들면서 아이의 몸무게가 늘고 키가 컸으면 좋겠다는 마음을 담거든요. 재료를 손질하면서부터 아이가 웃는 모습을 상상해요. 그런 마음으로 음식을 만들면, 반드시 그렇게 된다고 전 믿어요.

• • •

방송 출연으로 바쁜 연예인 아빠가 아이를 위해 거의 매일 장을 봐서 요리를 해준다는 게 가능할까? 솔직히 의심했다. 정말 그랬을라고? 그런데 배우 권오중은 정말 그런 사람이었다. 아이를 위해 직접 고추 재배까지 시도했고, 여행을 가면서도 음식을 싸서 간다. 자기 없이 힘들어할 아내와 아들을 위해, 해외 로케이션 촬영이 많은 역할은 주연급이라도 마다했다고 한다.

'가족애(家族愛)'. 가족에 대한 사랑이 그가 갖고 있는 긍정의 힘을 함축한다. 여섯 살 연상의 아내는 사랑으로 그를 지원한다. 그리고 스물일곱 철없는 나이에 얻은 아들은 그를 부모로 성장하게 했다. 더불어 그는 아이를 통해 진정한 사랑과 행복을 보았다. 놀라운 것은 '천사모'와 같은 봉사단체를 통해 그것을 실천하고 있다는 것이다.

사랑으로 살아가는 아내, '축복의 통로'인 아들, 그가 꼭 닮은 아버지와 헌신적인 어머니, 언제든 술 한잔 할 수 있는 친구 같은 형들. 그에게 가족에 대한 사랑이 얼마나 소중한지 깨우쳐 준 사람들은 바로 그의 가족이다. 가족애의 원천은 본디 가족이었다는 사실.

오늘, 당신도 가족을 돌아보라. 그리고 "사랑해"라고 말해 보자. 그 말이 어렵다면, 김치볶음밥이라도 만들어 함께 나누면 어떨까?

위대한 가치, 가족

'가족은 최고의 가치이다.' 이 말을 부정하는 사람은 없을 것이다. 가족을 위해서라면 모든 것이 용서되고, 그 어떤 것도 포기할 수 있다. 이유가 있다.

우선, 가족은 생존의 필수조건이다. 어찌 보면 당연한 진화의 결과이기도 하다. 혼자 버려지는 것보다는 부모가 돌보는 종족이 더 많이, 더 오래 살아남게 마련이고, 함께 생활하는 경우 외부의 위협에 대항하기도 유리하다. 가족이 생존의 확률을 높여 주는 것이다.

또한 가족은 삶의 틀이 된다. 타고난 기질에 따라 좀 다르기는 하지만, 부모의 양육 방식에 따라 성격이 형성된다. 부모의 관계나 태도를 통해 어떤 배우자를 선택할지 정해진다. 위기에 빠졌을 때 탈출하는 방법도 배운다. 부모의 애정은 자존감의 원형이 된다. 삶의 틀을 가족에게서 배우는 것이다.

그리고 가족은 바로 나 자신이기도 하다. 유전적으로 부모와는 50%씩, 형제와는 적어도 25%씩 유전자를 공유한다. 세상 어느 존재와도 이렇게 닮기는 쉽지 않다. 나를 더 많이 이해하고 공감해 준다. 유전적 일치도와 더불어 같이 보낸 시간 덕택에 가능한 일이다. 존재를 부정하지 않는 한, 닮았다는 것은 가치 있는 것이다.

하지만 제각기 바쁘게 살다 보면 가족을 잊고 살기 쉽다. 기껏해야 명절이나 생일이 되어야 생각나는 존재가 가족일 수도 있다. 특히나 삶이 평탄한 사람들은, 날씨가 늘 좋은 곳에 사는 사람들이 햇빛의 고마움을 모르는 것처럼 가족의 소중함을 알지 못한다. 매서운 추위가, 흐린 날씨가 햇빛의 존재를 부각시키듯 고난이 가족을 가치 있게 만든다. 허기질 때 어머니가 해주신 따뜻한 집밥이 생각나듯, 어려운 일이 생기면 가족 생각이 가장 먼저 난다. 진심으로 자기 일처럼 나를 돕고 지지해 줄 것이기 때문이다. 나를 위해 아무것도 바라지 않고 헌신해 주는 사람이니까 말이다. 그런 추억과 감정들이 어려울 때 힘이 되어 나를 일으켜 세운다.

또 아이를 키우다 보면 갈등과 고민의 시간이 많다. 그럴 때면 어김없이 '이럴 때 부모님은 내게 어떻게 하셨지?' 하고 옛 추억을 더듬게 되어 있다. 간혹 병이 들어 몸과 마음이 고통스러울 때도 마찬가지다. 어릴 적 아픈 상처를 보살펴 주시던 손길이 생각난다. 그때 그곳으로 돌아갈 수는 없지만, 영원히 기억 속에 남아 삶을 헤쳐 나가는 힘으로 작용한다.

권오중도 예외는 아니었다. 지금은 건강하지만, 한때 병약했던 아들이 있다. 아이의 질병이 마음속 깊은 곳에 있던 가족애를 끄집어 냈다. 아들을 위해 요리를 시작했다. 아이는 그에게서 감사와 봉사의 희생 정신까지 이끌어 냈다. 그는 어머니의 희생과 아버지의 우직함을 떠올렸을 것이다. 아이를 위해 희생하고 최선을 다하다 보니, 마침내 아이가 건강해졌고 더불어 행복해지기까지 했다. 잘 알다시피, 감사와 봉사는 행복해지기 가장 쉬운 방법이다. 그에게 닥쳤던 큰 불행은 가족의 사랑이 더해지자 행복으로 바뀌었다.

가족이 있다는 것은 정말 큰 강점이다. 물론 내부의 강점은 아니다. 연인이나 친구와 같이 외부 강점 중의 하나이다. 그렇지만 모두가 가족을 내 편이라고 생각하지는 않는다. 현실에서는 나를 착취하는 가해자가 되기도 하고, 평생 죄책감에 시달리게 하기도 한다. 자식이 천덕꾸러기 골칫덩어리일 수도 있고, 부모가 철천지원수가 되기도 한다. 많진 않지만, 부모와 등을 돌리고 살아야만 하는 경우도 있다는 이야기다.

이 경우에 중요한 것은 자신이 만들어 낼 가족이다. 여러 번 얘기했듯 부모를 선택할 수는 없지만 어떤 부모가 될지는 선택할 수 있다. 서로에게 강점이 되기 위해, 사랑으로 아이를 키우고 성장시켜야 한다. 결코 자식을 자신의 분신이나 대리만족의 대상으로 삼아서는 안 된다. 자신의 문제를 해결하기 위해 자식을 낳아 기르는 것처럼 불행을 자초하는 일도 없다. 이는 자식의 삶마저 불행하게 만든다.

끝으로 가족을 떠나 독립한 사람들에게 하고 싶은 이야기가 있다. 어떻게 하면 가족과의 관계를 좋게 유지할 수 있을까? 핵심은 관심이다. 그리고 이해와 배려다. 물론 가족을 이해하고 배려하기란 쉽지 않다. 때로는 남보다 더 힘든 것이 가족이다. 하지만 관심은 또 다른 문제이다.

성장할수록 다른 인간관계가 많아지게 마련이고 그럴수록 가족과의 관계가 약해지는 것은 당연한 일이다. 그러므로 집중이 필요하다. 시간이 날 때, 적극적으로 시간을 내서 이야기를 걸고, 만나서 정을 나누어야 한다. 특별한 날의 이벤트가 아니라 일상적인 접촉이 중요하다.

행복에도 여러 가지 종류가 있다면, 그중 가장 달콤한 것이 사랑하는 사람과 함께하는 행복이 아닐까? 아무리 부정하려 해도 가족은 내가, 그리고 나를 이 세상 누구보다 사랑하는 존재이다.

영화 〈우리 생애 최고의 순간〉보다 더 감동적이었던, 2004 아테네올림픽 한국 여자 핸드볼 결승전 현장에 그녀가 있었다. 그녀는 초등학교 4학년 때 키가 크다는 이유로 핸드볼 공을 잡은 이래, 한국 여자 핸드볼의 전성기를 이끈 우리 시대 대표 여성 스포츠 스타다. 강인한 체력, 여우 같은 패스, 절묘한 슛으로 코트를 장악한 '악바리' 임오경의 이면에는 아이 낳기 이틀 전까지 경기에 나가고 출산 2주 만에 다시 운동화 끈을 묶어야 했던 인고의 시간이 있었다. 1994년부터 일본 메이플 레즈 팀의 선수 겸 감독으로 몸담으며 14년간 일곱 번의 우승을 안겼던 그녀는 2008년 서울시청 여자 핸드볼 팀 감독에 부임하며, 실업팀 역사상 최초의 여자 감독이 되었다. 2012 런던올림픽, 2014 인천아시안게임 핸드볼 해설위원으로도 활약한 바 있다.

무엇에도 지지 않는 마음

핸드볼 감독 **임오경**

〈우리 생애 최고의 순간〉(2007, 이하 우생순)은 마음속에 오래 남는 영화다. 만약 '좋은 환경에서 운동을 하다가 금메달을 땄다'는 내용이었다면 그토록 감동적이지 않았을 것이다. 생각보다 훨씬 열악한 환경을 극복하고, 혼신의 힘을 다하는 모습에서 우리 모두는 큰 감동을 받았다.

우리나라 여자들의 강함은 어디서 오는 것일까? 열악하기 그지없는 환경에서도 남들보다 더 뛰어날 수 있는 힘은 무엇일까? 〈우생순〉을 보며 떠올랐던 의문을 풀어 줄 가장 적합한 사람을 만났다. 바로 임오경 감독이다.

날아오는 공을
피하지 마라

김진세 임 감독님이 쓴 《인생기출문제집》을 보니까 '날아오는 공을 무서워하면 공에 맞는다. 그러니 똑바로 쳐다보고 피하지 말고 잡아라'라고 쓰셨던데, 핸드볼 공에 맞으면 무지 아프잖아요. 그 공에 두려움 없이 맞설 수 있는 용기가 어디서 나오는지 궁금합니다.

임오경 타고난 것 같아요. 저는 코트에 들어가면 달라져요. 신발 끈을 묶는 순간 180도 달라지거든요. 아프다가도 그 순간에는 힘이 나요. 온몸의 근육이 늘어져 있다가도, 딱 자리를 잡고 팽팽하게 긴장되거든요. 그렇게 되면 몸도 날쌔지고 힘도 세지는 것 같아요.

김진세 핸드볼이 여자가 하기에 절대 만만한 경기는 아니잖아요. 체력 소모도 많고요. 임 감독님은 원래 체력적으로 강한가요?

임오경 아주 강한 편은 아니에요. 경기를 하다 보면 움직여야 할 때와 그러지 않아야 할 때를 알게 돼요. 그러다 보면 중요한 순간에 아주 빨리 움직일 수 있지요. 그걸 두뇌 플레이라고 하죠? 선수 시절에는 두뇌 플레이에 능하다는 이야기를 많이 들었어요. 상대 선수들의 심리도 잘

읽어요. 그래서 다른 선수들보다 빨리 판단하고 반응하는 것 같아요. 감독을 하면서도 선수들의 심리를 다 꿰뚫어요. 사람을 조정하는 일이 가능하거든요. 그걸 나쁜 데다 쓰면….

김진세 네에? 그러지 마세요(웃음).

임오경 농담이죠(웃음). 그런 적도 없고 그래서도 안 되고요. 하지만 선수들의 심리를 알고 있으면 그들을 이해하고 또 지시를 하는 데 도움이 많이 돼요.

김진세 서울시청 여자 핸드볼 팀 사령탑 역할만으로도 바쁘실 텐데, 대학원 수업까지 듣는다면서요?

임오경 네. 실은 몸이 아파서 어제는 결석을 했어요. 여간해서는 절대 빠지지 않는데….

김진세 봐줄 사람이 없을 때는 딸아이를 데리고 학교에 갈 정도로 수업에 철저하시다고 들었어요.

임오경 그런 편인데, 어제는 너무 아파서 주사를 맞고 좀 쉬었어요.

김진세 아이고, 그럼 인터뷰가 힘들겠어요?

임오경 아니에요. 이제 힘이 나요. 제 천성이 그런가 봐요(웃음).

김진세 듣자 하니, 장학금도 받으셨다면서요?

임오경 그동안 운동만 하다 보니 많은 기회를 놓쳤거든요. 그래서 공부를 열심히 하게 됐어요. 어느 날 등록금 고지서가 왔는데 금액이 예상보다 적어서 학교에 문의했더니 성적 우수 장학금을 받았다고 하더라고요. 전 배우는 것이 좋아요. 처음 일본에 갔을 때도 무척 힘들었지만, 배운다는 생각으로 열심히 하다 보니 일본어를 잘하게 되더라고요.

김진세 너무 바쁘신 거 아니에요? 내일 아침에는 생방송 출연도 하신다면서요.

임오경 그것도 체질인가 봐요. 핸드볼 발전을 위해서 방송 활동을 하기 시작했는데, 체질에 맞아요. 사람들은 제가 큰돈이나 인기를 바라고 방송에 나가는 줄 아는데, 한 푼 건진 거 없어요(웃음). 예전에는 그렇게 얘기하는 사람들을 보면 화가 났는데 요즘은 많이 달라졌어요. 한 수 배운 거지요. 또 웃긴 일이 있어요. 사람들이 영화 〈우생순〉을 보고 극중 김정은 씨와 저 임오경을 헷갈려 하는 거 아세요?

김진세 그럴 수 있겠네요.

임오경 영화 속 캐릭터를 현실의 존재와 혼동하는 거죠. 물론 〈우생순〉으로 여자 핸드볼에 대한 관심이 많아지고, 저에 대해서 많이 알려진 점도 있지만 오해하시는 부분도 많아요. 그래서 이번에 대학원 논문 주제를 현실과 픽션의 경계에 대한 것으로 삼아 보려고 구상 중이에요.

김진세 재미있겠어요. 임 감독님이야 영화 이전에도 워낙 핸드볼계에서 대단한 분이셨잖아요. 일본에서 지도자 생활을 오래 하셨지요?

임오경 대학 졸업 후에 갔으니까, 스물세 살 때부터 일본에서 지냈어요. 처음에는 정말 힘들었어요. 많이 어렸거든요. 직장을 다니면서 운동을 해야 했고, 거기다 감독까지 하려니 보통 일이 아니었죠. 그런데 지나고 보니까 그 덕에 일본어 실력도 늘고, 더 빨리 적응할 수 있었더라고요. 일본 사람들과는 좀체 친해지기 힘들다고들 하잖아요? 제가 솔선수범하는 스타일이라 먼저 마음을 열어 보이니 잘 지낼 수 있었어요.

혼나기를 싫어했던 다섯째 딸, 오경

김진세 임 감독님이 워낙 펴 주는 스타일이시라면서요? 평소 성격은 어떠세요?

임오경 코트에서는 악마지요(웃음). 하지만 코트만 벗어나면 천생 여자예요. 제가 일본 팀으로 이적한다고 했을 때 어머니가 "혼자서 뭘 해 먹고 살겠느냐"며 걱정을 많이 하셨어요. 그런데 일본에 오셔서 제가 밥하고 빨래하고 사는 거 보더니 깜짝 놀라시더라고요(웃음).

김진세 어머니조차 딸의 그런 여성적인 면을 모르셨군요(웃음).

임오경 제가 또 나쁜 일은 금방 잊어요. 긍정적이지요. 한번은 일본에 있을 때 이런 일이 있었어요. 누가 봐도 꼭 이겼어야 할 시합인데 그만 지고 만 거예요. 그래서 양아버지께서 혼을 내실 줄 알았는데, 아무 말 없으신 거예요. 그저 "수고했다"고만 하시고요.
다음 날 저녁식사를 함께하다가 제가 여쭤 봤어요. "따끔하게 야단을 맞고 나면 훌훌 털고 잘 해낼 텐데, 왜 혼을 내지 않았느냐"고요. 그랬더니

"어차피 마음 아픈 것도 임 감독이 더할 것이고, 또 패배하면 이후에 더 열심히 하는 성격을 아는데 뭐하러 혼을 내느냐"고 하셨어요. 그때 어른들께 한 수 배웠어요. 혼을 내기보다는 믿음을 갖는 것이 더 중요하다는 걸요.

김진세 정말 좋은 교훈이네요. 그런데 양아버지가 있으세요?

임오경 일본에 두 분의 양아버지가 계세요. 제가 몸담았던 소속 팀 회장님과 부회장님이요. 저를 친딸만큼이나 아껴 주셔서 그렇게 불러요.

김진세 어딜 가나 사랑받으시네요(웃음). 임 감독님은 형제도 많으시죠?

임오경 저희가 2남 6녀예요. 제가 다섯째 딸이고요.

김진세 그래서 이름이 오경이라면서요?

임오경 네(웃음).

김진세 어릴 때는 어떤 아이였어요?

임오경 믿지 않으시겠지만 아주 내성적이었어요. 큰아버지가 일찍 돌아가셔서 둘째인 저희 아버지가 집안 제사를 다 모셨어요. 그래서 친척들이 집에 많이 왔거든요. 그러면 보통 사촌들끼리 잘 어울려 놀곤 하잖아요. 그런데 저는 안 나오고 방에 숨어 있었대요. 또 부모님께 혼이라도 나면 책상 밑에 들어가서 울면서 나오지 않았다고 하고요.
그런 성격 탓인지, 어려서부터 혼나는 걸 무지 싫어했어요. 완벽하려고 많이 노력했던 것 같아요. 커서도 남이 저한테 무언가를 시키거나 지적하는 걸 좋아하지 않았죠. 부모님께서는 지금도 그러세요. "오경이가 운동을 할 줄은 몰랐다"고.

김진세 그런 성격이 언제쯤 변했나요?

임오경 고등학교 시절인 것 같아요. 핸드볼 선수로 리드하는 역할을 많이 하게 되면서 성격이 변했어요. 동료들에게 먼저 지시해야 하는 일을 맡다 보니 내성적이면 안 되겠더라고요. 그때는 선생님이 수업 시간에 늦으면, "왜 늦게 들어오시느냐"고 막 나서기도 했어요(웃음).

김진세 아버지는 어떤 분이세요?

임오경 가족애가 강하세요. 아까 말씀드렸듯이 큰아버지의 역할까지 집안 대소사를 도맡아 하셨어요. 그런데 저와는 별로 정이 없어요. 굉장히 엄하셨거든요. 고3 때인가, 크게 한 번 혼이 난 적이 있는데 그 후로 소원해졌어요. 오히려 요즘 더 친하게 지내요.

김진세 어머니는요?

임오경 무척이나 희생적이시죠. 어머니를 생각하면 눈물이 나요. 한때 아버지가 외도를 하신 적이 있는데, 그걸 다 참고 견디셨어요. 제가 가족에 대한 애틋함을 느끼게 된 건 비교적 최근이에요. 아이를 낳고 나서 느끼게 된 감정이죠. 솔직히 그전에는 가족에 대해 잘 몰랐어요. 초등학교 4학년 때 핸드볼을 시작해서 중학교 때부터는 합숙 생활을 하느라 집에 거의 없었거든요. 또 대학 졸업하자마자 일본으로 건너갔으니 거의 가족과 함께 지내지 못했잖아요. 그런데 아이를 낳고 일본에서 혼자 어렵게 키우는 동안 가족이 참 많이 그립더라고요. 그때 절실함을 느꼈어요.

인생에서 가장 힘들었던 순간

김진세 핸드볼 중계를 보면 코트 안에서는 참 무서우시던데, 오늘 뵈니까 쌍꺼풀도 그렇고 보조개도 예쁘고 정말 여성적이시네요.

임오경 아유, 무슨 말씀을요(웃음). 사람들은 제가 보조개 수술을 한 줄 알아요. 저도 여자니까 예뻐지고 싶기는 하지만, 무서워서 얼굴에 칼은 못 대요.

김진세 운동 선수도 여자인데, 왜 예뻐 보이고 싶지 않겠어요?

임오경 그럼요, 예쁘게 보이고 싶죠. 선수 시절에는 트레이닝복이 평상복이었어요. 누가 봐도 '아, 운동 선수구나' 하고 알 정도였죠. 전 그게 싫어요. 그래서 후배들에게는 평상복에 신경을 좀 쓰라고 해요. 운동 끝나고 잠시 이동하는 동안에도 제대로 된 평상복을 입으라고요(웃음).

김진세 이렇게 자기 관리가 철저하고 강한 분이라 살아가는 데 어려움이 없었을 것 같네요. 언제가 가장 힘드셨어요?

임오경 아마 2004년 아테네올림픽 끝나고 나서일 거예요. 그때 우울증을 심하게 앓았어요. 두 번이나 죽으려고 시도를 했는데, 딸 세민이가 저를 살려 주었어요.

김진세 많이 힘드셨나 봐요.

임오경 혼자서 정말 힘들었거든요. 일본에서 팀 지도하랴, 아이 키우랴 정말 힘든 나날의 연속이었어요. 너무 힘이 드니까 도저히 견디지 못하겠더라고요. 지금은 후회하고 또 후회하지만, 그때는 그런 선택을 할 수밖에 없었어요.

김진세 당시 일본에 남편 분이 계시지 않았나요?

임오경 저는 가정을 이뤄 본 적이 없어요. 아이 아빠를 만나 결혼하는 과정 자체가 남다르거든요. 아이 아빠가 프러포즈하고 얼마 되지 않아 함께 일본으로 건너갔어요. 그때 갑자기 그 사람이 복통을 호소해서 병원에 갔더니 복막염이라 당장 수술을 해야 한다는 거예요. 수술하려면 보호자가 있어야 하잖아요? 그런데 저밖에 없으니 어떡해요. 제가 보호자가 되었죠.
수술비도 다 대고, 또 입원해 있는 동안 돌봐 줬어야 했고요. 그러는 동안 회사 사람들이 문병을 오고…. 누구냐고 물으면 "결혼할 사이"라고 할 수밖에 없는 상황이 되고 만 거예요. 그래서 결혼하게 되었어요. 나중에 들었는데, 그때 수술을 못 받았으면 죽었을지도 모른다고 하더라고요.

김진세 생명의 은인인 셈이네요.

임오경 생명의 은인이죠. 결혼 후 남편도 일본에서 자리를 잡았어요. 그런데 제 소속 팀이 있는 히로시마와 무려 800km나 떨어진 곳이었어요. 1, 2주에 한 번씩 봤지요. 그런 상황에서 아이가 생긴 것도 신기하죠. 어쨌든 그때나 지금이나 아이를 키우면서 운동하기가 쉽지 않잖아요? 갓난쟁이를 데리고 훈련장에 나갈 정도였으니 얼마나 힘들었겠어요.

김진세 주변의 도움을 받을 만한 상황이 못 되었군요.

임오경 게다가 제 성격이 워낙 남에게 뭘 맡기지를 못해요. 집안일이며, 세민이 양육이며 다 제 손으로 하다 보니 많이 아프기도 했어요. 제발 내 곁에 있었으면 하는 시기에, 남편이 없었어요. 도저히 이렇게 해서는 제대로 된 가정을 이루지 못하겠다는 생각이 들었어요. 제 힘으로는 어쩔 수 없는 상황이 되었고, 자살이라는 몹쓸 결심까지 하게 된 거죠. 그렇게 살다가 한국에 돌아왔는데, 사람들이 우리 부부 얘기를 하더라고요. 그렇게 가족 이야기가 남의 입에 오르내리는 것이 싫어서 제가 (별거 사실을) 알렸어요.

김진세 떨어져 지내신다는 기사는 저도 읽었습니다만.

임오경 실은… 남이 되었어요. 아이 아빠 상황 때문에 미루다 1년 반 전쯤 서류 정리를 마쳤어요. 이야기를 하자면 복잡해요. 영화나 드라마에서나 있을 법한 일들이 있었고, 상처를 많이 받았죠. 이제는 아무렇지 않게 이야기해요.

김진세 아이 걱정이 많으셨겠어요.

임오경 딸아이도 알아요. 잘 받아들이고 의젓하게 적응하고 있어요. 요즘은 우리 사이가 더 가까워져서 아이가 신이 났어요. 전에는 근처에 사는 이모가 세민이를 돌봐 줬거든요. 이렇게 얘기하면 세민이 이모가 서운해할지 모르지만, 제가 공부를 봐주고 나서부터 성적도 많이 올랐어요.

비로소 돌아보게 된 여자 임오경의 삶

김진세 '만약 운동 선수를 하지 않았다면 어떤 인생을 살았을까' 하는 생각은 안 해보셨어요? 운동 선수가 아닌 임오경의 삶에 대해서요.

임오경 예전에는 운동에만 빠져 있어서 그럴 겨를이 없었고요. 2년 전 서울 생활을 시작하면서 처음으로 평범한 여자들은 어떻게 사는지 궁금해지더라고요. 그동안 못 해본 것 좀 해보자, 하는 생각이 있었죠. 그래서 무도장에도 가고 사우나에도 가봤는데 재밌더라고요(웃음). 실은 제가 숫기가 없어서 누군가 알아보고 말 걸지 않으면 먼저 말을 거는 성격이 못 되거든요. 그런데 여자 사우나에서는 그런 게 없어요. 사우나에서 이런저런 이야기를 들으면서 '이런 게 사람 사는 거구나' 하는 거죠.

김진세 감독님께서는 아주 힘든 상황까지 가셨었잖아요. 무엇이 그 상황에서 빠져나오게 하는 힘이 됐을까요?

임오경 죽을 고비를 두 번 넘기고 나서 이렇게 살게 된 뒤, 가족에게 말할 수 없이 미안했어요. 그동안 제가 너무 이기적이었다는 생각이 들어서요. 언젠가 방송에서 제가 약을 먹었다는 얘기를 했는데, 그걸 보고 부모님을 비롯해서 가족 모두가 눈물을 흘렸어요.
부부 문제로 제 마음고생이 그렇게 심했다는 걸 가족들은 그때까지 전혀 알지 못했거든요. 남편과 헤어져야 하는 이유에 대해서도 말씀드린 적이 없었으니까요. "죽을 만큼 힘들다. 이렇게 살다가 죽는 게 낫겠느냐, 헤어지는 게 낫겠느냐"라고 하자, 그렇게 완고하던 아버지도 비로소 "헤어져라" 하셨죠.

능력을 갖추면, 때가 되면 원치 않아도 하게 되는 일이 있다는 걸 알기 때문에 굳이 욕심 내지 않아요. 그래도 욕심이 많다, 악바리다, 억척 아줌마라는 얘기를 듣죠. 처음에는 그런 거에 민감했는데 이젠 그러지 않아요. 해답은 상대방의 입장에서 생각하는 거예요.

김진세 어려운 고비를 정말 잘 이겨 내셨어요.

임오경 딸이 저를 살렸다고 생각했는데, 저를 바라보는 가족의 시선을 떠올리니 제가 평생 죄인으로 살 것 같은 느낌이 들더라고요. 그때만 해도 가족은 모두 내 마음을 알겠거니 했는데, 제 생각이 짧았던 거죠. 이후로 마음을 고쳐먹었고 지난 3, 4년 동안은 나쁜 생각을 하지 않게 됐어요.

김진세 가족의 진한 사랑을 그때 느끼신 거네요.

임오경 네. 저보다 더 어려운 상황에 처한 사람들이 있다는 걸 헤아리게 된 것도 큰 힘이 돼요. 요즘은 스트레스를 받으면 일단 밖에 나가요. 열심히 사는 사람들의 모습을 보면서 '내가 왜 나쁜 생각을 했었나, 열심히 살아야지' 하고 마음을 다잡곤 해요.

김진세 좋은 일도 많이 하시더라고요. 어려운 이웃을 돕는 전·현직 스포츠 스타들의 모임인 '함사모' 활동도 하고 계시죠?

임오경 '함께하는 사람들의 모임'이요? 제가 남을 돕는 게 워낙 몸에 배어 있어요. 부모님이 그런 성품이셨어요. 그래서 제가 돈을 모을 줄 몰랐어요. 가족 중에 누가 힘들다고 하면 퍼 주고, 친구가 어렵다고 하면 도와주고, 선수들이 뭐 먹고 싶다고 하면 거둬 먹이면서 살았거든요. 그런데 제가 혼자 살아갈 생각을 하니 수중에 가진 게 별로 없더라고요. '이건 아니다'라는 생각에 좀 모으기 시작했는데, 한편으로는 돈을 버는 요즘 좋은 일에 쓰지 못하면 나중에는 기회가 없을 것 같더라고요. '건강할 때 좋은 일을 하자'는 생각에 장학재단도 만들었어요. 집안 상황이 어려운데 혼자 서울에 올라와서 운동하는 아이가 있다고 하면 우리 집에 와서 지내라고도 하고요.

김진세 앞으로의 계획은 어떠세요?

임오경 운동하느라 못 했던 공부를 하고 싶었는데, 그건 나이를 먹어도 변하지 않더라고요. 일본어로는 만족하지 못해서 요즘은 일주일에 두 번 영어 강습을 받고 있어요.

김진세 특별한 목적이 있어서 그런 건 아니고요?

임오경 그런 건 아니에요. 그저 주어진 일을 열심히 하다 보니 어느 지점에 도달해 있는 것이지, 목적을 두고 산 적은 없어요. 다만 할 수 있다면 핸드볼을 뛰어넘어 스포츠 전 분야에 걸쳐 영향력을 발휘할 수 있는 존재가 되면 좋겠다는 생각은 해요. 그러려면 일단 제가 그만한 능력을 갖춰야겠죠. 지금은 준비를 하는 단계인 거죠.

김진세 원대한 포부로 들리는데요.

임오경 제가 박사과정 앞두고 있다고 하니까, "교수 되려고 그러느냐" 하시는데, 절대 그런 계획으로 공부하는 건 아니에요. 또 저희 팀 성적이 점점 좋아지니까 "이젠 대표 팀 감독을 해먹으려고 그러느냐"며 경계하시는 분들도 있는데, 절대 그 자리를 염두에 두고 있지 않거든요. 태릉선수촌에서 너무 힘들었던 기억이 있어서(웃음).

김진세 그래도 맡으면 잘하실 것 같아요.

임오경 박사님 말씀처럼 언젠가 기회가 되면 제가 맡게 될지는 모르겠어요. 하지만 대표 팀 감독을 하기 위해서 한국에 들어온 건 아니라는 거예요. 그만한 능력을 갖추면, 또 때가 되면 원치 않아도 하게 되는 일이 있다는 걸 알기 때문에, 굳이 욕심 내지 않아요. 그런데도 욕심이 많다, 악바리다, 억척 아줌마다, 라는 얘기가 들리는 건 어쩔 수 없어요.

김진세 그런 반응에는 어떻게 대응하세요?

임오경 처음에는 저도 그런 거에 민감했는데, 제가 좀 긍정적인 마인드가 있어요. 해답은 상대방의 입장에서 생각하는 거예요. 그럼 '아, 그 사람 입에서 쌍시옷이 나올 만하겠다'며 수긍이 되기도 하죠. 그래도 "일본에서 부귀영화 다 누리고 먹고살 만한데 왜 한국에 와서 남의 자리를 빼앗느냐"는 얘기를 들었을 때는 참 많이 아프더라고요.

김진세 상대의 입장이 되어 본다는 게 정말 중요한 해법이거든요. 임 감독님은 워낙 능하실 거예요. 상대가 있는 경기를 하다 보면 상대를 읽지 않을 수 없잖아요. 타고나기도 했지만 그동안 수많은 경기 속에서 깨달으셨을 것 같아요. 이제 임 감독님의 여자로서의 꿈에 대해 여쭤 봐도 될까요?

임오경 결혼하고 아이 낳고 살면서 그동안 힘든 모든 일을 제 손으로 해왔잖아요. 생각해 보면 화가 나요. 저도 좀 연약한 여자 입장에서 '나 이거 못해' 하고 도움을 받고 싶기도 하고.

김진세 사랑받고 싶고, 의지하고 싶은 마음?

임오경 네. 진짜 사랑을 많이 받으면서 살고 싶죠. 전 다시 태어나도 여자로 태어나고 싶어요. 어렸을 때는 몰랐는데 나이를 먹으면서 여자인 저 자신에 대한 애정이 더 생겼어요. 그래서 다시 태어나면, 남편에게 밥을 잘해 주는 그런 여자이고 싶고, 남편에게 사랑도 받고 싶고…. 또

디자이너 같은, 여성스러운 직업을 가지고 살고 싶어요. 과격한 게 아니라(웃음).

• • •

'철의 여인'을 상상했다. 임오경 선수가 키 큰 서양 선수들을 비집고 인상을 쓰며 슛을 내리꽂는 장면을 한 번이라도 본 사람이라면, 당연히 눈에 잔뜩 힘을 주고 이를 악문 강한 여전사를 상상했을 것이다.

예상은 크게 빗나갔다. 뽀얀 피부의 아리따운 30대 여성을 만났다. 그녀의 여성스러움은 딸 세민이 이야기를 할 때, 아름답게 가꾸고 싶은 욕망을 서슴없이 드러낼 때, 어려운 처지의 사람들을 도울 때, 그리고 사랑하는 사람이 믿음을 저버렸을 때 받은 상처를 돌아볼 때, 더욱 도드라졌다. '따뜻한 심장'이 느껴졌다.

그렇다면 코트 위 임오경의 정체는 무엇일까? 무엇이 그녀를 최고의 위치에 올려놓았을까? 전 세계인들이 대한민국 아줌마를 무서워하게 만든 힘은 무엇일까? '오기(傲氣)'라고 할 수밖에 없다. 사전적 의미로 오기는 '능력은 부족하지만 남에게 지기 싫어하는 마음'이라고 했다. 그녀는 자신의 능력이 부족함을 알지만, 결코 남에게 지기 싫다고 했다. 왜? 노력해서 안 되는 일이 없음을 잘 알고 있으니까.

임오경은 소원했다. '다시 태어나면 아주 여성스러운 여인으로 태어나 사랑받고 싶다'고. 안타깝게도, 그녀는 모르고 있나 보다. 이미 그녀는 무척이나 여성스럽다는 사실을 말이다. 누구라도 뜨거운 심장을 가진 그녀와 잠시 이야기를 나누어 보기만 한다면, 강한 여전사는 물론이고 끈질긴 오기까지도 사랑하게 될 것임을.

김진세의
긍정 처방전
14

넘어질 수도 있지, 져도 괜찮아

스스로 능력이 많다고 자부하는 사람이 주변에 많지 않다. 겸손해서일 수도 있겠지만, 그것이 현실 아닐까? 능력이 있고 없음은 절대적인 평가의 대상이라기보다는 상대적인 것이기 때문이다.

처음 직장을 나가서는 선배들의 날아다니는 업무 능력에 감탄하지 않을 수 없다. 가뜩이나 주눅 든 마음에 핀잔이라도 들으면, 취직했다고 친구들에게 한 턱 낸 것이 아까워지기 시작한다. 나는 왜 이렇게 못났을까 자책도 하고, 회사를 그만둘까 심각하게 고민하기도 한다. 하지만 이렇게 힘든 마음을 일으켜 세워 주는 강력한 무기가 있다. 바로 '오기'이다.

'1년만 지나 봐. 내가 코를 납작하게 해줄 테니!'

모든 결핍이나 열등감을 극복하는 첫 번째 과정은 바로 인정이다. 그런데 '오기'에는 이미 인정이 내포되어 있다. '그래! 나 못났다, 보태 준 거 있어!'라고 말이다. 오기의 목적은 자신감 회복이다. '두고 보라고! 보여 줄 테다!' 최선을 다해 난관을 극복한다면, 자신감은 되살아난다.

남이 시키기 전에 스스로 알아서 해 지적받을 일을 만들지 않았던 어린 오경이는 물론이고, 성장하여 내성적이던 소녀가 동료들을 리드할 정도로 적극적인 성격으로 변화한 것도 그녀의 '오기' 때문이었다. 말도 잘 통하지 않는 나라에서, 그것도 2부 리그에 머물렀던 팀을 1년 만에 1부 리그 우승으로 이끌었던 것도 그녀의 지치지 않는 오기 때문이었다.

절대 안 된다던 아줌마 부대의 힘으로 올림픽 메달을 획득한 것도 역시 그녀의 승부사다운 오기였다. 14년 만에 고국으로 돌아와 남들의 질투와 시기를 뒤로하고, 한국 핸드볼의 발전을 위해 최선을 다하는 것도 역시 핸드볼을 사랑하는 그녀의 오기다. 이제는 혼자 힘으로 아이를 키워 나가야 하는 녹록치 않은 상황을 이겨 내는 엄마의 오기가 필요하다.

하지만 오기로도 안 되는 일이 있다. 그녀도 예외는 아니었다. 평탄치 않은 결혼 생활은 끈질기게 노력해도 보상을 해주지 않았다. 결국 극단적인 시도를 하게 했다. 정신과 의사로 추정컨대, 질병이기 때문이다. 적당히 아프면 오기로 버텨서 나아질 수 있다. 하지만 질병이 되면 치료가 필요하다.

우울증은 병이다. 병에는 장사가 없다. 오기의 보상은 자신감의 회복인데, 우울증은 자신감 회복을 가로막는다. 머릿속은 온통 부정적인 생각만 가득했을 것이다. 과거의 영광도 부질없게 느껴지고, 현실은 막막하고, 미래는 작은 희망조차 보이지 않는다. 스스로 고통 속에서 벗어나는 유일한 길은 자살이라고 믿게 된다.

살다 보면 극복하지 못하는 일도 있을 수 있다. 인간이기 때문이다. 허점도 있고, 실수도 있다. 그런데 오기는 그런 것을 허락하지 않는다. 절대로, 반드시 극복해야만 한다. 만약 오기를 품고 최선을 다했지만 뜻대로 되지 않는다면, 그 타격은 적지 않을 것이다.

오기의 유일한 단점은 실패를 품지 못한다는 것이다. 그래서 오기에는 '용서'와 '여유'란 친구가 필요하다. 설혹 실패하더라도 스스로를 용서할 수 있어야 한다. '그럴 수도 있지' 하는 여유가 필요하다. 그녀가 자신에게 관대하고 조금 여유가 있었다면, 아마도 스스로를 버리는 선택을 하지 않았을 것이다.

세상사 뜻대로만 되는 일이 어디 있겠는가. 지지 않겠다는 마음으로 최선을 다하되, 때로 넘어지고 상처 입었을 때 '져도 괜찮다'고 스스로를 다독일 수 있는 너른 마음이 필요하다. 벼랑 끝에 혼자 선 것 같아도, 주위를 둘러보면 기꺼이 내 손을 잡아 줄 누군가가 분명 있을 것이다.

1946년 경남 함양군에서 태어나, 춘천교대를 자퇴한 후 홀로 문학의 길을 걸어왔다. 1972년 강원일보 신춘문예에 단편 〈견습 어린이들〉로 등단했고, 1975년 〈세대〉에서 중편 〈훈장〉으로 신인문학상을 수상하였다.
《꿈꾸는 식물》(1978), 《들개》(1981), 《칼》(1982), 《벽오금학도》(1992), 《황금비늘》(1997), 《괴물》(2002), 《장외인간》(2005), 《완전변태》(2014) 등의 소설을 썼으며, 산문집으로 《하악하악》, 《청춘불패》, 《사랑외전》, 《쓰러질 때마다 일어서면 그만》, 《나는 결코 세상에 순종할 수 없다》 등이 있다.
현재 화천군 상서면 다목리 감성마을에 칩거, 오늘도 원고지 고랑마다 감성의 씨앗을 파종하기 위해 밤을 지새우고 있다.

행복, 사랑하는 것이 자꾸 늘어 가는 것

소설가 **이외수**

믿기지 않을 정도로 가난했고, 스스로 만든 감옥 속에서 글을 쓰고, 머리 감기는커녕 세수도 안 하던 사람. 마치 이 세상 사람들과는 말을 섞고 싶지 않은 듯 숨어 살던 그 사람이, 어느 날 트위터에서 가장 영향력 있는 인물이 되었다. '기인(奇人)'이 대한민국 최고의 '인기인(人氣人)'이 된 것이다.

자의든 타의든 소통을 끊고 살았다던 옛이야기가 전혀 어울리지 않는 소설가 이외수. 수많은 인기 소설을 집필한 베스트셀러 작가인 동시에, 수만 명의 팔로우를 이끄는 슈퍼 트위터리안. 최근 병마와 싸우면서도 소통의 끈을 놓지 않는 불굴의 사나이. 그에게는 어떤 긍정의 힘이 있을까? 어떻게 모든 사람들이 귀를 기울이는 흡인력을 갖게 되었을까?

평생의 매니저
전영자 씨와 만나다

김진세 잠깐 선생님에 대해 여쭤 봐도 될까요?

전영자 네! 선생님 주무시는 동안에는 제가 말동무 해드려야지요. 뭐가 궁금하세요?

김진세 뭐부터 물어볼까요? 아, 1976년에 결혼하셨죠? 어떠세요?

전영자 이제는 남자다, 여자다 이런 느낌은 없고 우린 전우애로 산다고 해요. 동지 같은 느낌? '당연히 그의 생각도 나와 같을걸' 하는 이런 마음이요.

김진세 〈내 잠 속에 비 내리는데〉에 두 분이 처음 만난 에피소드가 나오잖아요. 처음에는 이외수 선생님이 대시했지만, 나중에는 오히려 사모님께서 그의 무관심을 참지 못하고 말을 걸었다고 하던데 사실인가요?

전영자 좀 문학적으로 표현해서 그렇지, 사실이에요. 제가 앉아 있는 의자 팔걸이에 걸터앉아서 "아가씨 예쁜데 자주 보자"고 하면서 "이왕 좋아해 줄 거 미리 좋아해 달라"고 하고는 어깨를 톡톡 치고 갔죠. 보통 여자들은 사람을 볼 때 밑에서부터 올려 보거든요. 근데 양말도 안 신고 신발은 비에 젖어서 가죽은 벌어졌고 옷은 더럽고… 너무 기분이 나쁜 거예요. 그 사람이 치고 간 어깨를 도려내고 싶었어요(웃음). 그러다가 여기까지 왔죠 뭐.

김진세 어떤 점이 끌리셨어요?

전영자 이 사람은 전혀 다른 세계의 순수를 보여 줬어요. 전에 제가 만나던 사람들은 그야말로 통속적인 사람들이었는데, 그런 게 식상했거든요. 저도 좀 별났었나 봐요.

김진세 (웃음) 그럼 동지 말고 남편으로는 어떠세요?

전영자 남편으로서는 50점 정도? 의외로 자상한 면도 있지만, 자기 일에 열중하다 보면 다른 하나를 놓치게 되잖아요. 글을 한번 쓰면 3, 4년 걸려요. 되게 못 써요, 글도. 글 쓰는 동안 아이들은 아빠 방 앞을 지나갈 때 까치발로 다녀요. 새벽에 자고 낮에 일어나니까 아이들하고 시간이 안 맞잖아요. 그러다가 문득 등한시한 게 느껴지면 아이들이 뭘 좋아하는지 봐요. 애들은 오락 같은 거 좋아하잖아요? 2, 3일 동안 열몇 시간씩 열심히 게임 연습을 해요. 손가락에 물집이 생길 정도로요(웃음). 그리고 같이 놀아 주는 거예요. 그러고 나서 "아빠 대단하다!" 이런 소리 듣는 거 남자들은 되게 좋아해요. 남자들은 꼬드기기 '대따' 쉬워요(웃음). 잘한다, 잘한다 하면 정말 잘하는 줄 알고 되게 흐뭇해해요. 박사님은 못 들은 척하세요(웃음).

김진세 네, 그럼요(웃음). 그래도 힘드신 적 많았죠?

전영자　힘들었죠. 가난이 너무 자존심 상하게 해요. 그 작은 것에 모든 걸 다 낮춰야 하죠. 아이를 가졌는데 임부복을 살 형편이 안 됐어요. 바지 여미는 양쪽에다가 끈을 꿰서 묶는 거예요. 흘러내리지 않게만 하고 살았는데 그게 여자한테는 치명타였어요. 긴 윗옷을 걸치면 안 보이겠지, 하면서도 결국 현관 밖으로 한 발자국도 나가지 못했죠.

김진세　아, 자존심 때문에요?

전영자　네. 내가 이렇게 산다는 걸 사람들이 알까 봐 두려운 거예요. 왜냐면 내가 잘나갔었거든요(웃음). 웬만한 남자들은 상대도 안 해주고 콧방귀 뀌었었어요. 영화표, 화장품, 스타킹 이런 거 내 돈으로 한 번도 사본 적이 없었어요. 그랬는데 결혼을 하니까 이상한 거예요. 결혼하면서 (남편이) 직장을 때려치우기에 '뭔가 있겠지' 했어요. 그런데 없어요. 그냥 앉아서 같이 굶자는 거죠. 아, 이건 뭔가! 완전히 다른 세계다. 할 수 없이 친정에 가서 쌀을 훔쳐 오기 시작했어요.

김진세　진짜 훔치셨어요?

전영자　제가 갈 때쯤 되면 어머니가 아예 문을 열어 놨어요. 양심껏 훔치면 아홉 되, 욕심껏 훔치면 한 말 한 되. 그걸 메고 나와서 팔았어요. 그 돈으로 새마을담배, 원고지를 사고 연탄을 새끼줄로 엮어서 양손에 들고 집에 돌아왔어요. 그런 식으로 한 달에 몇 번씩 가서 훔쳐 왔어요.

김진세　도망가고 싶으셨을 것 같아요.

전영자　도망가고 싶은 적이 참 많았어요. 그런데 그 손아귀를 못 벗어나겠더라고요. 저 없으면 죽을 것처럼 얘기를 해요. 남자들 그러는 통에 여자들 죽잖아요. 정말, 제가 잠깐 눈을 돌리면 큰일이 나요. 나 없으면 아무것도 못 먹고 마냥 앉아만 있어요. 그래서 시장도 한달음에 다녀와야 했어요.

김진세 요즘도 그러세요?

전영자 많이 덜해졌어요. 그래도 역시 불안해해요. 모성애를 어려서부터 못 받아서 그런 것 같아요. 젖도 못 먹어 보고 엄마를 일찍 여의었대요. 엄마에게서 느낄 수 있는 사랑과 모성이 많이 결여되어 있어요. 이렇게 '숭' 봐서는 안 되는데…. 그런 것들을 저한테서 찾으려고 그래요. 어떤 때 너무 힘들어하면 (품으면서) '그래그래, 알았다 알았어'라고 하고(웃음).

김진세 사모님께서 거의 정신과 의사신데요(웃음).

전영자 아유, 일어나셨다네요. 그만 '숭' 봐야 될 것 같아요. 멋있는 남자예요(웃음).

오후 3시, 드디어 세수를 마친 이외수 등장

김진세 안녕하세요, 선생님. 행복의 힘에 대한 말씀 듣고자 여기까지 왔습니다.

이외수 제가 그럴 힘이 있나요? 거의 삭아 가지고 골골거리는데…(웃음). 저는, 살아온 생애가 첩첩지경이라고 해야 하나. 어릴 때부터 어렵게 살아왔어요. 생모는 제가 두 살 때 돌아가시고 할머니 밑에서 자랐죠. 전쟁 직후니까 다들 어려웠고요. 할머니하고 저하고 동냥밥 얻으러 다니기도 했어요. 더 어려운 것은 아버지가 전쟁 직후 행방불명이 된 거예요. 그런데 알고 보니 새장가를 드시고 그걸 밝힐 수가 없어서 때를 기다리고 계셨던 거예요. 결국 가족 상봉을 하고 아버지가 교편을 잡고 있던 강원도로 왔죠. 제가 뵌 아버지는 진정한 교육자셨어요.

김진세 선생님께서도 교대에 진학하셨잖아요?

이외수 요행히 춘천교대에 입학했는데 아버지가 자수성가를 강조하시는 바람에 한 학기 다니다 휴학해서 등록금 벌고, 다음 학기 다니고 또 돈 벌고…. 그걸 반복하다가 학칙에 의해서 잘렸어요. 제가 춘천교대 제적 1호입니다. 희망이라는 게 없었죠.
방세가 하도 밀려서 그걸 갚으려고 글을 썼는데 강원일보 신춘문예에 당선이 됐어요. 지방지에서 당선되면 지방에서 작가 행세하는 게 고작입니다. 그래서 중앙지 데뷔를 위해 산에 들어가 문장 공부를 하고 3년 뒤에 중앙 문단에 데뷔했습니다. 그런데 제가 요새 인터넷에서 아이들이 말하는 '듣보잡'이었어요(웃음). 때문에 빛을 볼 수가 없었어요.

김진세 아니, 왜요?

이외수 제가 등단했을 때 문단에서는 떠들썩했거든요. 천재가 났다는 둥, 이상의 망령이 되살아났다는 둥 했는데, 3년 동안 한 번도 원고 청탁이 들어오지 않았어요. 제 나름 그 원인을 분석해 보니까, 쉽게 말해 줄이 없는 거였죠. 그때부터 독립 선언을 하고 어떤 단체든 가입도, 활동도 안 했어요. 작가 - 출판사 - 독자, 이렇게 삼각구도만을 유지하면서 글을 쓰겠다고 했죠. 어려웠어요. 지면을 가리지 않았습니다. 그 대신 문예지는 모두 사절했어요. 그러다가 우연히 고려원이라는 출판사에서 평론가 30명을 대상으로 데뷔 3년 이내의 작가 중 가장 기억에 남는 작가와 작품을 뽑아 달라는 내용의 설문조사를 했는데, 그 다섯 명 중에 제가 끼었어요. 그래서 제 책을 내게 됐습니다.

김진세 어떤 책이었나요?

이외수 《꿈꾸는 식물》이죠. 처가살이를 할 당시여서 어른들께 아이들과 처를 맡기고, "제가 1년 뒤에도 돌아오지 않으면 글을 못 써서 자살한 줄 아십시오"라고 배수의 진을 치는 기분으로 정선으로 들어가 쓴 책입니다. 그 책이 제 출세작이 됐지요. 그때부터 조금씩 빛이 보이기 시작했어요. 지금 출판사에서 하는 얘기로는 제 고정 독자가 40만 명 정도 된다고 하더라고요. 그쯤 되면 작가로서는 최고의 영광과 행복을 누리는 겁니다. 그것도 독립군과 같은 제 경우에는 더 큰 자부심이고 기쁨이 되죠.

김진세 그 기쁨을 구체적으로 느끼신 건 언제였나요?

이외수 얼마 전에 한 치킨 프랜차이즈에서 트위터에 아무 글이나 쓰고 괄호 열고 회사 이름만 쓰면 된다며, 그걸 네 번 하면 1천만 원을 주겠다는 거예요. 집사람에게 물어봤더니 "이제 우리는 1천만 원이 있어도 살고 없어도 사는데 돈 없어서 학업 중단하는 농촌 청소년들을 위해 기부하는 게 어떻겠느냐"고 해요. 남을 돕는다고 생각하니까 (트위터를) 더 열심히 하게 되더라고요.

김진세 아! 뿌듯하셨겠습니다.

이외수 저는 정말 남의 도움만 간절히 바라던 인생이었는데(웃음), 이젠 누군가를 도울 수 있게 되어서 행복합니다. 그게 저한테는 큰 에너지가 되지 않나 싶습니다.

김진세 선생님이 생각하시는 행복은 어떻게 하면 구할 수 있을까요?

이외수 가슴 안에 만물에 대한 사랑이 가득해서 미워하거나 싫어하는 것이 자꾸만 줄어들고, 좋아하고 사랑하는 것이 자꾸만 늘어 가는 것이 행복이라고 생각합니다. 나라는 존재 자체를 긍정적으로 받아들이고 또 내가 좋아하는 사람을 긍정적으로 받아들일 수 있는 가슴을 간직하고 있을 때 그 행복감이 증폭된다고 생각하기 때문에 글을 쓰는 것도 가급적 나 좋으려고 쓰는 경우는 별로 없습니다. 그걸 세상이 알아주든 말든 상관없고요. 그런 맥락에서 트위터도 하는 거고요.

이외수,
본격 소통의 시대 열다

김진세 PC통신 시절부터 활발하게 활동하셨잖아요? 예전에는 일부러 소통을 안 하시는 느낌을 받았거든요.

이외수 그렇죠. 아예 단절하다시피 하고 살았죠. 사실 그건 제가 너무 자유분방하니까 스스로를 통제하지 않으면 글 쓸 여유가 없어서 그랬던 겁니다. 술도 어마어마하게 많이 마셨죠. 주량을 이야기할 때 '몇 병' 이런 건 가당찮아 하고 '무박 3일'이라고 할 정도였으니까요(웃음). 실제로 대개 술친구들이 그랬고, 다 일찍 죽었습니다(웃음).

가슴 안에 만물에 대한 사랑이 가득해서
미워하거나 싫어하는 것이 자꾸만 줄어들고,
좋아하고 사랑하는 것이 자꾸만 늘어 가는 것이
행복이라고 생각합니다.
나라는 존재 자체를 긍정적으로 받아들이고
또 내가 좋아하는 사람을 긍정적으로 받아들일 때
그 행복감은 증폭되지요.

김진세 소통을 해야겠다고 결심하게 된 계기나 사건이 있으셨나요?

이외수 화천으로 오면서 생활을 완전히 바꿨죠. 감성마을은 지자체에서 생존 작가에게 집필 공간을 내준 최초의 사례입니다. 어쨌든 제가 잘해야만 많은 사람들, 특히 다른 작가들에게 특별하게 '빽'이 있거나 연줄을 타지 않아도, 혼자서라도 열심히 하면 언젠가 좋은 날이 오는구나, 하는 본보기가 되어 줄 수 있으니까요. 술 담배 다 끊고, 어떤 것이든지 섭외가 들어오면 좌충우돌 다 도전합니다(웃음).

김진세 참 큰 힘을 가지셨어요. 그런데 너무 많이 바뀌셨잖아요? 20대도 아니신데 말이죠(웃음).

이외수 나 때문에 어떻게 하는 건 못 해요. 정말로 힘도 안 나고 자신도 없고 하고 싶은 생각도 안 드는데, 어쨌든 남을 위해서 뭘 한다는 생각이 들면 몇 배로 열심히 합니다(웃음). 물론 재미도 있고요.

김진세 트위터계의 스타시잖아요? 저는 트위터 시작한 지 1년도 안 됐거든요. 선생님께는 어떤 특별한 재미가 있으세요?

이외수 예를 들자면 사람들의 '치수'가 보입니다. 글을 보면 그 사람이 어느 정도 수준인가, 무엇을 갈망하면서 사는가가 보이죠. 또 현대인들은 어떤 부분이 취약한지도 한눈에 파악이 되죠(웃음). 글 쓰는 데도 굉장히 도움이 됩니다. 제가 공부를 하는 거죠.

김진세 소통의 도구로는 한계가 있잖아요? 140자에 담아야 하니까요.

이외수 그렇습니다. 부연 설명을 할 수 없어서 오해를 사는 수도 있지요. 현대인들은 입시 위주의 논술이나 독해 방식을 배워서 의외로 난독증에 가까운 해석을 하는 경우가 있어요.

예를 들어 '재수가 없으면 접시 물에도 빠져 죽는다'고 하면 그걸 따진단 말입니다. 과학적으로, 논리적으로(웃음). '사람의 키가 얼마인데, 접시의 깊이는 얼마가 될 것이며…' 이런 식으로 따지면, 잠언이라든가 속담의 효율성은 당연히 떨어질 수밖에 없죠.

그 속에 숨어 있는 행간을 읽어 내지 못해요. 얼마나 책을 읽지 않았으면, 얼마나 남의 얘기에 귀를 기울이지 않았으면 저렇게 비유법을 받아들이지 못할까. 트위터에 글을 쓰기가 두려울 때가 있어요.

알려고 애쓰기보다 느끼고, 깨달으려고 애써라

이외수 바둑 두는 사람들을 보면 바둑판을 다 외잖아요. 저는 장편을 하나 쓰면 다 외웁니다. 필연성을 따지면서 한 단어, 한 단어 고르고 바꾸기 때문에 나중엔 거의 외우게 되죠. 지금은 못 그러는데 《벽오금학도》까지는 다 외웠어요. 그때는 철문 쳐놓고 5년 걸렸거든요. 사람들이 읽을 때는 줄줄 읽었는데 뭐가 그리 오래 걸렸느냐고 하는데, 줄줄 읽게 하려고 그렇게 걸리는 거죠.

김진세 철문 일화는 유명하잖아요. 어떤 면에서 굉장한 의지의 표현이기도 하지만 스스로에게 자신이 없어서 그러신 건 아닌지?

이외수 그렇죠. 왜냐면 언제 술 처먹고 바깥으로 뛰쳐나갈지 모르니까 밖에서 자물쇠를 채우고 제가 안에서 열 수 없도록 만들었죠.

김진세 밖으로 나가려고 안간힘을 쓴 적은 없으세요?

이외수 마누라를 부르는데 응답이 없거나 집이 텅 비어 있으면 엄청나게 불안해져서 어떻게든 철문을 '뽀개고' 나가 보려고 했는데, 원체 감옥 납품업자에게 맞춘 문이라서 어떻게 안 되더라고요(웃음).

김진세 스스로 생각하시기에 본인 성격은 어떤 것 같으세요?

이외수 저는 트리플 소문자 A(aaa)형입니다. 아주 엄청나게 소심합니다.

김진세 저도 AAA형인데요(웃음). 전에 《개미》의 작가 베르나르 베르베르를 만났을 때, 그는 자신의 글이 불안에서 나온다고 했어요. 창작의 근원이 불안이라고요. 선생님도 동의하시나요?

이외수 저 같은 경우에는 존재감의 확인 같아요. 저는 예술하는 사람은 '자빽'을 좀 해야 한다고 생각하는데(웃음), 어떤 때는 '이걸 정말 내가 썼어?' 하고 스스로 탄복하는 그런 게 필요해요. 내가 쓸 때 재미없으면 독자들도 재미없어 해요. 물론 그게 줄줄줄 나와 주는 건 아니니까 고통스러운 면도 있습니다. 그래서 저는 감각이 뛰어난 둘째 아이에게 글을 보여 줍니다. "너 이 부분 읽을 때 갑자기 오줌이 마려우면 책을 들고 화장실 가겠냐, 놓고 가겠냐"라고 물어봐요. 그놈은 냉정합니다. "놓고 갑니다"라고 하면 다시 써요(웃음).

김진세 선생님께서는 문하생도 많이 두고 계시잖아요. 좋은 글쓰기에 대한 조언을 해주신다면?

이외수 일단 감성을 되살려야 됩니다. 무엇인가를 많이 아는 것은 중요치 않습니다. 많이 알려고 애쓰기보다는 많이 느끼려고 애쓰는 것이 중요하고, 많이 느끼려고 애쓰는 것보다는 많이 깨달으려고 애쓰는 것이 중요합니다. 어제 보던 하늘과 오늘 보는 하늘이 똑같으면 안 됩니다. 느낌이 그때그때 달라야 하거든요. 글쓰기에 가장 큰 도움을 주는 것이 사물과의 대화입니다. 마음속으로라도.

김진세 그런 걸 통해서 감성을 충만하게 하면, 그다음은?

이외수 글은 저절로 됩니다. 다양한 상상력이 발동되면 당연히 쓸 때도 즐겁죠. 남이 미처 생각하지 못한 것을 내가 발견하고 쓰게 되니까요. 사물들하고 대화를 하는 동안에 애정이 생기게 되어 있어요. 가장 좋은 문체는 어떤 대상에 대한 애정에서 비롯되는 것이거든요.

김진세 그럼, 선생님께서는 살면서 가장 고통스럽고 힘들었을 때가 언제였나요?

이외수 돈 없어 사람 취급 못 받을 때 가장 힘들죠. 그것도 사람으로부터 소외될 때 가장 견디기가 어렵죠.

김진세 그럴 때 탈출법, 극복법이 있으시다면?

이외수 거의 없죠. 제가 노숙을 4년 정도 했거든요. 그러면 그냥 희망이고 뭐고 없습니다. 나 스스로를 그냥 유기시켜 버리는 거죠. 그래서 인간은 누구나 추구하는 것 하나는 있어야 한다고 생각해요. 그림을 그리거나 글을 쓰지 않았더라면 저는 그 상태로 행려병자가 되어서 생을 마감했을 겁니다. 어쨌거나 저는 예술을 해야 한다는 걸 항상 마음속에 간직하고 있었습니다.

김진세 희망 말씀이신가요?

이외수 꿈이죠. 그 꿈의 실현 의지를 가져야 한다는 겁니다.

이외수를 꿈꾸게 만드는 사람들

김진세 선생님께서는 아드님을 두 분 두셨죠?

이외수 효자들이죠(웃음). 참 요새는 보기 드문 효자들입니다. 부모 걱정 많이 하고 "아니오" 소리를 거의 안 합니다. 큰아이는 영화 공부를 하고 있고, 작은아이는 감성마을 총 운영을 담당하고 있어요.

김진세 자녀 교육에서는 어떤 점을 강조하셨어요?

이외수 잔소리를 많이 하면서 키우지 않았어요. 학교 다닐 때는 가급적이면 성적에 연연해하지 않도록 배려를 많이 했어요. 아이들이 "공부하라는 소리를 좀 들으면서 학교 다녔으면 좋겠다"고 할 정도였으니까(웃음). 정말 학교 가기 싫다고 하면 어디 가고 싶은지 물어서 훌쩍 떠나기도 했죠. 담임한테는 애가 독감이라 한 3일 못 간다고 하고(웃음).

김진세 사모님도 같은 생각이셨나 봐요?

이외수 애들 엄마는 "무슨 청소년이 가출도 안 하냐? 야, 가출해!"라며 강제 가출을 시켰어요(웃음). 정말로 싫어서 가출을 하면 안 돌아온다는 겁니다. 그러니 그전에 가출이 어떤 것인지 경험해야 된다는 거죠. 집 나가면 무조건 개고생 아닙니까(웃음). 징징 울면서 다시 돌아오는 거죠. 특히 중요한 것은 반드시 노력한 것만큼은 바라야지, 더 이상 바라지 말라는 거예요. '인생에서든 예술에서든 무통분만이나 불로소득은 강도다. 어쨌든 최선을 다해라.' 그런 건 잘 지킵니다. 아이들이 "학교 다녀오겠습니다"하면 "너희 반에서 가장 어려운 놈이 너희들 몫이야. 그 아이를 도와주고 배려해 줘. 그것만 3년 동안 실천하면서 다니면 학교 다닌 보람이 있는 거야"라고 강조했어요.

김진세　사모님 얘기도 좀 여쭤 보려고 했는데, 지금 옆에 계셔서(웃음).

이외수　여기 앉아서 얘기 좀 해(웃음). 저희는 처음 10년 정도 극렬하게 부부 싸움을 했어요. 우리는 부부애가 아니라 전우애로 산다고 하는데(웃음). 하도 열심히 싸우다 보니까 동네 사람들이 "틀림없이 내일쯤은 이혼할 거다"라고 할 정도였거든요. 어느 날부터인가 제가 "열 번 양보하고 열한 번째는 내 의견을 관철시키겠다"고 했는데, 열 번 양보해도 열한 번째도 양보를 안 해요.

전영자　여자니까!

이외수　그래서 나중에는 어떤 생각을 했냐면, 부부 싸움을 하더라도 '아, 참 우리 마누라가 여자였지(웃음)'. 그럼 안 싸우게 돼요. 20년 넘게 한 번도 다툰 적이 없어요. 단 한 번도. 어지간하면 다 맡겨 놨으니까요. 저는 글 쓰는 일 이외에는 안 하겠다고 합니다. 그렇게 하니까 더 싸울 일이 없어져요. 어쨌든 글은 맡길 수가 없잖아(웃음).

김진세　(웃음) 사모님 자랑 좀 해주세요.

이외수 성격이 비교적 쿨한 편입니다(웃음). 그야말로 '쪼잔하지' 않으니까요. 손도 커서 퍼 주기 좋아하죠. 저도 사람을 무척 좋아하는 편이거든요. 그런 건 잘 맞죠.

김진세 마지막으로 요즘 사람들에게 해주고 싶은 말씀이 있으시면 해주세요.

이외수 예술의 가치에 대해서 경험하거나 간접적으로라도 올바로 인식하는 그런 공부가 좀 필요하지 않을까 합니다. 사전적으로도 예술은 인간이 구현할 수 있는 가장 아름답고 가치 있는 행위라고 했는데, 그게 없다는 거 아닙니까. 그래서 삶의 질이 떨어질 수밖에 없는 겁니다. 그러니까 진정 가치 있고 아름다운 것은 등한시하고 그거와 상반되는 것에만 천착하고 결국 행복과는 자꾸 거리가 멀어지게 되는 것이죠.

김진세 그럼 어떻게 하면 행복을 키울 수 있을까요?

이외수 어떤 대상으로부터 아름다움을 발견하는 것 자체가 곧 가슴 안에 사랑을 키우는 것이거든요. 인간은 어떤 경우에도 자기가 아름답다고 생각하지 않는 것을 사랑할 수는 없습니다. 사랑의 발로는 반드시 아름다움에 기인하거든요. 예술은 아름다움을 추구하는 분야니까, 그것을 가까이 하는 것은 자신의 가슴 안에 사랑을 키우는 일과 같습니다.

• • •

이외수의 긍정의 힘은 '아내'다. 아내는 어머니이자, 동무이자, 그 자신이었다. 스스로 "이외수를 키운 8할은 가난"이라고 했다. 보나마나 나머지 2할은 아내 덕일 터이고, 8할의 가난은 부부가 나누어 가졌으니, 6할은 아내의 공이라는 단순한 셈이 나온다.

위대한 소설가의 6할을 키워 온 아내는 그저 생활력이 강하다는 말로는 표현이 안 된다. 첫 만남의 믿지 못할 로맨스부터도 다 이외수 귀신에 홀려서 그런 것이다. 홀리지 않고서는 지금도 고운 자태를 뽐내는 분이 어떻게 친정집 쌀 도둑질까지 할 생각을 했을까! 부러운 귀신, 아니 귀신님이다. 아내를 홀린 것 말고도 귀신님의 재주는 다양하다.

우선 엄청난 정신력이다. 듣기만으로도 힘겨운 밑바닥 인생을 참아 내고, 이제는 다른 이들의 인생 고충을 품어 주신다. 수컷의 기운도 그렇다. 미녀를 사로잡은 기세뿐만 아니다. 젓가락 하나로 소위 '어깨들'을 무릎 꿇렸다는 일화며, 무박 3일의 술잔치 등은 호리호리한 몸에서는 상상도 못 할 수컷다움이다.

솔직함도 귀신님의 재주이다. 예전의 안 좋았던 실수들을 미사여구가 아닌 있는 그대로의 솔직함으로 사죄하고 털어 낸다.

그리고 소통의 재주는 정말 남다르다. 140자 트위터 세계에서 그는 최고다. 얼마나 대단한 소통력인지, 무려 100만 명 이상의 제자를 이끄는 교주가 되었다. 믿거나 말거나 우주와도 소통한다고 했다. 믿는다. 어디 우주뿐이랴. 무생물과도 대화를 통해 감성을 이끌어 내는 분이다. 세상 어떤 것과 소통하지 못하랴!

그러고 보니 아내를 홀린 것도 신통력 있는 소통이었다. "날 좋아할 거면 미리 좀 좋아해 주구려." 그랬다. 소통은 어울려 사는 사회의 가장 큰 긍정의 힘이다.

휘어진 나무를 바로 세우려면 버팀목이 필요하다

다른 결핍과 마찬가지로, 가난은 인간을 가장 움츠러들게 한다. 생존의 문제이기 때문이다. 살아남아야 행복이나 자아실현도 가능하다. 부모에게서 유기당한 경우도 마찬가지이다. 부모가 떠난 이유가 무엇이든, 아이들은 엄청난 생존의 위협으로 받아들이게 된다.

사람마다 차이가 있겠지만, 가난보다는 부모의 상실이 성장에 있어 더 큰 장해가 된다. 가난해도 부모의 사랑만 제대로 받는다면, 그 가난이 생명을 위협할 정도만 아니라면 움츠러든 마음은 곧잘 펴질 수 있기 때문이다.

불행하게도 가난과 함께 부모의 사랑마저 제대로 받지 못하는 경우가 적지 않다. 이런 환경에서 자란 사람들은 잔뜩 움츠러들 수밖에 없다. 늘 박탈감을 느끼게 되고, 불안정한 애착으로 자존감이 바닥을 친다. 생존의 위협을 이겨 내기 힘든 어린 나이일수록, 더 심한 자존감 결여를 겪을 수 있다. 피해 의식으로 가득한 채 폐쇄적인 삶을 살 수 있다.

그럼에도 불구하고, 가난과 애정 결핍의 문제를 둘 다 뚫고 행복하게 사는 사람을 만날 수 있는데, 그가 바로 이외수다. 다행스럽게도 그에게는 부모의 자리를 대신한 조부모가 계셨다. 부모만큼 충분한 애정을 주진 못했겠지만, 완전히 버려진 것은 아니다. 가난했지만 할머니의 사랑으로 생존의 급박한 위험은 없었다.

그리고 아내를 만났다. 마치 누나처럼, 엄마처럼, 그를 품에 안을 수 있는 아내가 어릴 적 결핍을 채워 주었다. 전우애로 산다고 할 정도로 치열하게 싸웠다고 하지만, 분명 아내는 그에게 행운이었다.

살다 보면 결핍은 누구에게나 어느 순간에든 있을 수 있다. 문제는 결핍을 어떻게 하느냐이다. 현명하지 못하거나, 자학적이거나 또는 어떤 이유에서든 결핍을 채우지 못하면 우리의 인격은 비뚤어져 간다. 살아가면서 큰 탈이 없는 경우도 있겠지만, 결국 어느 시점이 되면 결핍은 성장의 발목을 잡게 된다.

그러므로 결핍은 채워져야 한다. 경제적 결핍이라면 돈을 벌어야 하고, 애정 결핍이라면 사랑을 해야 한다. 그런데 결핍을 채우려다 더 힘든 상황이 되는 경우도 허다하다. 비뚤어진 나무를 바로 세우려다 반대쪽으로 더 휘어진 나무를 만든다든지, 아니면 불행하게도 나무를 죽게 만드는 것이다.

가난에 허덕이다 엄청나게 돈을 벌었지만 지독한 구두쇠가 된 사람들을 보면, 공감과 배려가 없다. 틀림없이 다른 사람의 공감과 배려를 뼈저리게 원했을 터인데, 입장이 바뀌니 스스로 야속한 타인이 되고 마는 것이다. 부모같이 살지는 않겠다며, 아이들에게 모든 것을 거는 경우도 마찬가지다. 스스로는 아이들을 세상 무엇보다 사랑한다고 하지만, 정작 아이들은 숨이 막혀 죽어 가고 있다. 왜곡된 사랑은 집착이며, 덫이 되기도 한다.

그렇기에 결핍은 어느 정도 운명적으로 사람을 바꾸어 놓는다. 결핍의 상태로 남아도, 또 그 결핍을 복구해도 말이다. 그렇다면 어떻게 해야 결핍을 극복하되 지나치지 않을 수 있을까? 이미 성장 속의 원치 않는 결핍이 자신을 바꾸어 놓았다면, 객관적이고 지지적인 누군가의 도움을 받아야 바로 설 수 있다. 휘어진 나무를 바로 세우려면 버팀목이 필요한 이유이다.

이런 관점에서 또 다시 이외수의 아내 이야기를 하지 않을 수 없다. 그의 아내는 애정 결핍을 채워 주는 동시에, 그가 두 아들의 아버지로서 현명한 사랑을 쏟을 수 있도록 버팀목이 되어 주고 있다.

삶의 결핍은 어떻게 채워질까? 좋은 사람을 만나야 가능하다. 그 사람이 아내이든, 친구이든, 스승이든, 도움을 받아야 왜곡된 삶을 살지 않을 수 있다. 다만 명심해야 할 것이 있다. 좋은 사람을 만나려면, 자칫 결핍한 사람이 가질 수 있는 타인에 대한 분노와 피해 의식을 먼저 내려놓아야 한다. 그러면 당신에게도 귀인이 찾아오리라.

행복을 인터뷰하다

1판 1쇄 발행 2015년 7월 21일
1판 2쇄 발행 2016년 12월 30일

지은이 김진세
펴낸이 김성구

단행본부 박혜란 이은정 김민기 나성우 김동규
디자인 홍석훈 문인순
제 작 신태섭
책임마케팅 송영호
마케팅 최윤호 손기주 유지혜
관 리 김현영

사진 제공 경향신문 포토뱅크

펴낸곳 (주)샘터사
등 록 2001년 10월 15일 제1-2923호
주 소 서울시 종로구 대학로 116 (03086)
전 화 02-763-8965(단행본팀) 02-763-8966(영업마케팅부)
팩 스 02-3672-1873 **이메일** book@isamtoh.com **홈페이지** www.isamtoh.com

ISBN 978-89-464-2004-5 03180

이 도서의 국립중앙도서관 출판시도서목록(CIP)은 e-CIP 홈페이지
(http://www.nl.go.kr/cip.php)에서 이용하실 수 있습니다. (CIP제어번호: CIP2015018835)

값은 뒤표지에 있습니다.
잘못 만들어진 책은 구입처에서 교환해 드립니다.